国际收支的预警、预测与开放经济问题研究

——基于定性定量综合集成视角

范 洋 著

A Study on China's Balance of Payments Based on TEI@I Methodology

图书在版编目（CIP）数据

国际收支的预警、预测与开放经济问题研究：基于定性定量综合集成视角/范洋著.—北京：经济管理出版社，2018.10
ISBN 978-7-5096-6083-6

Ⅰ.①国… Ⅱ.①范… Ⅲ.①国际收支—研究—中国 Ⅳ.①F812.4

中国版本图书馆CIP数据核字（2018）第234412号

组稿编辑：胡　茜
责任编辑：任爱清
责任印制：黄章平
责任校对：赵天宇

出版发行：经济管理出版社
（北京市海淀区北蜂窝8号中雅大厦A座11层　100038）
网　　址：www.E-mp.com.cn
电　　话：（010）51915602
印　　刷：三河市延风印装有限公司
经　　销：新华书店
开　　本：720mm×1000mm/16
印　　张：12.75
字　　数：226千字
版　　次：2019年7月第1版　2019年7月第1次印刷
书　　号：ISBN 978-7-5096-6083-6
定　　价：49.00元

·版权所有　翻印必究·

凡购本社图书，如有印装错误，由本社读者服务部负责调换。
联系地址：北京阜外月坛北小街2号
电话：（010）68022974　邮编：100836

序

范洋博士让我为其大作《国际收支的预警、预测与开放经济问题研究》作序,看到这书名就忍不住感慨:自己当年的博士学位论文都胡写了些什么?为何没有做如此"高大上"的研究呢!按说为书作序,应该对其内容、特点勾画一番,为读者负起引路之责,但面对着洋洋洒洒十余万字的书稿,我先想起的是与范博士相识的往事。

那应该是2015年秋的某一天,我司开会讨论一些研究事宜,领导点名刚入职的范洋来说说有关统计计量的某个问题,她毫不怯场地表达了与领导意图相左的个人见解。大家忍不住打量了一下这个眼神炯炯的姑娘。那一刻我隐隐觉得,这大概与我是个同道中人吧。往后的日子,各种机缘巧合,我们成为职场上的朋友,在若干个需要彼此扶持的时刻都陪伴左右。这里提到她敢当面不顺从领导意见,重点并不在于说她胆子大,其实她胆子也就跟如鼠的我不分伯仲,重点是她说出口的话必是她经过思考并认同的观点,绝不会空口白牙说些应景的口水话,这是做研究之人的立身之基,也是本书质量的基本保障。

对我来说,国际收支这个话题并不熟稔到可以张口就谈,甚至可以说属于我个人研究领域的"短板",仿佛不太有资格对这本书做些什么评论。但依据自己多年研究和观察的心得,国际收支这个研究课题着实很累人,看看那些统计表格,一般人都会感到头疼。当前,市面上不少所谓的学者对着国际收支账户说些听起来不错但经不起深究的言论,其中出错的地方还不少,可见想要做国际收支领域的专家真需下一番功夫。

但这个课题又如此重要,是因为中国已经深深融入世界经济发展的血脉,一个开放的经济体无可避免地与世界这个大市场交换着各类要素,共同发展。世界外部环境的变化对于国内经济的影响已经越来越深刻,中国早已不再是可以关起国门、只顾自己眼前事的"小"国家了。所以,我们需要对国际收支的变化特征、出现的问题以及发展趋势做出扎实、深入的研究解读,做出一套监测预警系统,不仅是要在理论研究领域向前探索,迈出属于国内经济学者们的"一厘米",而且也要在政策研究领域内做出负责任、有道理的解读和判断,为政府行事施策提供扎实的参谋。范博士的研究可以担得上扎实、负责任这个评价。

全书布局谋篇也践行了从理论到实践这个研究范式。第一篇使用定性定量综合集成框架研究国际收支的基本问题,并分析金融危机前后美国货币政策对我国的影响。这一篇对理论模型的思考、研究方法的思考以及丰富细致的计量分析研究都可以说是经得起推敲的。不仅对我国国际收支状况进行系统性研究,而且引入 PageRank 算法改进国际收支风险预警体系的指标筛选过程,提出了国际收支综合集成预测方法。第二篇则是进入政策研究的范式,对国际收支情况进行跟踪分析,时间周期为半年度,对我国外汇市场变化、国际收支形势等进行了及时的研判分析,并提出了有针对性的政策建议。这些创新研究凝结着范博士从读书到工作的心血。同为做研究之人,我深知她的不容易。

不知道有多少次,我们互相鼓励,要做扎实的、负责任的研究,并为对方的些许进步而欢欣鼓舞。说句发自肺腑的话,想要不被外界干扰、坚定保持研究初心,并不是件容易的事,浮躁的环境、但求安稳的氛围等都可能在某个时刻让我们生出些许惆怅。幸运的是,我们彼此鼓励,在做研究的道路上依然努力前进。我想,今后的今后,我们依然会这样坚持着自己想要的坚持。

范博士是个至情至性、丰富细腻、博学多才的博士,她总是在人群中闪烁着知性不凡的光芒。这种光芒不是大明星式的、炎炎夏日正午时分的刺眼光,而是默默在滚滚人流中的、早春四月的柔和光彩。一个有着独立思维的朋友,能够最大化拓展你的思维半径,也能让你时时感到惊喜,会在与她们的交锋中,锻炼自己的智商与眼界,使每一天都变得与昨天不同。范博士就是这样的朋友。

最后一句希望说给范博士,希望你的眼睛里时刻闪动光芒,希望你永远好奇、永远生机勃勃,希望你踏遍千山万水、看过大江大海,活得清新自然、温暖自洽。

让我们一起努力做好研究,不辜负自己,不辜负时代。

作者朋友 邹蕴涵
2018 年 9 月 29 日 北京

前　言

国际收支是我国与其他国家交易往来的完整反映，保持我国国际收支平衡是我国宏观经济调控的主要目标之一。开放经济条件下对国际收支进行系统性研究，是科学合理地制定宏观经济政策，达到国际收支平衡重要目标的基础。

随着对外开放程度的提高，我国融入并主导世界经济格局的意愿越来越强烈，面临着越来越复杂的外部环境与内部扰动。国际收支系统作为一个复杂系统，具有高度的不确定性，传统的经济学分析往往注重确定性的逻辑联系，但在不确定性冲击出现的时候不能做出相应的快速判断。本书基于定性定量综合集成的视角，结合传统的计量经济理论，并应用新兴的数据挖掘技术，对中国国际收支状况进行预警、预测以及政策模拟三方面的系统研究。

本研究分为两篇。第一篇使用定性定量综合集成框架研究国际收支的基本问题，并分析金融危机前后美国货币政策对我国的影响。第二篇对国际收支情况进行跟踪分析，时间周期为半年度。

第一篇安排如下：

第一，使用定性定量综合集成的视角对我国国际收支状况进行系统性研究。

我国的国际收支可以看成一个大型复杂系统，多变的国内经济和错综复杂的国外环境互相影响，使我国国际收支状况呈现较大的不确定性。传统的对国际收支及其相关问题的研究多基于经济理论分析，对国际收支问题更偏重于确定性的经济解释和预估，但往往不能够快速适应多变的国际收支状况。本研究不仅从趋势性、确定性的角度考虑国际收支问题，更注重将不确定性、非线性分析的思想引入对国际收支问题的分析框架，从而更好地捕捉不能够被传统经济理论解释的部分。

第二，建立了新的国际收支风险预警指标体系。

基于经济景气周期理论建立国际收支风险预警系统，并引入 PageRank 算法对指标先行性做出评估，根据 PageRank 指标得分对指标进行筛选和分层。PageRank 算法改进了传统的筛选方法完全以基准指标进行指标判断的缺陷，保证了更加稳健且先行性更好的筛选结果,并将表征我国金融市场情况的重要变量加入先行指标中来。

第三,提出了国际收支综合集成预测方法。

对于经常账户下代表性子项目的预测,应用了综合集成混频(MIDAS)模型,使用月度数据预测季度数据,最大限度地利用了高频数据的信息。使用不同外生变量的 MIDAS 模型进行多组预测后,对预测结果进行集成,得到了更加精确的预测结果。

对于资本和金融账户下代表性子项目的预测,提出了 ANN-MIDAS 模型以及 ANN-NARX 模型,以适应金融项目数据序列波动大、突变性强的特点。新算法不仅使用人工神经网络逼近数据序列中的非线性成分,而且更好地保留了数据序列中线性部分与非线性部分的耦合特征,取得了更加精确的预测结果。

第四,分析了金融危机对我国国际收支状况的结构性影响。

基于动态因子模型(DFM)描述我国国际收支系统的演化,并分不同的样本阶段进行样本尾部稳定型检验(End-of-Sample Instability Test)。对影响我国国际收支系统的结构性变化进行了识别,结果表明,金融危机后我国国际收支系统中,实体经济传导渠道确实出现结构性的变化,传统的国际收支模式需要转型。

第五,分析了美国量化宽松政策及其退出对我国国际收支的影响。

利用结构向量自回归(SVAR)模型对美国量化宽松政策及其退出对我国国际资本流动的影响进行了冲击识别。

第二篇是近两年对国际收支相关问题的跟踪监测,对国际收支账户及其变化情况进行持续的跟踪分析和研判。这些跟踪分析以半年为周期,覆盖了从2016年到2018年关于汇率、国际收支的新形势、新特点、新问题,提出了有针对性的政策建议。

目 录

第一篇 国际收支预测预警研究

第一章 研究背景与文献综述 ………………………………………… 3
- 第一节 研究背景与意义 ………………………………………… 3
- 第二节 文献综述 ………………………………………………… 4
- 第三节 研究内容与研究框架 …………………………………… 5
- 第四节 创新与特色 ……………………………………………… 8

第二章 中国国际收支分析及研究概述 ……………………………… 10
- 第一节 国际收支的基本概念及统计原则 ……………………… 10
  - 一、国际收支相关的基本概念 ………………………………… 11
  - 二、国际收支统计规则 ………………………………………… 15
- 第二节 基于国际收支平衡表的中国国际收支状况分析 ……… 22
  - 一、中国国际收支阶段划分 …………………………………… 22
  - 二、经常账户分析 ……………………………………………… 23
  - 三、资本和金融账户分析 ……………………………………… 27
  - 四、储备资产变动分析 ………………………………………… 31
- 第三节 国际收支相关问题研究综述 …………………………… 32
  - 一、以储蓄、投资为分析视角的研究 ………………………… 33
  - 二、关于国际收支经常账户变动决定因素的研究 …………… 35
  - 三、关于国际收支经常账户可维持性的研究 ………………… 37
  - 四、关于国际收支各级账户间以及和宏观经济变量间的动态关系

　　　　研究 ·· 38
　第四节　本章小结 ·· 40

第三章　国际收支风险预警体系的构建 ···································· 41

　第一节　引言 ·· 41
　第二节　国际收支风险预警理论研究综述 ·································· 42
　第三节　国际收支风险的界定 ·· 48
　　一、国际收支风险：以跨境资金流动作为主要表现 ···················· 48
　　二、国际收支风险基准指标的确定 ····································· 50
　　三、国际收支风险预警指标初选集合 ·································· 53
　第四节　国际收支景气循环分析 ·· 57
　　一、经济周期理论 ·· 58
　　二、景气指数方法 ·· 59
　　三、经济景气分析工具 ··· 60
　　四、合成指数初选指标库的遴选 ······································· 63
　第五节　指标体系的改进：基于 PageRank 算法的指标分层过程 ········ 65
　　一、PageRank 算法思想及其实现 ······································ 65
　　二、基于 PageRank 算法的指标筛选及分层结果 ······················ 68
　第六节　景气指标合成与应用 ·· 70
　　一、合成指数计算 ·· 70
　　二、基于 PageRank 算法的指标筛选改进效果分析 ···················· 73
　第七节　本章小结 ·· 76

第四章　基于集成混频模型的经常账户预测 ······························ 77

　第一节　引言 ·· 77
　第二节　混频模型简介 ·· 78
　　一、混频模型文献综述 ··· 78
　　二、混频预测模型简介 ··· 80
　第三节　单变量混频模型对货物贸易项目的预测 ·························· 82
　　一、货物贸易贷方（出口）预测 ····································· 82
　　二、货物贸易借方（进口）预测 ····································· 84

第四节 单变量MIDAS模型对服务贸易项目的预测 ………………… 86
    一、服务贸易贷方（出口）预测 …………………………… 86
    二、服务贸易借方（进口）预测 …………………………… 88
第五节 集成MIDAS模型的预测 ……………………………………… 90
    一、货物贸易贷方 …………………………………………… 90
    二、货物贸易借方 …………………………………………… 91
    三、服务贸易贷方 …………………………………………… 92
    四、服务贸易借方 …………………………………………… 94
第六节 本章小结 ………………………………………………………… 95

第五章 基于非线性集成模型的资本和金融账户预测 …………………… 96

第一节 引言 …………………………………………………………… 96
第二节 ANN模型文献综述 …………………………………………… 97
第三节 基于MIDAS与ANN的非线性集成模型：ANN-MIDAS …… 98
    一、ANN-MIDAS模型 ……………………………………… 99
    二、基于ANN-MIDAS模型的资本和金融账户预测 ……… 101
第四节 基于NARX与ANN的非线性集成模型：ANN-NARX …… 104
    一、ANN-NARX模型 ……………………………………… 104
    二、基于ANN-NARX模型的资本和金融账户预测 ……… 105
第五节 本章小结 ……………………………………………………… 107

第六章 金融危机引起的中国国际收支结构变化分析与冲击识别 ……… 108

第一节 引言 …………………………………………………………… 108
第二节 动态因子模型与冲击识别 …………………………………… 109
    一、经济系统的描述——动态因子模型 ………………… 109
    二、DFM模型的外部冲击识别与测算 …………………… 110
第三节 实证分析 ……………………………………………………… 112
    一、数据与预处理 ………………………………………… 112
    二、动态因子模型拟合度分析 …………………………… 113
    三、载荷矩阵稳定性检验结果 …………………………… 114
    四、冲击对中国国际收支的影响分析 …………………… 115

第四节　本章小结 ... 119

第七章　美国量化宽松政策及其退出对我国国际收支和资本流动的影响 ... 120

第一节　研究背景 ... 120

第二节　理论分析及文献回顾 ... 121

第三节　定性分析——美国量化宽松政策及其退出对中国的影响 ... 124

一、量化宽松政策对中国的影响 ... 124

二、美国退出量化宽松政策对中国的影响 ... 125

第四节　实证研究 ... 126

一、变量选择与数据处理 ... 126

二、模型构建 ... 127

三、脉冲响应分析 ... 129

第五节　本章小结 ... 133

第八章　总结与展望 ... 134

第二篇　国际收支跟踪监测

第九章　2016年人民币汇率分析及2017年展望 ... 139

第一节　2016年我国外汇市场运行基本情况及全年预测 ... 139

一、人民币汇率小幅贬值，总体预期稳定 ... 139

二、2016年外汇市场运行情况分析 ... 141

第二节　2017年人民币汇率走势分析与展望 ... 142

一、国内外经济环境分析 ... 142

二、人民币不存在长期贬值和加速贬值的基础 ... 143

第三节　对策建议 ... 144

一、重视维持汇率稳定，谨慎推进资本账户开放 ... 144

二、进一步完善人民币汇率市场化形成机制，积极引导市场预期 ... 144

三、推动人民币直接交易市场发展，发展汇率避险产品市场 ... 145

第十章 2017年一季度国际收支形势分析及二季度展望 …… 146

第一节 一季度国际收支情况分析 …… 146
一、经常账户顺差总体缩减 …… 146
二、非储备性质的资本和金融账户逆差大幅缩减 …… 147

第二节 2017年二季度国际收支情况展望 …… 149
一、二季度国际经济形势展望 …… 149
二、二季度经常账户顺差规模回升 …… 150
三、二季度资本和金融账户逆差大幅收窄 …… 151

第三节 政策建议 …… 152
一、促进对"一带一路"沿线国家的投资合作 …… 152
二、完善跨境资本流动的监管框架,强化政策执行 …… 152
三、努力保持外贸回稳的良好态势 …… 152

第十一章 2017年上半年跨境资金流动情况分析及全年展望 …… 153

第一节 当前跨境资金流动形势回稳向好 …… 153
一、银行结售汇逆差大幅下降,外汇储备持续回升 …… 153
二、市场对外币资产的调节节奏趋向平稳,外币供求基本平衡 …… 153
三、汇率企稳并有所回升,投机性质资金流出大幅减少 …… 154
四、贸易项下套汇套利行为减少,跨境交易基本保证真实合规 …… 154

第二节 资金流出压力缓解的原因分析 …… 155
一、国内经济企稳向好,国际经济环境呈现欧强美弱格局 …… 155
二、人民币贬值预期反转,跨境资金流入动力增强 …… 155
三、外汇管理政策松紧适度 …… 156

第三节 跨境资金流动趋势稳中有险 …… 156
一、跨境资金流动总体企稳 …… 157
二、人民币汇率可能重新面临贬值压力 …… 157
三、外需收缩,基础性资金流入放缓 …… 157
四、境内主体对外投资和配置资产的需求依然旺盛 …… 157

第四节 政策建议 …… 158
一、进一步吸引外资,加快促进优质外资增长 …… 158

二、进一步优化宏观审慎政策框架 ·· 158

三、稳步推进汇率形成机制改革 ·· 158

第十二章 2017年国际收支形势分析及2018年展望 ·········· 159

第一节 2017年前三季度国际收支呈现基本平衡 ·········· 159

一、经常账户保持顺差 ·· 159

二、非储备性质金融账户重现顺差 ·· 160

三、储备资产逐步增加 ·· 162

第二节 2017年国际收支运行评价 ···································· 162

一、经常账户顺差处于合理区间 ·· 162

二、市场预期好转,外汇供求基本平衡 ································ 162

三、国际收支中基础性资金流入放缓 ···································· 163

第三节 2018年国际收支继续保持平衡 ·························· 164

一、国内外经济环境向好,市场预期趋稳 ···························· 165

二、新时期外汇管理政策将进一步完善 ································ 165

三、外债风险总体可控,对外投资取得良好收益 ················ 166

第四节 对策建议 ·· 166

一、进一步优化宏观审慎政策框架,防范系统性金融风险 ···· 166

二、落实"扩流入"政策,引导基础性资金流入特别是外商直接投资
流入 ·· 167

三、加强跨境资本流动管理,维护货币政策独立性 ·············· 167

第十三章 2018年上半年外汇收支分析及下半年展望 ··········· 168

第一节 2018年上半年外汇收支分析 ································ 168

一、国际收支基本实现自主平衡 ·· 168

二、外汇市场供求基本平衡 ·· 170

第二节 2018年下半年外汇收支基本保持平衡 ·············· 170

一、2018年下半年人民币贬值压力可控 ······························· 170

二、新兴经济体资本流出及汇率大幅贬值对我国影响有限 ····· 171

三、货物贸易顺差承压,服务贸易逆差继续扩大 ················ 172

四、初次收入逆差尤其是投资收益逆差较上半年收窄 ········ 172

五、跨境资金流动保持平稳 ………………………………… 173

第三节　政策建议 ……………………………………………… 174

　　一、完善跨境资本流动的"宏观审慎管理和微观市场监管"
　　　　两位一体的管理体系 ……………………………………… 174

　　二、健全外汇市场，引导企业适应汇率双向波动 …………… 175

　　三、加强信息共享，将涉税信息引入外汇管理 ……………… 175

参考文献 ……………………………………………………… 176

后　记 ………………………………………………………… 187

第一篇 国际收支预测预警研究

第一章 研究背景与文献综述

第一节 研究背景与意义

经济全球化促使各国内部经济与外部经济逐渐融为一体，国际收支则完整地反映了我国与其他国家的交易往来。一国的国际收支状况不仅反映着该国内部的经济发展阶段、资源利用情况，更重要的是反映了该国的对外开放程度以及经济发展战略。保持国际收支平衡是我国宏观经济调控的主要目标之一，为了达到这一目标，在开放经济条件下对国际收支进行系统性研究就尤为重要，这是科学合理地制定宏观经济政策，尤其是国际宏观经济政策的基础。

随着对外开放程度的提高，我国融入并主导世界经济格局的意愿不仅越来越强烈，还面临着越来越复杂的外部环境与内部扰动。国际收支系统作为一个复杂系统，具有高度的不确定性，传统的经济学分析往往注重确定性的逻辑联系，但在不确定性冲击出现的时候不能做出相应的快速判断。本书使用一类复杂系统方法论，对中国国际收支状况进行预警、预测以及政策模拟三方面的系统研究。结合传统的计量经济理论与新兴的人工智能技术，可以实现对突现性因素的捕捉。

国际收支反映了一国经济交易的全貌。对国际收支问题的研究，是对一国开放经济的整体研究，包括该国的对外贸易状况、对外投资状况，该国的汇率波动、国内生产。这是一个高度精密的系统，各变量之间相互影响，关系错综复杂，同时，也是学术研究的难点。对国际收支的全面考察不仅是一个非常有意思的问题，也是一个非常有意义的问题。

第二节 文献综述

关于国际收支学说的开端,最早可以追溯到重商主义时期。重商主义者把货物财富视为财富的唯一形式,将持有货币的多少作为衡量国家富裕程度的标准,国际收支成为国民财富的重要记载。国际收支理论主要产生于金本位时期以及"二战"后的固定汇率制度时期。19 世纪实行金本位制度,黄金是资金借贷及支付的最后清算手段,所以各国在黄金输出点的制约下,能够自动地调节国际收支。从重商主义到金本位制度的过程中,国际收支学说发展为以古典经济学为分析框架,虽然这个阶段还不能称为国际收支理论,但这个阶段形成的对国际收支的认识是现代国际收支理论的基础。

20 世纪 30 年代,经济危机促使国际金本位制度全面崩溃,各国竞争性货币贬值,汇率变动十分频繁。20 世纪 40 年代,经济学家在借鉴英国经济学家马歇尔的国际收支弹性分析的基础上,逐渐形成了国际收支弹性论,研究汇率变动对国际收支的调节问题。这一理论认为,国际收支调节不是自动进行的,而是政府政策发挥作用的内容。在收入不变的假设条件下,研究价格变动的国际收支效应,实际上是一个局部静态均衡分析。

接下来,凯恩斯的乘数理论被用来揭示收入在国际收支调整中的作用,形成了国际收支乘数论。这一理论认为,进口是国民收入的函数,任何自主性支出的变动都会通过乘数效应引起国民收入变动,进而影响国际收支状况。

1952 年,美国经济学家 S. S. Alexander 提出了国际收支吸收论。他认为,只有在掌握经济政策对经济活动的影响以及产出变化的基础上,才能充分理解国际收支的变动与发展。他采用国民收入决定论中的收入—支出法,探讨国际收支与国内经济的关系。当国民收入大于总吸收时,国际收支顺差;当国民收入小于总吸收时,国际收支逆差;当国民收入等于总吸收时,国际收支平衡。

Harry G. Johnson (1967) 认为,国际收支不平衡实质上是货币现象,根本原因在于现存货币数量偏离了最优货币数量,提出了国际收支货币论。这里的货币是一个存量概念而不是流量概念,因此,国际收支货币分析理论的主要方法是存量分析法。

同一时期,R. A. Mundell (1962) 建立了 IS – LM – BP 一般均衡理论,提出

了政策指派法则，运用一般均衡分析研究在价格不变的条件下，商品市场、货币市场以及国际收支同时达到均衡时，汇率、国际收支与国民收入的关系。

20世纪70年代以后，国际收支危机频发，对国际金融领域动荡的关注程度不断提升。随着经济全球化的发展，国际贸易和国际资本流动使得原有经济体系中各种矛盾不断积累和深化，国际收支失衡问题日益突出，国际收支危机研究成为热点。Krugman（1979）在其奠基性论文 A Model of Balance – of – Payments 中将国际收支定义为市场参与者对中央银行维持固定汇率的承诺突然失去信心，并强调宏观经济基本因素的恶化是导致国际收支危机的重要因素。Obstfeld（1995）认为，预期是引发危机的关键因素，提出投机冲击取决于政府政策的反应函数。G. A. Calvo（2000）研究了新兴国家国际收支危机问题。

2000年以后，关于国际收支的研究主要集中在国际收支约束（Balance of Payments Constraint）下的相关问题研究。Thirlwall（2001）提出了国际收支约束下的国际收支平衡增长率，探讨开放经济条件下的经济增长问题。R. Rowthorn 等（2004）研究了发达经济体去工业化对其国际收支账户的影响。J. C. Moreno（2003）研究了国际收支约束下开放经济体的长期增长问题，发展了 Thirlwall 的理论，建立了包含利率因素的国际收支约束增长模式，并应用到墨西哥的情况进行了实证研究。G. Porcile（2010）等研究了国际收支约束下实际有效汇率弹性与劳动力供给之间的关系。

第三节 研究内容与研究框架

本书第一篇结合我国国际收支账户的特征，建立了中国国际收支的系统分析框架，包括国际收支风险预警、国际收支主要项目预测以及中国国际经济状况的政策模拟三个大部分。在预警部分，使用计量方法初步建立了国际收支风险预警体系并使用借鉴网页排序思想的非线性算法对体系进行了改进。在预测部分，使用混频模型对经常账户代表性子项目进行预测，并通过预测模型集成，改进了预测精度；使用非线性模型对资本和金融账户下的代表性子项目进行预测，实现了较高的预测精度。在政策模拟部分，我们识别了金融危机前后我国国际收支是否发生了系统性变化，研究了美国量化宽松政策及其退出对我国国际资本流动的影响。

第一部分是中国国际收支风险预警体系的构建。首先，该部分通过定性分析对国际收支风险及其影响因素进行识别，建立国际收支风险基准指标。其次，利用 PageRank 算法，实现指标评定与分类，将一些反映金融市场繁荣程度的指标加入国际收支风险预警先行指标体系中，对原预警指标进行了改进。使用合成算法合成先行指数。最后，利用 BB 算法（Bry – Boschan，BB）和峰谷分析法确定指标周期并评估预警效果，结果表明新的预警指有更好的领先性和鲁棒性，说明基于 PageRank 算法的指标识别过程对原预警系统的改进是显著的。

第二部分是中国国际收支主要项目预测。我们分别运用线性模型与非线性模型对国际收支账户下主要次级项目进行了预测。将线性模型用于数据平稳性较好的经常账户下的代表性子项目的预测，使用混频（MIDAS）模型对货物贸易、服务贸易的借方及贷方分别进行预测，并对不同单因素 MIDAS 模型的预测结果进行综合集成。非线性模型主要用来预测资本和金融账户下的代表性子项目，包括直接投资、证券投资以及其他投资。考虑到数据序列的非线性特征，我们使用智能算法预测波动性非常大的金融账户数据序列，实现了较好预测效果。

第三部分为中国国际经济系统的政策模拟。使用动态因子模型，研究了金融危机前后中国国际收支是否发生了结构性的变化，识别出危机期间我国国际收支受到的主要外部冲击。使用结构向量自回归模型，对外部具体政策——美国量化宽松政策及其退出对我国国际收支尤其是国际资本流动的影响进行政策模拟。

下面对本书第一篇各章主要内容进行简要介绍。

第一章为研究背景和文献综述，介绍我国国际收支的状况，维持国际收支平衡作为中国宏观经济重要目标之一的重要意义。

第二章概述我国国际收支情况。简述国际收支的基本概念及统计规则，并基于我国国际收支平衡表，把 1982 年有年度统计数据以来的国际收支状况划分为三个阶段，并对 2001 年以来国际收支波动开始变大后的一级账户状况进行逐项分析。最后对国内外相关研究进行综述。

第三章是国际收支风险预警体系建设。首先，对国际收支风险进行界定和识别，确定表征国际收支风险的基准指标；其次，基于宏观经济进行国际收支景气分析，根据指标数据特征及经济意义确定初选指标集合。引入 PageRank 算法对传统的指标筛选过程进行改进，并集成成为具有良好领先性的新的国际收支预警先行指标。

第四章是基于集成混频模型的经常账户预测。混频（MIDAS）模型改进了传统计量模型只能使用同频率数据进行预测的缺陷，我们使用 MIDAS 模型分别预测了经常账户下货物贸易和服务贸易的借方和贷方。基于先分解后集成的思想，首先，使用单变量的 MIDAS 模型，得到不同影响因素下的预测结果，其次，进行线性集成。经常账户下子项目的数据一般较为平稳，我们使用线性模型取得了不错的预测结果。

第五章是基于非线性集成模型的资本和金融账户预测。由于资本和金融账户数据带有明显的非线性特征，且波动剧烈，我们提出 ANN - MIDAS 和 ANN - NARX 模型对国际收支资本和经常账户下的直接投资、证券投资和其他投资的资产序列和负债序列分别进行预测。

第六章金融危机引起的中国国际收支结构变化分析与冲击识别。在建立国际收支风险预警指标体系的过程中，我们发现很多指标与基准指标的先行及滞后关系在金融危机前后都发生了逆转，据此推断，金融危机前后我国国际收支状况发生了结构性的变化。我们通过动态因子模型（DFM）对中国国际收支系统进行模拟，并分析出金融危机期间发生结构性变化的经济变量，确定危机前后我国国际收支系统受到的冲击，并对其影响进行测算。

第七章是美国量化宽松政策及其退出对我国国际收支和资本流动的影响。建立结构向量自回归模型（SVAR）对美国量化宽松政策及其退出对国际资本流动的影响进行冲击识别。

第八章为总结与展望。本章对全书的研究内容和研究结论进行了总结，并指出了未来的研究方向。

本书第一篇框架结构与内容安排（见图 1 - 1）。

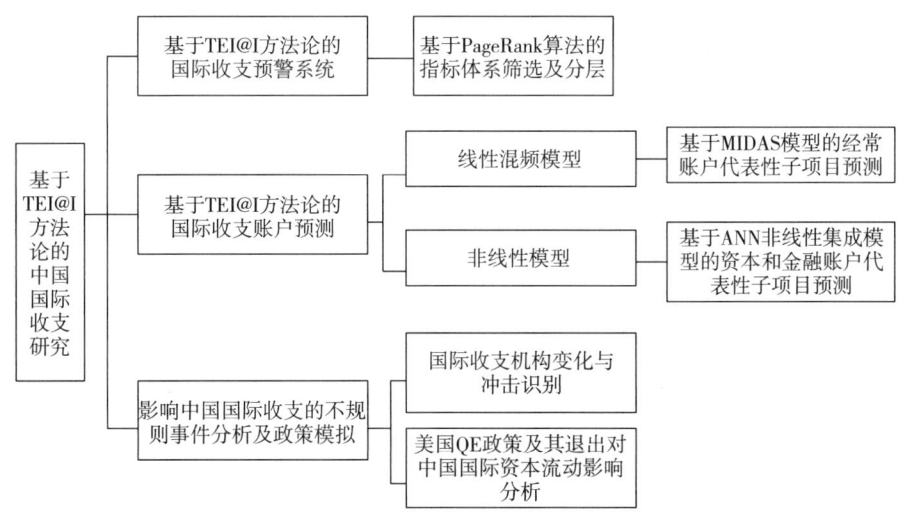

图 1 - 1　本书第一篇框架结构

第四节 创新与特色

本书的创新之处主要体现在以下几个方面：

第一，对我国国际收支状况进行系统性研究。我国的国际收支可以看成一个大型复杂系统，多变的国内经济和错综复杂的国外环境互相影响，使得我国国际收支状况呈现较大的不确定性。传统的对国际收支及其相关问题的研究多基于经济理论分析，对国际收支问题更偏重于确定性的经济解释和预估，但往往不能够快速适应多变的国际收支状况。我们不仅从趋势性、确定性的角度考虑国际收支问题，更注重将非确定性、非线性分析的思想引入对国际收支问题的分析框架，从而更好地捕捉不能够被传统经济理论解释的部分。

第二，引入 PageRank 算法改进国际收支风险预警体系的指标筛选过程，根据 PageRank 指标得分对指标进行筛选和分层。借鉴网页排序思想的 PageRank 算法的指标打分策略与传统的利用 KL 信息量和时差相关分析进行先行指标筛选方法的区别在于，该方法是基于完全图的打分策略，可以得到待选集合中所有指标之间的先行、一致以及滞后关系，从而改进了传统的筛选方法完全以基准指标进行判断的缺陷，保证了更加稳健的指标筛选结果。通过引入 PageRank 算法对国际收支风险预警指标的筛选过程进行改进，我们得到了更为稳健且先行性更好的先行指标。基于 PageRank 算法的指标筛选方法具有良好的可移植性，对于行业预警和行业间的领先滞后关系研究同样适用。

第三，提出了国际收支综合集成预测方法。使用传统的计量预测模型对国际收支平衡表各项目进行预测，需要使用同频数据。宏观经济数据多为月度甚至更高频的日度数据，公开统计的季度数据少。传统对相对高频的数据进行简单平均的方法对高频数据信息利用不足。对于经常账户下代表性子项目的预测，提出综合集成混频（MIDAS）模型，使用月度数据预测季度数据，最大限度地利用了高频数据的信息。使用不同外生变量的 MIDAS 模型进行多组预测后，对预测结果进行集成，取得了更加精确的预测结果。

对于资本和金融账户下代表性子项目的预测，提出 ANN－MIDAS 模型以及 ANN－NARX 模型，以适应金融项目数据序列波动大、突变性强的特点。新算法不仅使用人工神经网络逼近数据序列中的非线性成分，而且更好地保留了数据序列中线性部分与非线性部分的耦合特征,取得了更加精确的预测结果。

第四,分析了金融危机对我国国际收支状况的结构性影响。在建立预警指标体系的过程中,我们发现一些指标的先行滞后关系在特定时间段(尤其是金融危机前后)发生了明显的逆转,由此我们推断我国国际经济状态可能发生了某种结构性的变化。本书基于动态因子(DFM)模型描述我国国际收支系统的演化,并分不同的样本阶段进行样本尾部稳定型检验(End-of-Sample Instability Test)。对影响我国国际收支系统的结构性变化进行了识别,结果表明,金融危机后我国国际收支系统中,实体经济传导渠道确实出现结构性的变化,传统的国际收支模式需要转型。

第五,分析了美国量化宽松政策及其退出对我国国际收支的影响。利用结构向量自回归(SVAR)模型对美国量化宽松政策及其退出对我国国际资本流动的影响进行了冲击识别。

第二章 中国国际收支分析及研究概述

第一节 国际收支的基本概念及统计原则

国际收支（Balance of Payments）反映一个经济体（国家/地区，下同）与其他经济体之间发生进出口贸易、投融资往来等各类经济交易的经济过程，以及对外金融资产负债的流量状况。国际收支统计数据是全面反映一个经济体对外的贸易、金融投资及收益的变动以及金融资产负债存量等情况的重要统计信息。国际收支统计数据通过汇总整理最终形成国际收支平衡表（Balance of Payments，BOP）和国际投资头寸表（International Investment Position，IIP）。国际投资头寸是一个国家对外金融资产和负债的资产负债表。

国际收支的含义是随着国际经济交往的不断扩大而丰富和发展的。这一概念最早出现于17世纪初期。当时，为了促进资本的积累，各国都非常重视对外贸易，因此，在很长一段时期内，国际收支都被简单理解为一国的贸易收支。随着经济的发展，各国之间交易内容、范围不断扩大。"一战"以后，金本位制度崩溃，国际收支的范围得到了扩大和延伸，演变为一个国家一定时期的外汇收支总和。这一定义将国际收支的统计范围建立在先进基础之上，各国之间的国际经济交易，只要涉及外汇收支，就属于国际收支的范畴。这被称为狭义的国际收支。"二战"以后，随着世界经济的进一步发展，国际关系更加紧密，国际经济往来以及政治、文化等往来更加频繁，国际经济交易的范围和方式都有了很大的变化，政治无偿援助、私人捐赠、企业之间的易货贸易、补偿贸易、记账贸易等新的贸易方式都涉及外汇收支，建立在现金基础上的国际收支概念已经不能适应国际经济形势的发展，国际收支概念的重心由"收支"转向"交易"，衡量内容扩展到所有的国际经济交易。

第二章 中国国际收支分析及研究概述

1948年,国际货币基金组织(IMF)成立初期,出版了《国际收支手册》(第一版),国际收支正式成为统计项目。IMF从广义角度将国际收支定义为:在一定时期内,一个经济实体的居民同非居民所进行的全部经济交易的系统记录和总和。按照IMF的规程要求,其所有成员(国家或经济体,下同)有义务定期向其报送国际收支统计数据。我国在恢复IMF正式席位之后不久,从1984年开始统计和报送1982年以来的我国国际收支数据。我国国际收支状况的统计和对外信息发布由国家外汇管理局负责。随着国际社会和经济的不断发展变化,IMF也在不断修改完善该手册的内容和要求。2008年,IMF对《国际收支手册》进行了修订。2009年,IMF推出最新的《国际收支和国际投资头寸手册》(第六版)(简称BPM6),定义国际收支为:国际收支反映的是该经济体居民与世界其他地区之间的经济关系。

一、国际收支相关的基本概念

根据《国际收支和国际投资头寸手册》(第六版)的规定,我们将国际收支相关的基本概念说明如下。

(1)国际收支统计范围。一个经济体与其他经济体之间发生的一切经济交易流量以及对外金融资产负债质量。

(2)经济体。经济体由经济领土、经济领土内的居民、居民的经济活动共同组成。其中,经济领土是指一个政府或国际组织有效实施经济管理的管辖或地理区域。使用经济体概念的目的是便于确定国际收支统计的范围和进行国际比较。我国国际收支的统计范围是大陆地区,不包括香港、澳门和台湾地区。

(3)居民。经济体内的居民是指一个机构/个人在该经济体内有某种场所、住所、生产地或者其他建筑物,并且在这些地方无限期地或者有限期但长期地从事一定规模的经济活动和交易,即该机构/个人的经济利益中心在该经济体内。在实际操作时,IMF将经济利益中心的认定时间定为一年或者一年以上,主要是为了避免实际操作中统计口径的不一致,同时也便于数据的国际比较。我国的国际收支统计对中国居民范围定义参见《国际收支统计申报办法》。

(4)记账方法。国际收支平衡表采用复式记账法,遵循"有借必有贷,借贷必相等"的会计记账原则,每笔交易由两个金额相等、方向相反的会计分录组成,贷方分录合计金额与借方分录合计金额相等。贷方表示实际资源出口和对外资产减少或对外负债增加,借方表示实际资源进口和对外资产增加或对外负债减少。如货物出口收入在国际收支平衡表中,贷记货物贸易出口、借记对外存款资产增加；外商来华直接投资现汇流入在国际收支平衡表中贷记直接投资负债增加、借记对外存款资产增加。

（5）流量的记录时间。国际收支统计原则上采用权责发生制确定流量/交易的记录时间。权责发生制是在经济价值被创造、转换、交换、转移或消失时，记录流量。权责发生制下的经济所有权是指经济资产/负债的所有者承担的与经济资产/负债所有权有关的经济权利和义务或者收益和风险。反映经济所有权变更的流量是在所有权转移的时点记录，而反映服务变更则是在提供时记录。无论是否已经收/付了现金，还是将来会收/付现金，经济交易是在其发生期间记录。例如，在货物已经出口但并未收回货款的情况下，应借记其他投资项下的贸易信贷，同时贷记货物出口。

（6）计值原则。国际收支交易主要采用市场价格计价，在实际操作中，如果没有市场价值，应按照等价交易或等价物的市场价值，或者按面值来记值。国际投资头寸表也是按照统计期末市场价格对对外金融资产和负债进行记值。

（7）国际收支平衡表主要结构。主要包括经常账户、资本账户和金融账户。在经常账户下又分为：货物和服务账户、初次收入账户、二次收入账户。金融账户下又分为：直接投资、证券投资、金融衍生品和雇员认股权、其他投资、储备资产。

国际收支记录的是对外往来的内容，即一国居民与非居民之间的交易。判断一项交易是否应当包括在国际收支的范围内，所依据的不是交易双方的国籍，而是依据双方是否有一方是该国居民。在国际收支统计中，居民是指一个国家的经济领土内具有经济利益的经济单位。所谓一国的经济领土，一般包括一个政府所管辖的地理领土，还包括该国天空、水域和临近水域下的大陆架，以及该国在世界其他地方的飞地。依照这一标准，一国的大使馆等驻外机构是所在国的非居民，而国际组织是任何国家的非居民。所谓在一国经济领土内具有一定的经济利益，是指该单位在某国经济领土内已经有一年或者一年以上的时间大规模地从事经济活动或者交易，或计划如此行事。

国际收支的概念是对包括交易在内的系统货币记录。国际收支反映的内容以交易为基础，而不是像其字面所表现的那样以货币收支为基础。这些交易既包括涉及货币收支的对外往来，也包括未涉及货币收支的对外往来，未涉及货币收支的往来须折算成货币加以记录。

国际收支还反映金融资产负债的其他变动，即反映经济事件（如汇率变动）而不是居民与非居民之间交易活动导致的国际收支、国际投资头寸在特定阶段发生的调整变动。

国际收支平衡表记录的是一定时期的国际收支交易总额,是一个流量概念。在掌握初期存量的情况下,流量和存量可以互相推算,我们用国际投资头寸记录存量。

目前,我国的国际收支统计规则使用的是1993年的《国际收支手册》(第五版)(以下简称BPM5)(见表2-1)。

表2-1 2014年中国国际收支平衡　　　　　　　单位:亿美元

项目	差额	贷方	借方
一、经常项目	2197	27992	25795
(一)货物和服务	2840	25451	22611
1. 货物	4760	23541	18782
2. 服务	-1920	1909	3829
(1)运输	-579	382	962
(2)旅游	-1079	569	1649
(3)通信服务	-5	18	23
(4)建筑服务	105	154	49
(5)保险服务	-179	46	225
(6)金融服务	-4	45	49
(7)计算机和信息服务	99	184	85
(8)专有权利使用费和特许费	-219	7	226
(9)咨询	164	429	265
(10)广告、宣传	12	50	38
(11)电影、音像	-7	2	9
(12)其他商业服务	-217	14	231
(13)别处未提及的政府服务	-10	11	20
(二)收益	-341	2130	2471
1. 职工报酬	258	299	42
2. 投资收益	-599	1831	2429
(三)经常转移	-302	411	714
1. 各级政府	-29	16	46
2. 其他部门	-273	395	668

续表

项目	差额	贷方	借方
二、资本和金融项目	382	25730	25347
（一）资本项目	0	19	20
（二）金融项目	383	25710	25328
1. 直接投资	2087	4352	2266
（1）我国在外直接投资	-804	555	1359
（2）外国在华直接投资	2891	3797	906
2. 证券投资	824	1664	840
（1）资产	-108	293	401
1）股本证券	-14	170	184
2）债务证券	-94	123	217
①（中）长期债券	-92	123	215
②货币市场工具	-2	0	2
（2）负债	932	1371	439
1）股本证券	519	777	258
2）债务证券	413	594	181
①（中）长期债券	410	497	88
②货币市场工具	4	97	94
3. 其他投资	-2528	19694	22222
（1）资产	-3030	995	4025
1）贸易信贷	-688	282	970
长期	-14	6	19
短期	-674	276	950
2）贷款	-738	177	915
长期	-455	0	455
短期	-282	177	459
3）货币和存款	-1597	514	2111
4）其他资产	-8	22	29
长期	0	0	0
短期	-8	22	29
（2）负债	502	18699	18197

续表

项目		差额	贷方	借方
	1）贸易信贷	-21	154	174
	长期	0	3	3
	短期	-20	151	171
	2）贷款	-343	17464	17807
	长期	-57	511	569
	短期	-286	16953	17239
	3）货币和存款	814	994	180
	4）其他负债	52	87	35
	长期	58	64	6
	短期	-6	23	29
三、储备资产		-1178	312	1490
	(1) 货币黄金	0	0	0
	(2) 特别提款权	1	1	1
	(3) 在基金组织的储备头寸	10	13	4
	(4) 外汇	-1188	298	1486
	(5) 其他债权	0	0	0
四、净误差与遗漏		-1401	0	1401

注：a. 我国国际收支平衡表按照国际货币基金组织《国际收支手册》（第五版）规定的各项原则编制。采用复式记账原则记录所有发生在我国居民（不包括港、澳、台地区）与非居民之间的经济交易。b. 采用四舍五入原则。c. 年度表由分季度国际收支平衡表累加得到。d. 2014年国际收支平衡表已经根据最新获得的数据进行了修订。

资料来源：国家外汇管理局。

二、国际收支统计规则

1993年，IMF出版了《国际收支手册》（第五版）（简称BPM5），该版手册的出版标志着国际收支统计与同年出版的《国民账户体系》（1993年国民账户体系）的国民账户相一致。为了保持两者的统一，BPM5的更新与同时进行的《1993年国民账户体系》的修订保持密切协调。同时，此次修订兼顾了在国际交易和头寸领域中的重要问题。

自BPM5推出以来，经济全球化进一步推动各国经济发展。跨国公司通过整合全球的资源和生产要素、合理配置资本和劳动力成本,成为经济全球化的先行者和受益者;不同的经济体之间通过贸易和投资,促进了各经济体之间的深入融合,尤其是随着发展中国家的经济快速发展、科技进步,国家间的经济交往日益频繁,国际收支的交易规模和存量不断攀升。与此同时,随着金融交易类型和方式的日益多样化,金融衍生品、跨境证券投资、电子银行等新产品、新业务的不断涌现,极大地扩大了金融市场和国际收支的交易规模。这些经济金融的发展变化都增加了掌握相关信息的复杂程度。此外,由于国际金融危机频发,促使各国迫切地需要了解自身经济体的脆弱性和可持续性等对外风险状况,亟须加强对其对外金融资产负债风险敞口的相关信息。

为顺应这些变化,IMF 统计部和国际收支统计委员会(简称委员会)组织全球的国际收支统计专家从 2001 年开始历时近 8 年,修订完成 BPM6。在此期间,委员会组建了四个专家组,细致审议了直接投资、储备等重要议题,加强了与相关宏观经济统计概念之间的联系,同时也多次向各成员国的国际收支统计负责部门征求意见。2007 年 3 月,IMF 在其官方网站上首次公布 BPM6 草稿,并向全球征求意见。这一草稿是 IMF 国际收支统计委员会和下属工作小组多年工作的汇聚成果,并采纳了来自世界各地的对 2004 年注释大纲的咨询意见。2008 年,委员会举办了 9 次区域研讨会,对修订内容进行解释,进一步听取各方面的意见和建议,最终在 2008 年 11 月国际收支统计委员会第二十二次会议上一致通过 BPM6。这是指导 IMF 各成员国开展国际收支统计工作的最新国际统计标准。

2009 年初,IMF 出版了修订后的 BPM6。这是国际收支统计方面的最新国际标准,基金组织各成员国(经济体)均有义务按照此标准开展国际收支相关数据的统计和报表编制工作。

截至 2013 年底,36 个经济体(国家/地区)已经实施了 BPM6,能够按照最新的统计要求采集、统计和编制国际收支数据,其中包括:美国、加拿大、澳大利亚、俄罗斯、新加坡、沙特阿拉伯等国家。法国于 2014 年 3 月首次按照 BPM6 公布 2014 年 1 月国际收支数据,欧洲中央银行(ECB)和欧洲统计局(Eurostat)于 2014 年第四季度按照 BPM6 统一公布欧盟各成员国的 2013 年各个季度和 2014 年第一季度国际收支数据。日本于 2014 年 3 月首次按照 BPM6 公布 2014 年 1 月国际收支数据。

(一)BPM6 的新变化

BPM6 反映了国际经济实践中对资产负债表分析日益增加的关注,并有助于从脆弱性和可持续性方面理解国际经济发展。它提供了关于国际投资头寸更为详细的指南，还更详细地讨论了定值和其他数量变化，以及其对资产和负债的影响。在BPM6中还包括了过去十年中很多具体的关于国际投资头寸、外债、金融衍生产品和储备资产的研究成果。为强调对资产负债表的重视，新版手册被命名为《国际收支和国际投资头寸手册》。

BPM6基本保留了第五版国际收支统计的基本原则、统计范围等方面的重要内容，对框架结构、统计分类、名词解释等多方面内容进行了改进和全面细化，内容更加充实，解释表述更加具体，同时加强了与联合国《国民账户体系（2008版）》（SNA）、经合组织《外国直接投资基准定义（第四版）》（BD4）等相关国际统计标准之间的协调。

1. 改进和增加统计要求

（1）突出对外金融资产负债存量统计的重要性。BPM6从名称上增加了"国际投资头寸"，将国际投资头寸作为与国际收支平衡表同等重要的内容在手册第一章至第九章中每个相关部分都进行了详细的定义和解释，而在BPM5中仅在其中的一章对国际投资头寸进行了解释说明。

（2）近年来对发展较快的金融衍生工具、股权、证券、债务工具、保险等金融资产和负债工具进行了详细定义以及解释，而BPM5中对这些概念只是给出了框架性的定义或简要描述。

（3）明确仅将"经济所有权变更"作为国际收支交易的唯一核心标准，删除了第五版"法定所有权"的例外情况。

（4）加强与国民账户体系（SNA）等其他国际统计标准中的相关概念和统计分类之间的协调。如"收益"和"经常转移"修改为"初次收入"和"二次收入"账户，调整了中央银行、金融和非金融机构等部门分类。

（5）调整了部分统计子项目的统计标准。将直接投资统计的判断依据由控制权（股权）比例调整为直接投资关系，扩展了直接投资统计的范围，并在报表中的详细统计项目下增加了直接投资关系分类，同时详细列出多个直接投资存量的计价方法，为世界统计工作操作执行提供更多的参考方法。

（6）增加或改进了其他统计项目。如增加间接衡量的金融中介服务费（FISIM）统计，明确各类保险服务收支及赔付的统计内容及方法，改进转手贸易统计定义，在二次收入账户中引入了"个人转移"概念，在其他投资账户中新增其他股权、保险、养老金和标准化担保计划、特别提款权以及其他应收/应付款等子项目。

2. 调整结构和分类

表2-2是我国国际收支账户要目分别与BPM5、BPM6的对比。可以看到BPM6的结构调整和分类调整有如下变动：

表2-2 **BPM6的结构调整和分类**

中国国际收支账户要目（2000年版）	BPM5	BPM6
一、经常账户	一、经常账户	一、经常账户
（一）货物和服务	（一）货物和服务	（一）货物和服务
1. 货物	1. 货物	1. 货物
2. 服务	2. 服务	2. 服务
（二）收益	（二）收益	
1. 职工报酬	1. 职工报酬	（二）初次收入
2. 投资收益	2. 投资收益	（三）二次收入
二、资本和金融账户	二、资本和金融账户	二、资本和金融账户
（一）资本账户	（一）资本账户	（一）资本账户
	1. 资本转移	1. 资本转移
	2. 非生产性非金融资产的收买/放弃	2. 非生产性非金融资产的收买/放弃
（二）金融账户	（二）金融账户	（二）金融账户
1. 直接投资	1. 直接投资	1. 直接投资
2. 证券投资	2. 证券投资	2. 证券投资
		3. 金融衍生品（储备除外）和雇员认股权
3. 其他投资	3. 其他投资	4. 其他投资
三、储备资产	4. 储备资产	5. 储备资产
四、净误差与遗漏		

（1）调整了国际收支平衡表中金融账户的列示结构及编制方法，列示栏目由原来的"贷方"和"借方"调整为"金融资产的净获得"和"金融负债的净产生"以显示金融资产和负债的获得和处置的交易净额，这样就更便于直观地比较其与国际投资头寸表中金融资产和负债存量的对应关系。

（2）将金融衍生工具和雇员认股权调整为金融账户的一级子项目，而在

BPM5中则是证券投资账户的子项目。

（3）调整机构部门分类。采用《国民账户体系（2008版）》的机构部门分类，如用"中央银行"取代"货币当局"，"除中央银行外的存款型公司"取代"银行"，"广义政府"取代"各级政府"，并细化了其他金融公司的下级分类。

（4）调整货物和服务贸易下的部分子项目。如将加工贸易由货物贸易调整至服务贸易，转手买卖由服务贸易调整至货物贸易并且只记录差额增值部分，货物修理由货物贸易调整至服务贸易，等等。

（5）调整个别服务贸易子项目分类的归属。如将"研发服务"记入服务贸易中的其他商业项目，而不再记入资本项目账户。

（6）将"拖欠"和"移民转移"等原先在国际收支交易流量中统计的内容调整至国际投资头寸的存量统计范围。

（二）BPM6标准的实行对我国国际收支统计的影响

目前，我国使用IMF于1993年发布的BPM5编制国际收支平衡表和国际投资头寸表。按照国家外汇管理局工作计划，中国将于2015年开始按照第六版的标准编制和公布国际收支平衡表和国际投资头寸表，报表表式及数据均会发生一定变化。

BPM6是反映国际收支状况的最新、最全面的国际统计标准，尤其是对金融衍生工具、证券、债券、保险等金融资产和负债方面的详细规范，客观上要求各国进一步完善统计制度、细化统计分类以及相关统计标准，提高国际收支统计的频率和时效性。同时，由于BPM6对国际收支平衡表的结构进行了部分调整，必将影响到对国际收支数据的分析。因此，这些情况的变化对我国的国际收支统计和分析也会产生一定的影响。

1. 迫切需要全面改进国际收支统计制度

就我国的情况而言，我国现在的国际收支统计尚无法达到BPM6的要求，主要差距体现在：资产负债的流量与存量数据不匹配、流量统计薄弱，金融工具分类不够详细、指标解释相对简单，缺少金融衍生产品、雇员认股权等某些重要的统计项目，不能完全符合市场价值的计价原则，国别、币种、期限等方面的信息不全面。

近年来，为实施BPM6，国家外汇管理局通过梳理差距、研究对策、制定规划、分步实施等一系列的准备和实施工作，如修订《国际收支统计申报办法》《对外金融资产负债及交易统计制度》和《涉外收支交易分类与代码》等，将在满足最新国际收支统计标准的同时，逐步改善我国的国际收支统计制度框架体系，全面提升我国国际收支涉外经济金融统计的整体水平。

2. 需要调整我国国际收支统计表式及分析解读方法

从总体上来讲，BPM6对国际收支的统计范围没有重大调整，国际收支平衡表中经常账户与资本和金融账户之间以及国际投资头寸表报表主要项目的表式结构，与BPM5相比变化不大。

但就我国国际收支统计的实际情况而言，需要特别说明以下两点：第一，我国公布的国际收支平衡表的结构将会进行一定的调整。其中最主要的变化是，为与BPM6的标准表式保持一致，将储备资产并入金融账户，成为金融账户的子账户。实际上，IMF在推出BPM5时，就已经将储备资产并入金融账户，考虑到数据使用习惯等方面的因素，当时我国没有按此调整。此外，IMF允许各成员根据自身分析需要或使用习惯对国际收支平衡表的报表结构进行一定的调整，如中国香港、日本等国家/地区公布的第六版的国际收支平衡表就与IMF标准表示略有区别。第二，货物和服务贸易子栏目之间的相互调整，会导致货物贸易流量规模略有下降，差额出现此消彼长。主要原因是我国存在一定规模的来料/出口加工贸易进口量，按照BPM6的标准，需要由货物贸易调整至服务贸易，并且按照净额记录。BPM6对我国国际收支平衡表各项目的具体影响将在下面详细解读。

3. BPM6对我国国际收支平衡表各项目的具体影响

（1）储备资产并入金融账户下，不会再出现"双顺差"。我国目前公布的平衡表中，储备资产作为一级项目与经常账户、资本和金融账户并列列示。实际上，从BPM5开始，按照标准组成，储备资产就应当归入金融账户下，我国将其单列，主要是考虑储备资产变化较大且较为重要。从第六版开始，我国将按照国际标准将储备资产列于金融账户下。这种列示方法有助于还原经常账户与资本和金融账户的对应关系，即经常账户记录实际资源变化，资本和金融账户记录由此引起的净资产变化及资金流动。同时，为兼顾阅读习惯，将在金融账户下设"非储备性质的金融账户"和"储备资产"两个大项，前者口径与目前公布表示的金融账户相同，之下再细分为直接投资、证券投资等。

以2013年的数据为例，目前表式中资本和金融账户差额为3262亿美元，储备资产－4314亿美元；按照第六版公布表式，将储备资产并入金融账户后，资本和金融账户差额将变为－1052亿美元，储备资产记录金额不变。在新的表式下，如果不考虑误差与遗漏，当经常账户出现顺差时，资本和金融账户必然会出现逆差，不会再出现"双顺差"的局面。

（2）项目归属及分类变化，货物和服务贸易差额此消彼长。最重要的变化是，来料加工在BPM5下按照进口和出口分别记录在货物贸易下，而BPM6是按照工缴费净额记录在服务贸易下，转手买卖则由服务贸易调整至货物贸易下。由此，经常账户下货物贸易和服务贸易的借方、贷方和差额均将发生变化，但经常账户的总差额不变。仍以2013年国际收支平衡表为例（如果数据源不变），货物贸易顺差将由3599亿美元下降到3518亿美元，服务贸易逆差将由1245亿美元下降到1164亿美元，而经常账户总差额1828亿美元不变。另外，还有一些其他的变化，如金融账户下原来分为直接投资、证券投资和其他投资，现在将"金融衍生工具和雇员认股权"从证券投资中单列出来，变为与证券投资并列的分类，增加了一个大类。

（3）项目名称变化。名称变化分为两种，一种是英文名称没有变化，中文翻译变化，以使得中文翻译更加准确，如把"经常项目"修改为"经常账户"，"资本和金融项目"修改为"资本和金融账户"，"旅游"修改为"旅行"（包括商务旅行和私人旅行），建筑修改为"建设"等；另一种是项目的英文名称变化，主要目的是与国民账户体系等其他国际统计标准的相关概念进行协调，如把经常账户下的"收益"修改为"初次收入"，"经常转移"修改为"二次收入"，"贸易信贷"修改为"贸易信贷与预付款"等。

（4）金融账户按差额列示，不分别列示借方和贷方。主要原因是金融交易买卖往往非常频繁，规模非常大，分析资产和负债的经常变化比总量更有意义，同时总流量通常很难统计，很多时候需要根据存量变化推算流量。如存款的存取笔数很多，短期外债的提款和还款频繁，通常最终只关心其净增加多少就可以满足分析需求，同时其余额也会在国际投资头寸表中记录。

（5）使用一列方式列示数据，而非三列，同时借方记负值。目前我国在公布国际收支平衡表时，按照贷方、借方、差额三列列示数据，在BPM6标准下将按照一列列示数据，这种列示方法有助于进行时间序列分析。同时，按照国际标准，在国际收支平衡表中将以负值来表示借方数据。

另外，尽管BPM6给出了金融账户新的记录方法，即增减法，但仍然可以沿用第五版的借贷法。借贷法是以借方（记负值）记录资产增加或负债减少，贷方（记正值）反之。增减法是指通过数值的正负说明资产负债的增加/减少，即无论资产负债，增加就记正值，减少就记负值。以储备资产为例，2013年储备资产增加，用借贷法记录为 -4314亿美元，而用增减法记录为4314亿美元。IMF在公布各国数据时选用增减法，其他国家根据自己的实际情况也选择了不同的方法，如澳大利亚、中国香港地区选用了借贷法，美国、日本选用了增减法。

我国在公布BPM6表式时选用借贷法,主要考虑两点,一是不改变以往的记录方法,方便与BPM5衔接;二是借贷法可以表示资金流动的方向,如资产增加或负债减少记负值,表示资金流出。由于各国选用不同的方法,我们在使用其他国家的数据或进行国际比较的时候,需要进行区分。

第二节 基于国际收支平衡表的中国国际收支状况分析

一、中国国际收支阶段划分

自从1982年开始,我国有了可观测的国际收支统计数据。我们将自1982年起至2014年的中国国际收支状况划分为三个阶段,如图2-1所示。

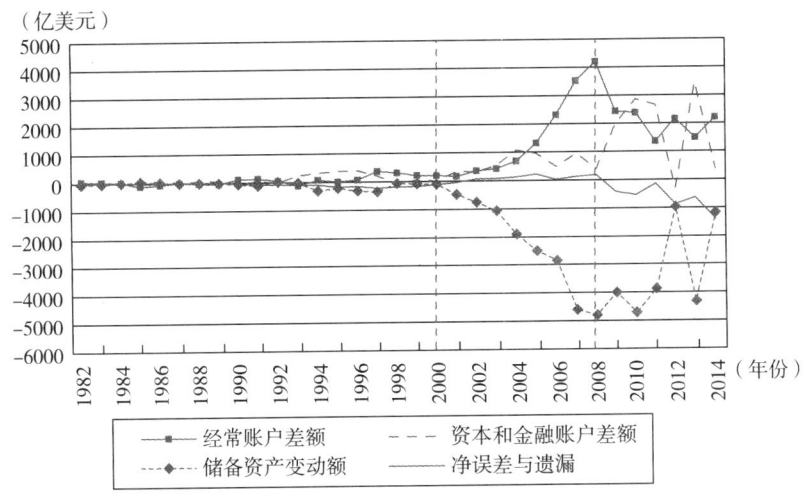

图2-1 1982~2014年中国国际收支平衡表一级项目差额时间序列

第一阶段,1982~2000年,中国国际收支变动非常小。总体来看,中国国际收支基本健康。经常账户总体保持顺差、资本和金融总体保持顺差,"双顺差"局面基本稳定,波动较小。1982~2000年,中国经常账户顺差年均69亿美元,资本和金融账户年均顺差为95亿美元。从1994年开始,我国出现"双顺差"局面,除1998年受亚洲金融危机影响资本和金融账户出现逆差之外,这一阶段"双顺差"局面持续。我国的国际经济活动主要是国际贸易和为国际贸易服务的国际银行业务，其中国际贸易构成了经常账户流量的主要来源。

第二阶段，2001~2008年。这一阶段中国处于加入WTO之后，2008年金融危机之前，中国国际收支仍然持续表现为经常账户以及资本和金融账户"双顺差"。经常账户顺差幅度逐年扩大，从2001年的174亿美元扩大到2009年的4206亿美元，扩大20多倍。虽然资本和金融账户持续顺差，但扩大幅度并不大，年平均顺差为636亿美元。大量的研究集中在讨论中国国际收支"双顺差"的成因及其影响上。这一阶段，除原有的货物和其他投资账户流量仍然较大之外，服务账户（借方、贷方）、收益账户（借方）、直接投资（贷方）、储备资产（借方）流量年均超过100亿美元。与上一阶段相比，第二阶段我国对外开放上升到一个新的台阶。但在这一阶段，服务贸易从上一阶段的平均顺差转为平均逆差，且逆差额远远大于上一阶段的顺差额。金融领域的开放使得我国对于外资的吸引和利用达到了很高程度，其他投资项目下的借方和贷方都有明显扩大，并与这一时期的进出口规模相适应。

第三阶段，2009~2014年。金融危机之后，我国的国际收支状况呈现波动剧烈的特征。从年度数据来看，经常账户以及资本和金融账户保持"双顺差"局面；但从公布的季度数据来看，双向波动形势明显。经常项目顺差依然是我国国际收支顺差的主要贡献，但经常账户顺差占GDP的比重逐渐缩减。在经常账户下，货物贸易顺差、服务贸易逆差特征仍然持续，并显示出更为明显的分化。货物贸易增速明显小于上一阶段；服务贸易方面，由于服务贸易支出的快速增长，逆差持续扩大。在资本和金融账户下，从直接投资方面来看，外国来华直接投资（Foreign Direct Investment，FDI）净流入总体平稳，我国对外直接投资（Outward Direct Investment，ODI）持续快速增长。从证券投资方面来看，尽管我国对外证券投资增长较快，但规模仍然不大；境外对我国证券投资增长较快，规模一般大于我国对外证券投资数十倍。这一阶段，我国对资本和金融账户的管制逐步放开，人民币国际化的步伐加快，我国境内主体结售汇意愿不断增强。同时，由于国际经济环境错综复杂，国际收支双向波动明显。

由于2001年前中国国际收支波动较平缓，下面我们主要分析2001年以来中国国际收支的状况。

二、经常账户分析

经常账户差额分为：货物和服务差额、收益差额、经常转移差额三部分。其中,货物和服务差额分为货物差额和服务差额两部分,服务差额又包括运输差额、旅游差额、通信服务差额等服务贸易子项下的各个项目。收益差额包括职工报酬差额和投资收益差额。经常转移差额分为各级政府差额和其他部门差额两部分。

由于货物差额和服务差额是经常账户中数额较大的两项,我们把这两列与收益差额和经常转移差额一起分析(见图2-2)。2001~2014年以来,货物贸易顺差一直呈现稳步增长的态势,而服务贸易逆差则逐步扩大。收益差额波动较为明显,经常转移规模不大。货物贸易顺差是我国国际收支顺差的重要组成部分。按照国际收支统计口径①,2014年我国货物贸易顺差4760亿美元,同比增长32%。2001~2014年,货物贸易差额年均增速为25.3%;而服务贸易逆差年均增速为34.5%。相比贸易差额(指货物差额+服务差额)来说,收益差额和经常转移差额规模较小。收益项基本上处于逆差状态,但近几年略有收窄。经常转移主要包括捐赠、赔偿、社会保障、税收、罚款以及博彩等。2001~2012年,经常转移一直呈现流入状态,从2013年开始,经常转移由顺差转为逆差,反映了随着我国居民收入提高,境内对境外的捐赠增多。

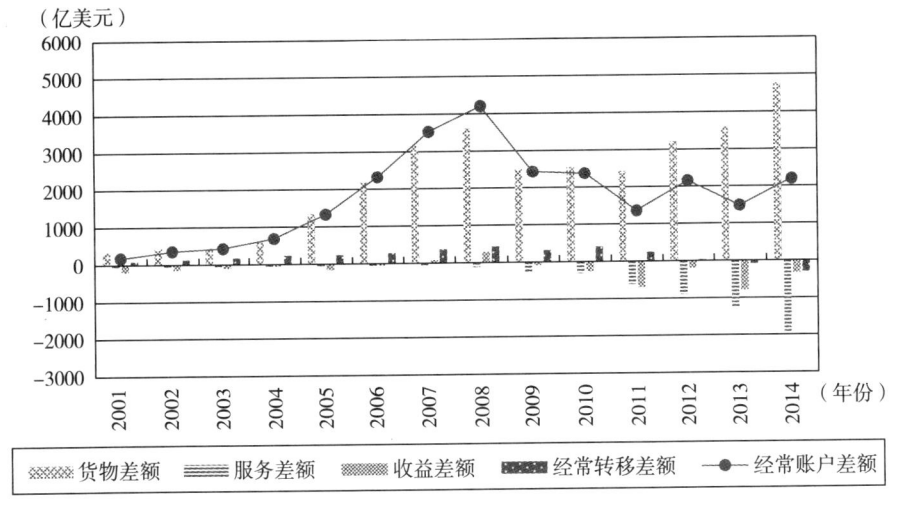

图2-2 2001~2014年经常账户主要子项目的收支状况

---

① 国际收支统计口径与海关口径的主要差异在于,一是海关统计的到岸价进口额按照5%减去其中的运输和保险费用后记为国际收支口径的进口,二是国际收支口径还包括货物修理、运输工具在港口购买的货物以及抓获的进出口走私,并分别在进出口中扣除了退货。

我们通过货物贸易收支总额以及服务贸易收支总额来观察贸易结构的变化。可以看到，服务贸易收支总额占货物贸易收支总额的比重，自2006年至今一直处于升势（见图2-3），这反映了我国贸易结构的优化。

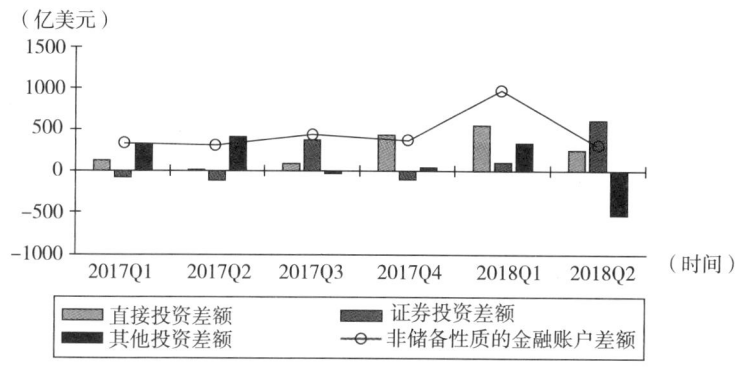

图2-3　2001~2014年货物贸易和服务贸易收支总额比较

自2008年以来，我国服务贸易支出（借方）快速增长，虽然服务贸易持续逆差，但服务贸易交易量逐步扩大（见图2-4）。在服务贸易支出中，运输和旅游是占比最大的两个项目，2014年旅游支出占服务服务贸易支出的43%，是服务贸易支出占比最大的项目；运输支出为第二大项目，但近五年占比不断减少。以自2008年以来服务贸易贷方显示的服务贸易收入增长平稳，并在2014年首次出现下降，其中在服务贸易额中占比近四成的旅游项目是服务贸易整体逆差扩大的主要来源。由于居民可支配收入提高，出境旅游以及留学人数和人均花费均较快增加。2014年旅游项目支出1649亿美元，增长28%；收入569亿美元，增长10%；逆差1079亿美元，增长40%，对当期服务贸易逆差的贡献度为56%。

相比服务贸易，自2001年以来，我国货物贸易借方、贷方同步高速增长，服务贸易保持顺差，是我国国际收支顺差的重要组成部分（见图2-5）。2014年，我国货物贸易进出口顺差继续扩大，达4760亿美元，进口价格回落是造成进出口顺差扩大的重要因素。近几年来，我国货物贸易进出口增速明显下滑，外贸依存度①逐渐下降。2014年，我国外贸依存度降至42%，较2013年回落3个百分点，较2006年的历史高点回落23个百分点。2009年以来，我国经常项目

---

① 外贸依存度指进出口总额/GDP。

顺差与GDP之比一直维持在较低水平[①]，2014年，我国经常项目顺差与GDP之比为2.1%（见图2-6）。

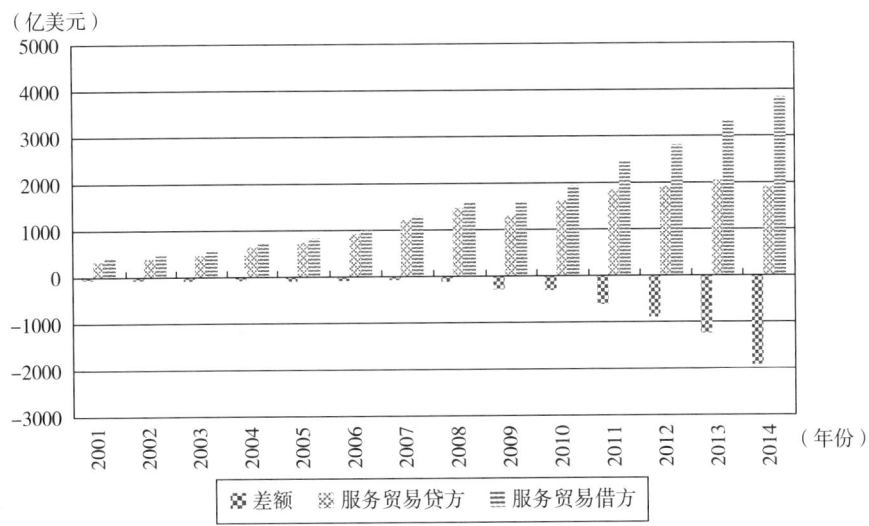

图2-4　2001~2014年服务贸易收支情况

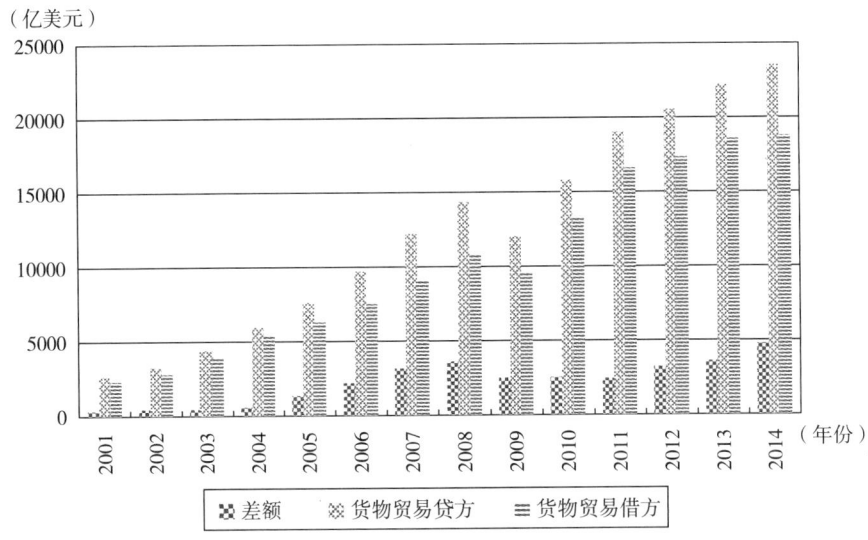

图2-5　2001~2014年货物贸易收支情况

---

①　国际公认的合理水平为4%。

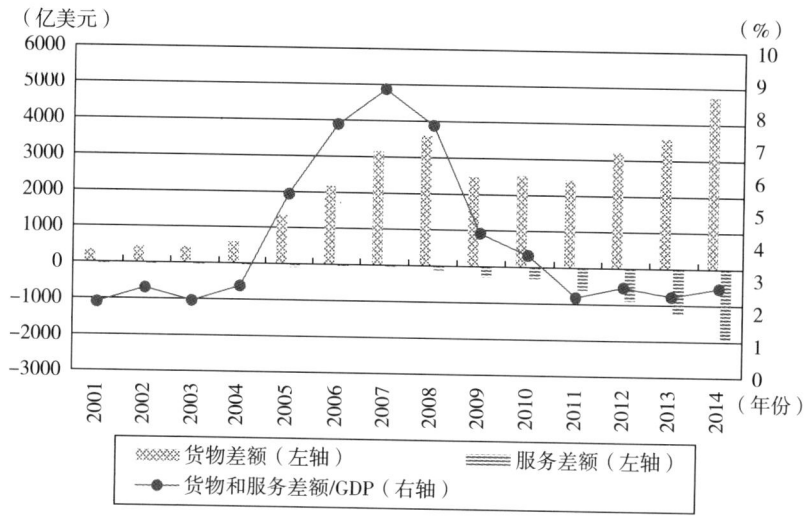

图 2-6 2001~2014 年货物和服务贸易差额及其与 GDP 之比

从贸易方式上看,一般贸易在贸易总额中占比有提高趋势,加工贸易占比有回落趋势。从外贸主体来看,民营企业占外贸企业总数比重较大且持续提升,对整体进出口增量贡献稳定在 50% 以上,是外贸增长的主要推动力量。我国贸易结构逐步优化。

三、资本和金融账户分析

在我国现行的国际收支统计口径中,资本和金融账户(一级账户)差额包含着三部分内容:直接投资差额、证券投资差额以及其他投资差额。自 2008 年以来,我国资本和金融账户差额波动幅度增大,2009~2011 年均维持 2000 亿美元以上的顺差,主要反映了国外资金的避险情绪。自 2012 年以来,资本和金融账户差额波动剧烈,其中 2012 年出现了逆差(见图 2-7)。

(一)直接投资

2001 年以来我国直接投资净流入总体平稳,国内投融资环境和成本差异对境内外关联企业间融资行为吸引力较大。2014 年我国在国际收支口径的直接投资流入 4352 亿美元,流出 2266 亿美元,同比分别增长 14% 和 39%。净流入 2087 亿美元,下降 4%(见图 2-8)。自 2001 年以来,外国来华投资(Foreign Direct Investment,FDI)平稳快速增长,金融危机之前,FDI 差额年均增速将近 20%;近几年增速放缓,且呈现波动上升,年均增速达 5%(见图 2-9)。我国对外直接投资（Outward Direct Investment, ODI）继续快速增长，其中非金融部门ODI净流出增长，反映出中国境内企业"走出去"步伐总体上在加快（见图2－10）。

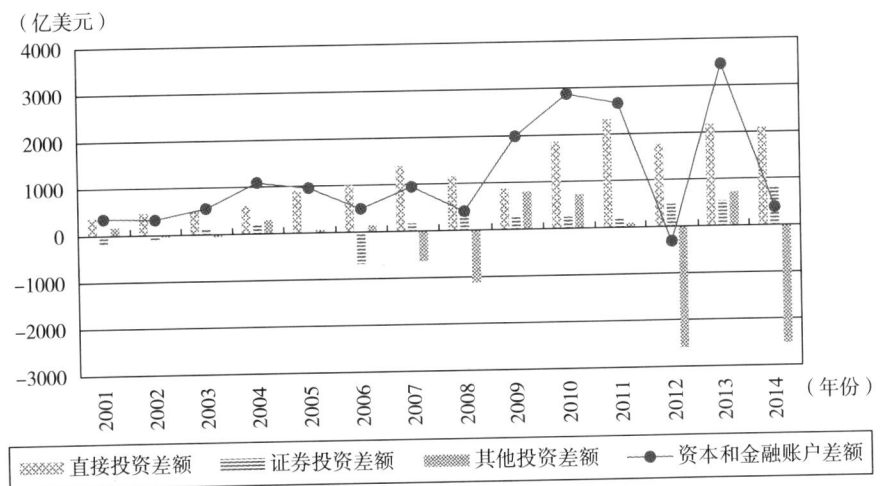

图2－7 2001~2014年资本和金融账户主要子项目收支状况

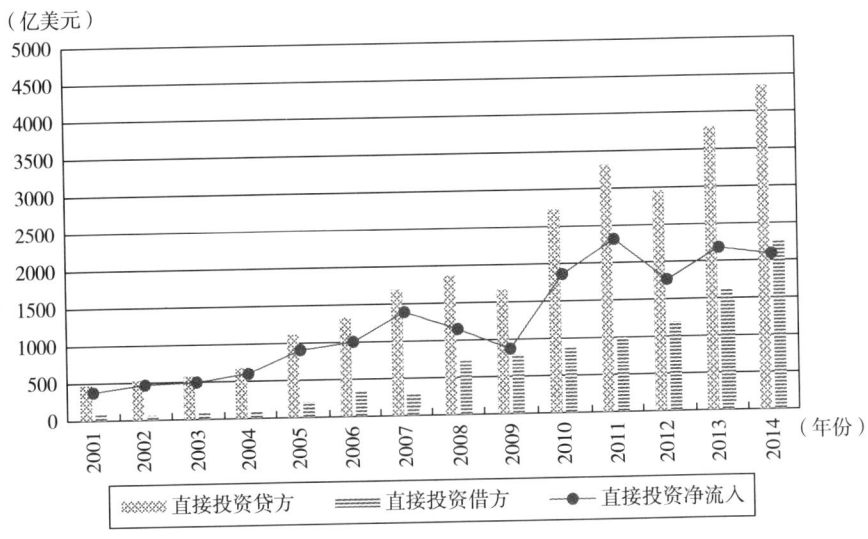

图2－8 2001~2014年直接投资状况

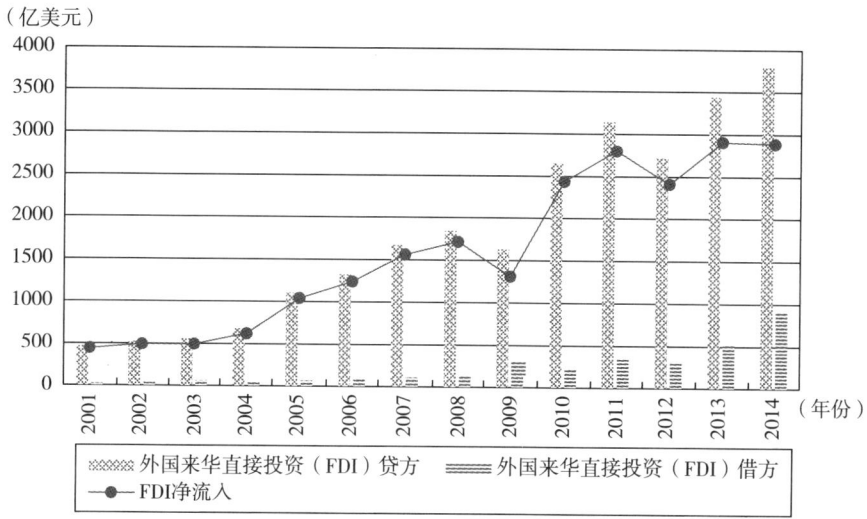

图2-9 2001~2014年外国来华直接投资状况

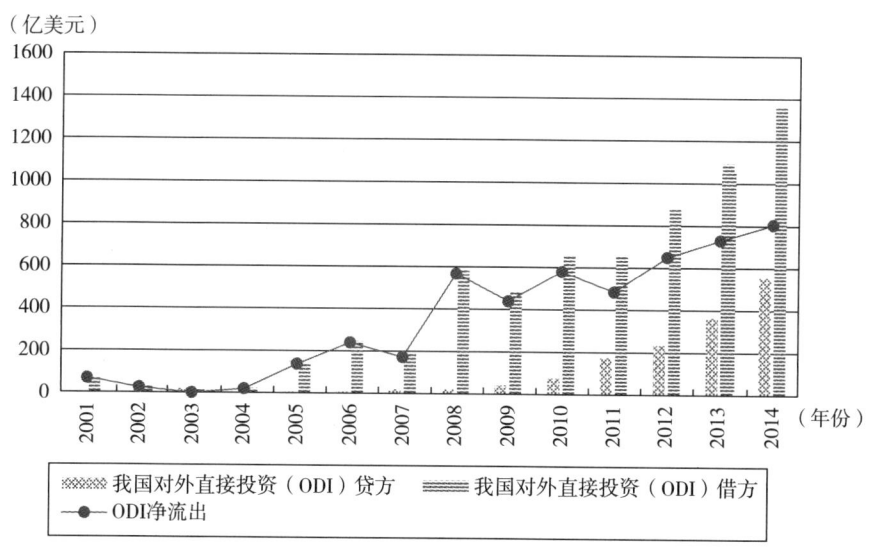

图2-10 2001~2014年我国对外直接投资状况

(二) 证券投资

自2008年以来,我国证券投资持续表现为顺差格局,如图2-11所示。2014年,我国证券投资项下净流入824亿美元,较上年增长56%,自2011年美欧主权债务危机之后,连续三年出现由于境外对我国证券投资增长而形成的证券投资净流入,体现了中国资本市场的吸引力。

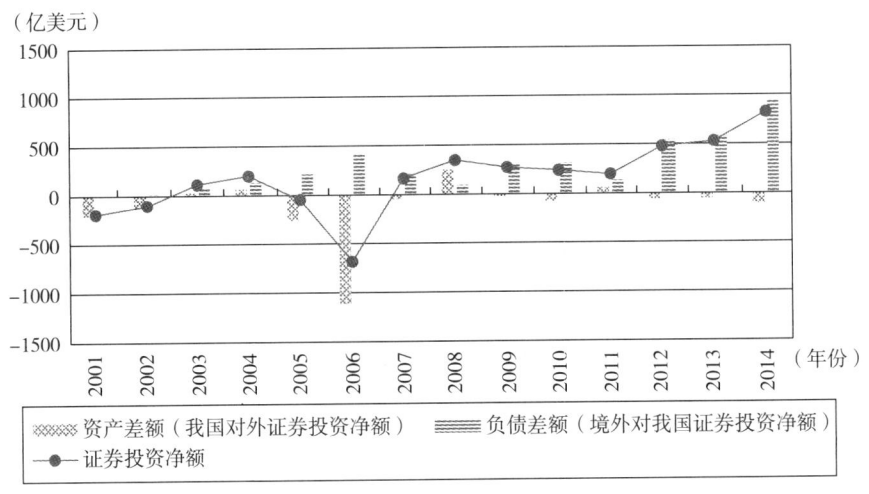

图 2-11 2001~2014 年跨境证券投资净额

境外对我国证券投资增长较快。2014 年,境外对我国证券投资净流入 932 亿美元,同比增长 60%。从投资种类来看,近几年境外对我国股本证券投资与债务证券投资呈现平分秋色的局面。从投资渠道来看,合格境外机构投资者(QFII)和人民币合格境外机构投资者(RQFII)境内投资快速增长,主要是因为 QFII 和 RQFII 投资额度增加;其他境外机构运用人民币投资境内银行间债券市场持续增加;虽然境内机构 H 股筹资额度较小,但增速较快,主要是大型企业和金融机构在港发行股票所致。

尽管我国对外证券投资规模较小,但增长较快。2014 年,我国对外证券投资净流出 108 亿美元,较 2013 年增长 1 倍,境内主体海外投资热情高。从投资种类来看,虽然对外股本投资与债券投资规模相当,但对外债券投资净流出较多,这反映出总体而言境内主体风险偏好较低。从投资主体来看,银行部门对外投资规模不断扩大,合格境内机构投资者(QDII)净汇出资金不断增加,增速小于银行部门。

(三)其他投资

其他投资项目包括:贸易信贷、贷款、货币和存款以及其他资产。其他投资项下资本流动是影响我国资本和金融账户状况的重要因素。2014 年,该项目资金流入和流出分别占资本和金融项下流入和流出的 77% 和 88%。由于国际和国内不确定因素增多，其他投资项下顺逆差双向波动频繁，波动性、顺周期性明显（见图 2-12）。贷款差额以及货币和存款差额是构成其他投资差额的主要项目。2014 年，我国其他投资项下净流出 2528 亿美元，其中，贷款、货币和存款及贸易信贷分别净流出 1081 亿美元、783 亿美元和 708 亿美元，对外资本输出大幅增加。2014 年，我国其他投资项下对外资本输出净增加 3030 亿美元，这主要反映了银行部门更多将资金用于境外。其中，我国在境外的货币和存款增加 1597 亿美元，相比 2013 年实现了 20 倍的增长；对境外贷款增加 738 亿美元，相比 2013 年实现了 1.3 倍的增长，资金的境外运用大幅扩大。尽管其他投资项下资金净流入继续增加，但增幅下降，主要是由于银行为规避信用证、海外代付等贸易融资工具的风险，从而大幅减少了该类对外负债①。

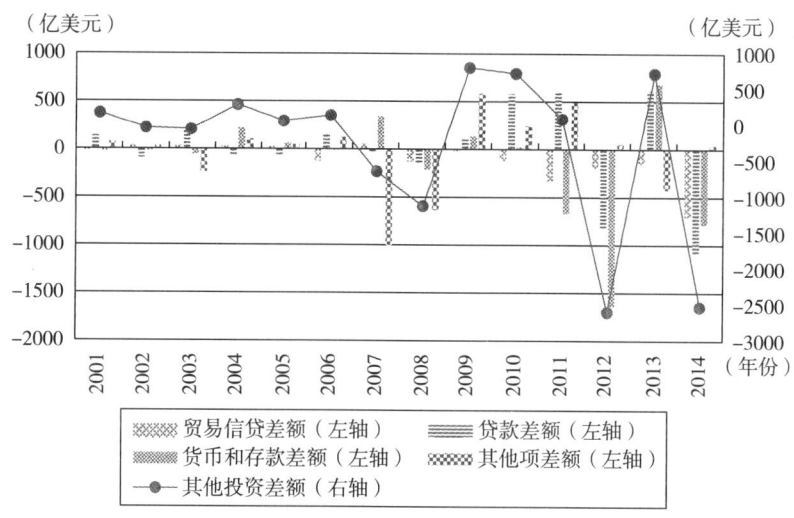

图 2-12　2001~2014 年其他投资各组成部分净额

四、储备资产变动分析

我国国际收支经常账户、资本和金融账户"双顺差"的基本格局使得我国储备资产变动在会计账目上表现为借方常年大于贷方，表示储备资产的增加。2014 年，我国新增储备资产（剔除汇率、价格等非交易价值变动影响）1178 亿

---

① 2014 年中国国际收支报告，国家外汇管理局，2015 年 3 月。

美元,较 2013 年下降 73%,其中外汇储备资产增加 1188 亿美元,下降 73%。截至 2014 年末,我国外汇储备余额达到 38430 亿美元,较 2013 年末增加 217 亿美元,同比少增 4880 亿美元①。

储备资产变动项包括:货币黄金差额;特别提款权差额;在基金组织的储备头寸差额;外汇储备差额。其中,外汇储备差额构成了储备资产变动额的主要部分。近几年来,我国外汇储备增加额波动较大,尤其是 2012 年、2014 年,外汇储备增加额仅为 2013 年的 1/4,对应着当年资本和金融账户顺差的大幅减少(见图 2-13)。

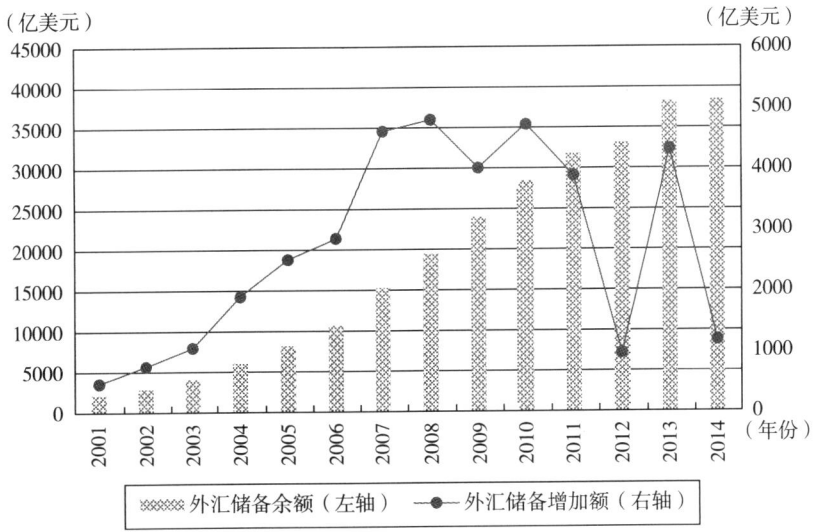

图 2-13　2001~2014 年外汇储备增加额与外汇储备余额

第三节　国际收支相关问题研究综述

国外关于国际收支的重要研究几乎都是围绕国际收支账户中的一级子账

---

①　外汇储备余额增幅小于外汇储备资产 971 亿美元,主要反映了国际市场上主要货币汇率和资产价格变化带来的账面估值的波动,并没有实际的跨境资金流动。

户——经常账户展开的。因为经常账户更多地反映了实体经济情况，国外研究者普遍认为，经常账户收支从长远来看，对一国国际收支平衡起着更加重要的、根本性的作用。按照新开放宏观经济学的基本观点（Obstfeld，1995），经常账户收支是构成一国国际收支最重要的内容。一国的政策制定者都会将经常账户收支状况作为一国调整相关宏观经济政策的决策依据。

综合国外的研究（包括专门针对中国国际收支及相关问题的研究），大致可分为如下四类：第一类，根据国际收支恒等式，通过储蓄和投资视角来研究一国经常账户变动。对经常账户的研究就转化为分析一国储蓄和投资的互动关系及其各自背后的决定因素。第二类，根据已有经济理论和实践经验，筛选决定一国经常账户中长期变动的宏观经济变量，然后进行计量分析与检验，以最终确定是哪些宏观经济变量对一国经常账户发挥着显著影响作用。第三类，对经常账户的可维持性（Sustainability）进行研究。一般是通过时间序列协整技术，检验一国进出口时间序列在长期是否存在协整关系，以此作为判断经常账户敛散的根据。第四类，是对国际收支经常账户和资本金融账户及其各自包含的子账户之间的关系进行研究。研究方法主要是时间序列计量经济学研究各账户之间以及它们和某些相关宏观经济变量间的动态交互关系。

一、以储蓄、投资为分析视角的研究

IHalikias（1996）通过储蓄——投资平衡及其决定因素的角度，研究了荷兰自20世纪80年代初期持续出现的经常账户顺差问题。他们根据当时荷兰经济的具体特征对标准的储蓄——投资跨期模型作了拓展与修正，但仍不能很好解释这一现象。于是，作者把研究的焦点集中于可能影响到储蓄——投资关系的荷兰经济的供给面方向。研究发现自20世纪80年代初期，荷兰劳动和资本两种生产要素的价格发生了较大的变化。相对于资本，劳动要素价格工资的增长率较低，导致投资相对于储蓄有更低的增长率。因此，荷兰经历了需求由可贸易品向不可贸易品的转移。这反映出不可贸易品有更高的需求收入弹性，暗含着进口受到削弱。因此，作者认为，旨在增强市场竞争性的结构调整政策有助于打破使某些服务企业储蓄率上升的垄断租金，从而有利于增加投资，减轻荷兰经常账户顺差程度。

S. Edwards（1998）认为，不同国家储蓄率的高低与社会制度方面的因素差异有很大关系。这些因素是可预期的，也是较稳定的。因此，一般来说储蓄率变化不大，于是经常账户就主要由投资率决定，而投资率又主要由经济增长率决定。只要一国经济不过热,投资率就不会显著增加,储蓄率就可以支撑一国适度的经济增长率,经常账户顺差的逆转就不太可能发生。在发展中国家,金融市场不发达,金融抑制比较严重,限制了储蓄向投资的迅速、有效转化,致使投资增幅小于储蓄增幅,这样就可能产生经常账户的顺差,甚至在某一时期还会不断放大。另外,通过跨国比较的实证分析,他得出政府储蓄会对私人储蓄产生挤出效应。政府储蓄率每上升 1%,就会导致私人部门储蓄率下降 0.6%。

Betty, C. Daniel(1997)在预防性储蓄行为的基础上对持续出现的经常账户失衡现象给出了一个新古典解释。它假定代表性代理人具有 CRRA(不变相对风险规避)效用函数,在随机收入冲击约束条件下,存在一个随着财富增加而增加的经过风险调整的时间偏好率。持续经常账户失衡现象的出现,正是因为不同国家经过风险调整的时间偏好率不同所致。一国代表性消费者有相对低的经过风险调整的时间偏好率,那么它的经常账户就会产生盈余。这意味着,一国因经常账户盈余积累的金融财富对应着另一国因为相对高的时间偏好率(经过风险调整)所丧失的金融财富。但是,随着财富的积累,盈余国预防性储蓄的动机就会下降,相应赤字国预防性储蓄的动机就会增强。最终,盈余国财富的积累导致其消费的增加,消费的增加又导致其时间偏好率的增加。于是经常账户盈余减少直至平衡,赤字国调整方向恰好相反。也就是说,系统性的经常账户不平衡会随着相关国家经过风险调整的时间偏好率最终相等而消除。

Loayza 等(2000)的研究样本涉及世界上大多数国家(150 个),并且有一个较长的时间跨度(1965~1994 年)。其主要研究结论有:私人储蓄率表现出很强的序列相关,因此,能够影响私人储蓄率发生变化的因素要经过较长时间才会有效果;私人储蓄率会随着人均收入的增加及其增长率的提升而增加,收入的影响在发展中国家要比发达国家更大。这隐含着促进经济发展的政策是一种间接但有效的增加私人部门储蓄率的方式;预防性储蓄动机得到实证支持,因为在传统上被看作宏观经济波动测算指标的通货膨胀率,在其他因素得到有效控制的条件下,被发现其对私人部门储蓄率产生了正向冲击;生命周期假说得到支持,因为发现人口依存率和私人部门储蓄率负相关;且研究发现老年人口依存率对私人部门储蓄率的负向冲击是未成年人人口依存率对私人部门储蓄率负向冲击的两倍多;财政政策对增加国民(总)储蓄率是一种适度有效的工具;公共(政府)部门储蓄占国民可支配收入每增加 4%,会使总储蓄率在一年之内增加 2.8%,但在长期仅有大约 1.2% 的增加,这表明存在不完全的李嘉图等价现象;金融自由化会大大削减私人部门的储蓄率,因为信贷可获得性的增强会降低私人部门的储蓄率。另外,并没有发现金融深化的推进增加了储蓄和带来更高的利率。

Kraay（2000）通过跨国比较分析,对中国家庭储蓄率一般较其他国家更高的现象给出了一个较合理的解释。他认为,这主要是由于中国经济相对于其他国家有更高增长率和相对年轻的人口结构形成的人口红利所致。

Modigliani 和 Cao（2004）对中国家庭高储蓄的研究也基本支持 Kraay 的观点。

Kuijs（2005）通过对中国资金流量表（FOF）的详细分析计算后发现：进入2000年以来,中国家庭储蓄率实际上较20世纪90年代有比较明显的下降,相反,企业和政府的储蓄率却有比较明显的上升。另外,Kuijs（2006）认为,中国的企业相比其他国家企业有更高的储蓄率,主要是因为中国资本密集型工业所创造的增加值占 GDP 的份额越来越大,因此,资本的赢利能力渐强,利润增加明显,于是更有能力以企业留利方式转化为企业储蓄。再有,中国企业一般来说仅支付较低的红利,国有企业又是整个企业储蓄的核心,但由于历史原因,国有企业不向其最大的股东国家支付红利,企业留利增多,储蓄能力自然就强。

上述文献,或针对一国储蓄率的变化,或在较大样本国家,较长时间跨度下研究储蓄率的跨国、跨期变动,其研究结论对我们分析中国储蓄率及其变化的可能内在决定因素具有非常重要的参考借鉴价值。尤其是 Loayza 等（2000）的研究,运用 GMM 面板数据回归计量方法,且对样本进行了分类研究（全样本、LDC 国家、OECD 国家）。因此,他们的研究结果更具有稳健性。其研究结论对于我们分析中国的储蓄率及经常账户问题是很有启发意义的。

二、关于国际收支经常账户变动决定因素的研究

Menzie Chinn 等（2000）通过对包括18个工业化国家和71个发展中国家1971～1995年的年度数据,利用截面和面板估计等计量方法去捕捉经常账户的跨国、跨期变动,目的是对经常账户中期的决定因素进行深入细致的研究。他们主要研究了决定经常账户（CA/GDP 作为因变量）的八个解释变量：政府预算/GDP、相对人均收入、人口依存率、平均实际 GDP 增长率、贸易条件波动、净外国资产头寸（NFA/GDP）、对外依存度（进出口总额/GDP）、金融深化（M2/GDP）。也考虑了资本控制虚拟变量（经常账户、资本和金融账户如果存在严格控制取1,否则,取0）。实证研究结果表明：①整个样本国家都存在政府预算,初始的净外国资产头寸和 CA/GDP 正相关；②对于发展中国家,金融深化指标,M2/GDP 和 CA/GDP 正相关；③在发展中国家,还发现更高的贸易条件的波动和

国际收支的预警、预测与开放经济问题研究

更大的经常账户盈余(或更少的赤字)相联系;④在发展中国家,对外依存度指标似乎有一个和较大的以赤字存在的较弱联系;⑤为了验证国际收支的成长阶段假说,作者引入相对人均收入和它的平方项。结果表明,充其量只存在有限的证据证明这一假说;⑥其他重要的变量,如资本控制指标和平均实际 GDP 增长率似乎没有表现出和以前之间存在系统性联系。

Amelia Santos - Paulino 和 A. P. Thirlwall (2004) 以自 20 世纪 70 年代中期先后实行贸易自由化政策的 22 个发展中国家为样本,利用动态面板和时间序列等计量分析技术,研究贸易自由化对进出口增长、贸易收支及国际收支的影响。其主要有以下五点:①进出口关税的下调会显著影响进出口贸易额,但对进口的影响更大些。对于 1% 的关税下降,出口增长低于 0.2%,而进口增长在 0.2% ~ 0.4%。②贸易自由化独立于关税减让,且对进口有更大的影响。更多的贸易自由化相对于出口增加,进口增加的更多。贸易自由化使商品出口增加大约小于 2%,而使进口增长超过 6%。③贸易自由化增加了进出口的需求收入弹性,两者增加大致相等,但进口需求价格弹性的增加大于出口需求价格弹性的增加。④贸易自由化的净效应使贸易余额恶化超过 2%(占 GDP),但对经常账户的负向冲击要小些,平均来说使经常账户恶化大约 0.8%。⑤一国开始贸易自由化时初始条件的不同,即高度保护还是相对低的贸易保护,会使得贸易自由化后的冲击效应有很大的不同:初始条件有更多贸易保护的国家,贸易自由化后对经常账户的负向冲击效应会更大。

Dominick Salvatore (2006) 利用 1973 ~ 2005 年 G7 国家有关数据,检验了几个重要的解释变量和经常账户的关系,验证了 Mann (1986) 提出的"倒转的 J 曲线效应"。

Joseph, W. Gruber 和 Steven, B. Kamin (2007) 采用类似 Chinn 和 Prasad 的面板回归,研究了全球 61 个国家 1982 ~ 2003 年经常账户差额/GDP 的变化情况。除了通常的解释变量之外,作者增加了金融危机虚拟变量、石油收支项、政府机构的分级指标。另外,NFA/GDP 采取的是滞后值,而不是当期值。金融发展水平指标的采取同 Chinn 和 Ito (2007) 的处理方法一致,用私人信贷占 GDP 的比例代理。研究结果如下:①亚洲的经常账户顺差除了标准的解释变量之外,在加入了金融危机解释变量后能够得到更好的说明。但对于美国的经常账户赤字,即便加入体制变量后,也无法通过模型得到解释。②一般来说较大经常账户顺差是和下面一些变量相联系的:较高的人均收入水平、较低的GDP 的增长率、较少的预算赤字、较多的金融危机、较高的 NFA/GDP、较低的人口依存率、较高的经济开放度。③特别是对于中国和印度尼西亚，经济体制变量后呈正相关。这意味着经济制度环境越差，越易诱发资本外逃，造成 CA 盈余。

上述文献大多针对国际收支中的经常账户的决定因素进行分析和实证检验。这对于我们分析中国的经常账户收支问题，是哪些因素影响主导着中国的经常账户，中国经常账户较大顺差主要是由哪个或哪些因素导致的等问题是极富有借鉴研究价值的。尤其是贸易自由化对一国经常账户收支影响的研究论文，对于中国当前如何既能更好地解决巨额贸易顺差，又能以更积极的态度参与经济全球化，最终达到内外均衡发展的长远目标，具有十分重要的借鉴指导意义。

三、关于国际收支经常账户可维持性的研究

Manuchehr Irandoust 等（2000）以瑞典为案例，研究了瑞典在1980年第一季度到1995年第四季度的贸易收支和经常账户收支问题，使用的计量方法是 Johansen 协整检验和 VECM（向量误差修正模型）。其目的是检验国际收支的跨期方法所认定的基本事实：如果一个经济系统满足它的跨期预算约束条件，决定经常账户的非平稳变量在长期一定存在协整（收敛）关系。即经常账户无论在目前是赤字还是盈余，在长期都应该平衡。如果不存在协整关系，意味着经济系统遭受了持久的生产率冲击或该国存在长期的政策扭曲，从而导致国际收支的不平衡。对瑞典的实证检验，基本证实了上述跨期方法认定的事实。

C. Augustine，Arize（2002）以世界50个国家（包括 OECD 和发展中国家），从1973年第三季度到1998年第一季度的进出口数据为样本，在 Husted（1992）经常账户跨期理论模型的基础上，构造了一个易于计量检验的进出口关系模型。通过 Johansen 协整方法，作者发现在50个国家中有35个国家进出口之间存在协整关系。这说明，在这些国家，其跨期预算约束没有被违反，宏观经济政策在长期是有效的。

A. Z. Baharumshah 等（2003）在一个跨期预算模型的框架下，检验了四个东亚新兴工业化国家（印度尼西亚、马来西亚、菲律宾、泰国）1961～1999年经常账户失衡（赤字）的可维持性问题。该研究是基于各种单位根和协整检验方法，并考虑了经济结构断点（Structural Break）对协整空间稳定性造成冲击的可能性。上述检验国际收支经常账户（贸易账户）是否可维持的实证计量方法，其理论模型基本是建立在 Hakki、Rush（1991）和 Husted（1992）研究美国政府预算赤字和经常账户可否维持性论文的基础上。此类研究，从方法的选择，到理论模型的构建，再到最终推导出可方便用于实证计量的方程，应该说整个过程在

逻辑上是严密的。因此，这类检验一国经常账户在长期可否维持的方法上有着很高的研究应用价值。但这类方法的缺陷在于它仅能给出敛散性判断，如果收敛的话，不能给出一个具体的收敛期限。

四、关于国际收支各级账户间以及和宏观经济变量间的动态关系研究

J. Zhongxia（2003）利用中美两国 1980 年 1 月到 2002 年 7 月的月度数据，通过构造一个协整的向量自回归模型（VAR），研究中国该时期实际利率（是指中美两国的实际利差，即中国一年期实际储蓄利率减美国一年期国库券实际利率）、实际汇率（REER）和国际收支之间（用中国外汇储备代理，因为国际收支的变化会反映在外汇储备的变化中）的关系模型识别出了 REER 和中国外汇储备间的一个协整关系，并把其作为一个 ECM（误差修正项）分别加入 VAR 的三个方程中。作者在 VAR 模型的基础上，还做了脉冲响应函数分析，用以判定内生解释变量对源于自身和其他内生解释变量冲击的反应敏感度。研究结果发现：①上述三个变量之间存在显著的、通常是非单调的互动关系；②在中国，资本流动对短期利率的变化可能不敏感，中美实际利差的增加反而有可能导致中国实际汇率的贬值；③中国实际汇率升值可能会刺激不可贸易品的供给，降低可贸易品的供给，这反过来可能会提高中国实际利率，从而降低国内需求，同时带来国际收支盈余增加。

综上，这类研究的主要目的是识别各经济变量或国际收支各级账户之间的因果关系，以及它们之间的动态冲击响应关系。特定的实证计量方法的采用有助于我们判断各个变量或各级账户之间的内生、外生关系，以及认清随着时间的推移来自它们自身的冲击或其他变量、账户的冲击对它们的动态演变路径发挥着怎样影响作用。这种对国际收支条分缕析式的动态研究方法，对于我们更加深刻认识一国国际收支的变动规律有着非常重要的借鉴意义。

中国的国际收支失衡体现为经常账户、资本与金融账户的"双顺差"。如上一小节的分析，2008 年以后，我国国际收支双向波动明显，但经常账户、资本与金融账户"双顺差"的局面并没有根本扭转，积累了大量外汇储备。在美元本位的国际货币体系下，中国外汇储备的实际购买力随着美元相对价格而波动，同时，为了对冲因不断累积的外汇储备而增加的基础货币使得中国货币政策的有效性受到了挑战。

随着双顺差现象的持续和外汇储备规模的不断扩大，从 20 世纪 90 年代开始，各国学者尤其是国内学者从不同角度对双顺差的成因、影响及对策进行了探讨。认为产生双顺差的原因有中国的出口导向型政策、储蓄相对于投资过剩、相对较低的生产成本、国内有效需求不足等，"双顺差"在促进中国经济增长的同时也带来了诸如外汇储备过多、流动性过剩等一系列问题，从而从调整经济结构、转变经济增长模式的角度对缩小顺差规模、平衡国际收支提出了一些有益的建议。

余永定（1997）是较早研究"双顺差"问题的中国学者之一，他在文章中指出中国外汇储备是伴随着资本项目和贸易项目顺差的持续增加而迅速增加的，在充分肯定中国在利用外资方面取得的巨大成就的同时，认为"双顺差"是中国国际收支结构不尽合理的表现，中国必须加强各种宏观经济政策的协调。

庄芮（2000）从"双顺差"的结构分析入手，认为1994～1997年的"双顺差"主要原因是国内储蓄高于投资，国内资金使用效率不高，同时外资流入尤其是FDI规模逐年增大，而同期中国对外投资和资本输出规模偏小。

张南（2004）研究发现，中国国内储蓄——投资缺口与经常账户差额之间高度相关。

张少华（2005，2006）从金融体系发达程度进行研究，认为"双顺差"格局的存在表明中国的金融体系存在深层次结构问题，即"双顺差"是由"类金融抑制"环境造成的融资约束引起的。

王信（2006）认为，中国经常项目持续顺差主要是由一些结构性因素引起的，如人口年龄结构变化、金融市场不发达等。

李扬、殷剑峰等（2007）认为，由于国内金融部门效率不高，阻碍了劳动力的自由转移，在开放经济条件下，需要引入纯粹金融意义的外国直接投资来协助分配储蓄资源，以便国内储蓄能够顺利投入国内劳动力的转移当中去。

卢锋（2006）认为，加工贸易与外商直接投资的组合效应是产生"双顺差"的直接原因，并从产品内分工与中国经济成长道路阶段性特点角度考察了"双顺差"的深层根源。此外，他还认为，中国近年来国际收支双顺差规模的大幅度增加，在相当程度上反映了人民币汇率低估的影响。

王晋斌和李南（2007）指出，中国的贸易顺差是中国经济的资源禀赋和对外投资、贸易政策共同作用的结果，并认为贸易顺差扩大是未来相当长时期内中国经济对外贸易的基本态势，不存在任何低成本快速降低贸易顺差的短期措施。

余芸春（2007）认为，相对较低的资源价格是形成我国贸易顺差的主要原因，积极推动金融体制改革、完善要素市场是解决贸易顺差的重要途径。

张家胜和祁春节（2007）认为，国内有效需求不足、国内投资过度扩张、贸易品生产相对过剩与公共品供给不足以及国民储蓄超过国内投资是中国产生贸易顺差的直接原因,而人口红利、大规模的工业化与城市化、地方政府行为扭曲、金融抑制等因素决定了中国贸易顺差将在较长时期内存在。

刘晴辉(2008)从 FDI、加工贸易顺差和存差的角度对"双顺差"的成因进行了比较全面的定量分析,他认为:首先,FDI 流入量、加工贸易顺差和存差与双顺差之间存在长期均衡关系或协整关系,都构成双顺差的 Granger 原因;其次,从长期动态来看,FDI 流入量、加工贸易顺差和存差对"双顺差"具有明显正向冲击,尤其是 FDI 流入量、加工贸易顺差的正向冲击显著且具有持久性;最后,从短期动态来看,尽管 FDI、加工贸易顺差和存差的波动对外汇储备短期波动产生显著影响,但 FDI 的波动性对外汇储备波动性(以方差来衡量)的影响最大,并随时间增长逐渐趋于稳定,存差的方差贡献率次之,加工贸易顺差的方差贡献率最小。

第四节 本章小结

本章是后续主要研究工作的准备。首先,本章介绍了国际收支的基本概念以及相关的统计规则,尤其是新修订并实施的 BPM6 的新特征以及对中国国际收支统计的影响;其次,按照国际收支波动情况对我国国际收支状况进行阶段划分,并梳理了自 2001 年以来中国国际收支的变动情况。经常账户、资本和金融账户,作为国际收支最重要的两个账户,对其趋势以及结构进行了详细分析,作为预测工作的准备;最后对国际收支及其相关问题的研究进行了总结。

第三章 国际收支风险预警体系的构建

第一节 引言

目前,建设国际收支预警体系的主流预警方法是基于经济理论的计量方法,这种方法忽视了复杂系统的非线性和不确定性特征。国际收支及其相关问题作为一个高度复杂的系统,各种组成要素交互作用和外部因素的互相影响,不仅涉及国内宏观经济,更有对国外环境的依赖,国际收支风险预警具有突现性、不稳定性、非线性和不确定性等特征,这使得对国际收支风险这一复杂变量的识别和预警非常困难,单纯依靠计量模型的预警方法往往难以取得良好的效果。

鉴于此,本书对主流国际收支风险预警体系进行改进。我们基于文本分析,对国际收支风险及其影响因素进行界定,确定国际收支风险基准指标。在此基础上,我们分析指标经济意义和数据特征,使用时差相关分析、K-L信息量以及B-B算法对备选指标与基准指标之间的先行、一致、滞后关系进行识别,形成指标初选集合。在指标初选集合的基础上,我们基于PageRank算法对初选数据集合进行反复的筛选与分层,最后确定标识及分层较为稳定的指标,建立国际收支风险预警系统。系统研究思路如图3-1所示。

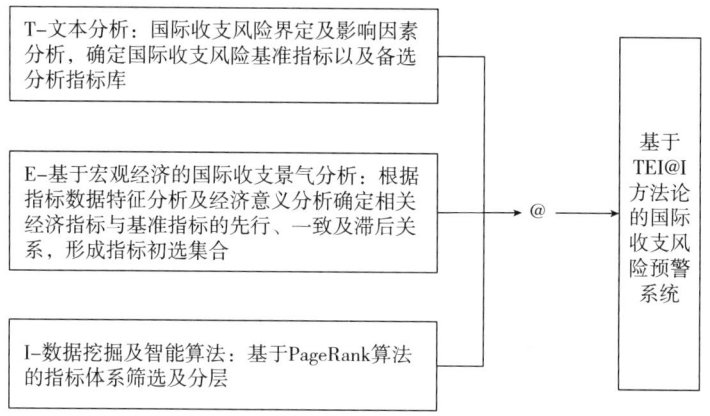

图3-1 国际收支风险预警系统建设思路

第二节 国际收支风险预警理论研究综述

关于风险监测预警体系的研究，主要可以分为两大研究方向：Frankel 和 Rose（1996）的 Probit 概率模型，该模型又称 FR 模型（以两个提出者 Frankel 和 Rose 命名）；二是 Kaminsky、Lizondo 和 Reinhart（1998）的指标信号模型（KLR 信号法）。除 FR 模型和 KLR 信号法之外，STV（Sachs、Tornell 和 Velasco）横截面回归模型法和刘遵义主观概率模型法也较为普遍。

FR 模型是由弗兰克尔和罗斯提出的。该模型假设金融事件是离散且有限的，投机性冲击引发的货币危机是由多个因素综合引起的，货币危机定义为一年内某国货币相对于美元名义汇率至少贬值25%并且超过上一年汇率变化的至少10%。这里定义的危机不包含被政府通过减少国际储备或增加国内利率成功还击了的投机性攻击。用1、0分别表示"已发生货币危机"和"未发生货币危机"两种状态。根据105个新兴市场国家1971～1992年的年度数据，选定货币危机的潜在指数，通过使用单位概率模型及单位对数模型，借助回归系数来表示指数的权重。该模型考察了十多个与投机冲击相关的变量，包括国内信贷增长率、经常项目/GDP、国际储备/进口、GDP增长率、经常项目/GDP、实际汇率高估程度等。

实证研究表明，国内信贷增长率、汇率的高估程度、国际利率水平、外商直接投资、优惠债务及公共债务占外债总额比重等指标对货币危机影响的统计检验最为显著。货币危机与全球利率上升、实际汇率升值及外商直接投资的流入下降有关。而短期外债、优惠债务及公共债务占外债总额比重的提高会增加下一年度货币危机发生的概率。

KLR 信号法由卡明斯基 Kaminsky、利松多 Lizondo 和莱因哈特 Reinhart 于1997 年创建，Kaminsky 于 1999 年进一步对其进行完善，目前已成为最受重视的理论。该理论提出了三个可选方案对各个指标预测货币危机的有效性进行排序，其核心思想是，选择一系列指标并根据其历史数据确定其阈值，当某个指标的阈值在某个时点或某段时间被突破，就意味着该指标发出了一个危机信号。某一国家危机信号发出的越多，表示该国在未来 24 个月内爆发危机的可能性就越大。其中，阈值是依据噪声—信号比例最小化的原则确定的指标取值。

他们选择的指标主要依据之前的危机理论以及（月度）数据的可获得性，具体包括：国际储备、进口、出口、贸易条件、实际汇率对一般趋势的偏离、国际和国内实际的存款利率差别、"过剩"的实际 M1 的差额、M2 的乘数、国内信贷对 GDP 的比例、实际存款利率、名义借款利率和存款利率之比、商业银行存款、广义货币与国际储备的比例、产出指数和股票指数等 15 个指标。为了将指标发出危机信号进行综合考虑，他们设计了 4 个复合指标。其中最简单且经常使用的是第一个复合指标，它是将各个预警指标发出的信号数简单加总。假设共有 1，2，…，n 个预警指标，第 i 个指标在第 t 期发出信号与否用 S_{it} 表示，则第一个复合指标可表示为 $P_t = \sum_{1}^{n} S_{it}$；其中第 i 个指标在第 t 期超过阈值取 1，否则取 0。而另外 3 个复合指标分别考虑了指标的分布不均衡、指标时间的延续性以及指标的不同权重，虽然这往往使得它们比第一个复合指标预警效果更好些，但也会使危机预测变得更为复杂。

他们选取 15 个工业化国家和发展中国家 1970～1995 年的数据作为研究对象，先计算当指标发出信号时货币危机发生的条件概率，再分析第一个信号发出时间与货币危机发生时的时间间隔平均值以及货币危机发生之前信号的持续性，对其间 75 起货币危机和 26 起银行危机进行了系统的比较研究。研究显示，超过 80% 的银行在发生危机之前出现过股票市场的衰退和大调整；95% 的案例在 24 个月中出现贸易条件大幅恶化现象，实际汇率均有明显的升值。在 20 世纪 80 年代，货币危机和银行危机之间的联系越来越紧密。银行危机往往在先，可以预示货币危机,而货币危机又反过来加深银行危机。在所研究的银行危机中,有一半以上在三年内出现了货币危机。货币危机和银行危机都以经济衰退为先导,但又源于经济过热、信贷过度扩张、资本内流以及汇率高估等。此外,模型还对最优阈值进行了探讨,认为最优阈值是根据调整后噪声—信号比最小化的原则的取值。对于每个预警指标来讲,调整后的噪声—信号比反映了预警功能,噪声—信号比越小,预警功能越强。由于每个预警指标只能反映某个部门某个方面的问题,因此需要综合每个预警指标来反映整个宏观经济体系的脆弱性,一个直接的方法就是在特定月份记录不同经济部门发出的信号个数。

STV 横截面回归模型由 Sachs、Tornell 和 Velasco 所创立,之所以称为横截面回归模型,是由于分析中使用了横截面数据并用线性回归法建立模型。虽然该方法不能给出危机发生的时机,但能指出在改变全球金融环境的事件中,哪些国家将受到严重影响。

Sachs 等人利用 20 个新兴市场国家的横截面数据进行估计,把危机指数(IND)定义为储备减少百分比与汇率变动百分比的加权和,利用横截面数据来估计模型的参数,模型形式如下:

$$IND = \beta_1 + \beta_2 RER + \beta_3 LB + \beta_4 RER \cdot LB + \beta_5 LB \cdot DLR + \beta_6 RER \cdot DWF + \beta_7 LB \cdot DWF \tag{3-1}$$

其中,RER 为实际汇率贬值幅度;LB 为贷款繁荣度,用私人贷款的增长率表示;DLR 为低储备的哑变量,当储备/M2 低于四分位数时为 1,其他为 0;DWF 为弱基本变量的哑变量,当 RER 低于下四分位数或 LB 高于上四分位数时为 1,其他为 0。

他们发现,对低储备哑变量和弱基本变量取值均为 1 的国家,RER 对危机的影响效应为负,LB 对危机的效应为正。这些说明当一个国家的银行体制比较脆弱、国际储备较低时,汇率高估或贷款繁荣容易引发货币投机性攻击。

斯坦福大学的刘遵义(1995)以墨西哥为参照国家,分析东亚地区金融危机发生的可能性。他所比较的 10 个国家或地区是墨西哥、中国、中国香港地区、印度尼西亚、韩国、马来西亚、菲律宾、新加坡、中国台湾和泰国。为了比较这些国家和地区的经济与墨西哥的异同,他选用 10 项经济和金融指标,它们分别是实际汇率、实际 GDP 增长率、相对通货膨胀率、国际国内利率差、国际国内利率差变化、实际利率、国内储蓄率、国际贸易平衡、经常项目平衡以及国外组合投资与外商直接投资比例。

刘遵义观察了 1985~1995 年以来东亚 9 个国家和地区的经济发展和金融情

况,他将一国在指标表现较好时,记为√;较差时,记为×。若以"一国表现较差的指标个数与总指标个数之比"作为该国发生金融危机的主观概率,则可能重现墨西哥式金融危机的国家是菲律宾、泰国、印度尼西亚和马来西亚。

Berg 和 Pattillo (1999) 在 KLR 模型的基础上,增加了货币供应量 M2 对储备的比例和经常账户对 GDP 的比例两个新指标,以观察亚洲金融危机是否能被预测到。他们将这个预测表现与三个备选的 Probit 模型在样本外预测亚洲金融危机的效果比以信号为基础的 Probit 模型和分段线性的 Rrobit 模型更好。分段线性 Probit 模型在样本内比 KLR 模型效果好,但是其在样本外预测效果不好。

Kamin、Schindler 和 Samuel (2001) 定义五个国内指标、四个国外头寸指标和三个国外冲击指标来研究国内和国外因素在货币危机中的相对影响,并用 Probit 模型对 26 个新兴市场国家 1981~1999 年的年度数据进行验证。模型将概率变化分解为受国内因素影响和受国外因素影响两个部分,发现国内因素仍然是货币危机脆弱性的主要决定因素,但国外因素往往在靠近货币危机边缘时使得国家更为脆弱。

Caramazza、Ricci 和 Salgado (2000) 研究了贸易和金融联系在货币危机国家间传播中的作用。他们以货币危机导致的价格效应和收入效应为基础,构建了一个新的贸易联系测度,发现以普通信贷渠道形势存在的金融联系显著增加了传播的概率,当贸易联系测度与经常账户叠加的时候,效应显著,表明对已经显示脆弱形势的国家,贸易有明显的外溢效应。

Bussiere 和 Mulder (1999) 研究了政治稳定对货币危机的深度效应。他们以四个政治不稳定测度补充了传统研究对拉美和亚洲金融危机的界面数据分析,这些测度包括在司法和通知联盟方面的两个脆弱性测度,一个选举不确定性测度和一个选举日期的虚拟变量。研究发现,前两个测度显著性不强,而后两个测度显著且稳健。此外,国际货币基金组织(IMF)支持项目的增加会降低货币危机的深度。

Mulder、Perrelli 和 Rocha (2002) 将公司资产负债表作为债权人和股东权利指标,纳入模型分析中。研究发现,高杠杆和短债期限增加了货币危机的概率和深度。当银行对公司的信贷增加时,这些基于资产负债表的指标所受的影响更大,表明公司脆弱性通过银行部门得到传播,股东权利也对货币危机有很大的影响。

Weller (2001) 比较了金融开放前后多个指标的平均值,对前后的子样本分别进行 Logit 回归,发现这两个时期的回归结果存在显著差别。脆弱性指标变化的敏感性在开放后显著增加,尤其是储备、短期贷款以及实际价值等指标的变化。

Grier(2001)通过对1997年25个国家的面板数据分析,发现在控制其他因素后,盯住汇率国家比没有盯住汇率国家的货币贬值幅度更大,盯住汇率国家同时具有更低的股市回报。

Kwack(2000)通过对7个亚洲国家1995~1997的截面数据进行回归,研究国外因素及金融脆弱性在亚洲金融危机中所起的作用,发现Libor利率和不良贷款率对外汇市场压力指数的解释作用显著,不良贷款率可以通过公司部门债务比反映。货币危机指数与Libor利率、公司债务权益比指标显著相关。

Bruggemann和Linne(2002)分析了指标方法是否可以用来研究转型经济体。他们在评估转型经济体的通常指标之外,还分析了资本外逃风险指标和银行部门脆弱性指标,发现标准的宏观经济变量,尤其是逐渐减少的储备、价值高估的汇率以及高涨的预算赤字,对转型经济体影响较大,但银行部门存贷比和存款额占GDP的比重也具有预测能力。

我国预警理论研究是从经济循环波动问题入手的,起始于20世纪80年代中期,其发展过程基本上可以分成两个阶段。第一阶段为1988年以前,以引入西方的经济发展理论和经济波动的周期理论为主,并对我国的经济波动及其动因进行了分析。第二阶段从1988年开始,主要工作是寻找我国经济波动的先行指标,一个重要变化就是从研究经济形态的长期波动转向研究经济形态的短期变化。特别是引入了西方景气循环指数方法后,使这一研究得到突飞猛进的发展。1988年,袁兴林运用扩散和合成指数方法计算了我国工业生产景气循环的基准日期;1989年,中国经济体制改革研究所宏观经济监测与分析研究组在35个月度经济指标中,选出了13个先行指标,13个同步指标,9个滞后指标,并运用扩散指数方法对三组指标的运行轨迹进行测算,找出了三组指标各自基准循环日期;同年,国家统计局统计科学研究所宏观经济监测课题组设计了六组综合监测预警指数,并把指数的运行区间划分为五个等区,显示经济循环波动过程中的冷热状态。经过20余年的发展,我国经济指数预警方法已经越来越成熟,并将更加完善。

在国际收支方面,目前,已有包括国家外汇管理局在内的几家机构以及大量文献研究国际收支风险监测预警指标体系,他们分别采用不同的方法,考虑不同的指标体系,合成了自己的预警指标体系。金祥荣、徐子福等(2006)借鉴FR早期风险预警模型的研究办法,建立适用于预测我国资本流动脆弱性风险的预警系统。他们使用我国资本流动脆弱性的变化作为被解释变量,通过计量分析发现,外汇储备/GDP、外汇储备/M2、GDP增长率与我国资本流动脆弱性变化相关性较强,应当作为我国当前预防资本流动脆弱性恶化的重点监测指标。刘国风(2009)选取GDP增长率、固定资产投资增长率、通货膨胀率、M2/GDP、财政收入/GDP、财政赤字/GDP、经常项目差额/GDP、偿债率、短期外债/外债总额、债务率、负债率、短期外债/外汇储备等指标作为指标体系研究了我国的对外风险,指出1995年以来我国一直处于基本安全状态,但2004~2007年的风险呈增加的态势。周豪、温小敏(2010)选取国内经济增长、货币政策和人民币实际有效汇率等研究了跨境资金流动,发现工业生产总值、货币信贷政策和实际有效汇率对跨境资金流动存在先导作用。中国人民银行西宁中心支行外汇管理处课题组(2010)选取货物贸易出口、直接投资增长率、证券投资、直接投资、对外债务、外汇交易、预收货款占比、贸易出口顺差/GDP、国家货币信贷政策的变化(本外币存贷款余额变化)、实际有效汇率等指标进行研究。这些研究中所提出的指标都成为本书参考的指标。胡俊伟(2013)在现有跨境资金流动监测系统的基础上,设计了一套监测我国资本项目跨境资金流动情况的指标体系,并运用AHP法为每个指标赋予相应的权重,定量判断我国资本项目跨境资金流动的风险状况。李伟等(2013)分四步构建跨境资金流动监测预警指标体系:一是测算我国短期国际资本规模,并将短期资本流动比例作为基准变量;二是通过灰色关联度选取东部指标,并以灰色关联度为权重合成危机指数;三是确定先行指标,并运用主成分法合成预警指数;四是确定危机指数和预警指数的信号区间并进行实证检验。苏彩玲(2014)以宏观经济和涉外经济数据为研究对象,探索建立跨境资金流动预警指标体系,她以跨境收入和跨境支出作为我国跨境资金流动预警的基准指标,认为结汇、售汇、外国来华投资、我国对境外投资增长率、利率、汇率、CPI等指标对跨境资金流动存在较为明显的先导作用,说明宏观经济的调整以及涉外经济的变化是影响跨境资金流动的主要因素。

此外,其他一些学者的研究中,虽然并未提出一整套预警指标体系,但是也对中国国际收支风险的相关问题进行了研究。裴长洪(1997)从国际收支安全角度分析了实现经常项目可兑换之后我国所面临的国际收支风险问题及其防范措施。王月溪(2003)从结构特征、形成动因、调整方向三方面对中国国际收支平衡进行解析,提出关于防范我国国际收支失衡的调整措施及政策建议。黄瑞玲、黄忠平(2004)针对当时我国国际收支持续出现的"双顺差"甚至"三顺差",说明我国国际收支失衡的基本状况及存在的风险。他们认为,利用外汇缓冲政策调节国际收支,虽然能够使人民币汇率免受暂时性失衡所造成的无谓波动的影响,但这种手段代价高,且存在一定的风险隐患。张薇、陈仲常(2004)针对当时我国国际收支呈现持续增长的态势,在分析国际收支顺差与影响因素的基础上,指出我国以廉价劳动力、环境恶化以及过高的外储,增加了国际收支风险,并提出了相应政策建议。毛中根、段军山(2005)研究FDI投资收益汇出与潜在的国际收支危机的关系。他们认为,由于投资收益的汇出,外商直接投资将导致东道国经常项目逆差,进而可能诱发国际收支危机。吕江林、杨玉凤(2007)认为,大量的资本,特别是投机性资本流入我国,加剧了我国国际收支失衡,影响了我国货币政策实施的有效性,助长了国内房地产泡沫化的倾向,加大了国内银行体系的潜在金融风险,形成国际收支风险。贺力平、蔡兴(2008)通过国际比较的方法,研究了我国国际收支"双顺差"局面,根据国际经验对各国近年来汇率体制与国际收支平衡格局对应关系的初步检验,他们认为首先是一个汇率体制问题,国际收支平衡表中的经常账户差额与金融账户差额之间的关系还可以从汇率变动的估值效应以及私人部门对外债券净变动与官方部门的对外债券净变动之间的相互关系等角度来理解。钮伟(2010)通过调研对跨境资金流动中的潜在风险进行了排查,并提出了政策建议。

第三节 国际收支风险的界定

一、国际收支风险:以跨境资金流动作为主要表现

国际收支风险,主要表现为跨境资金的大规模流入流出。跨境资金的流入和流出都会对本国经济产生重要的影响。自中国加入世界贸易组织以来,中国经济融入全球经济的程度不断加深,伴随着贸易条件的改善,我国对外经济贸易发展强劲,特别是近年来由于人民币升值步伐加快,人民币币值浮动区间扩大,跨境资金流动规模日益增大。跨境资金流动规模的扩大,增大了国际收支双向波动的风险。

对于一个特定的国家来说,国际资本流动包括国际资本流入和国际资本流出两个方面,而这两个方面都会集中反映在该国的国际收支平衡表中。如果国际资本流入国内,意味着该国对外国的负债增加和外国在该国的资产增加,或者该国

在外国的资产减少和外国对该国的负债减少,反映在该国国际收支平衡表的资本和金融账户中,即表现为该账户的顺差增加,或逆差减少。反之,如果国际资本流出到国外,反映在该国的国际收支平衡表的资本和金融账户中,表现为该账户的逆差增加,或顺差减少。可见,从某种程度上说,国际收支状况是国际资本流动情况的反映,反过来,也可以通过对国际资本流动的控制来调节国际收支平衡。"二战"之后,特别是20世纪90年代以来,国际资本流动的规模和范围越来越大,目前实际上已经大大超过了国际商品和劳务贸易的增长速度。因此,国际资本流动状况已经成为影响一国国际收支平衡最重要的因素之一。

以上仅仅是国际资本流动对于一国国际收支直接的短期影响,如果从长期来看,国际资本流动对于国际收支还存在间接的影响。假如国际资本流入一国,那么它立即会扩大该国资本和金融账户的顺差,或缩小该账户的逆差。然而这些输入的国际资本最终要用于国外的进口,如用于购买国外的商品和设备等,同时,由于外资的利用会改善东道国的对外贸易条件,增强对外贸易能力。所以,从长期来看,资本流动又会对国际收支的经常账户产生影响。

在国际资本流动的规模和增长速度大大超过国际商品和劳务贸易的规模和增长速度的情况下,国际资本流动的结构决定了国际收支的性质。如果国际资本大多以短期贷款、投资性资本等短期的形式流入,那么它虽然可以暂时改善国际收支,但是由于流入的国际资本停留的时间较短,一旦国际资本流出,国际收支又会恶化。尤其是投资性资本,它们的避险性和逐利性决定了它们总是游走不定,这样会加剧国际收支的波动性。

此外,国际资本流动还强化了各国间国际收支的相互联系和相互影响。在以商品贸易进出口为主的国际经济情况下,参加贸易的各个国家之间的国际收支,是通过商品进出口的差额联系在一起的。当一国出现进出口贸易顺差的时候,则意味着其贸易伙伴国的国际收支出现恶化,反之亦然。

跨境资金的流动具有多种渠道,其中主要的渠道是通过银行、保险、证券等金融领域流动,以及通过外商对外直接投资、创建风险投资机构等。其他渠道包括返程投资、加工贸易、房地产划转、节流外汇应付款、收取佣金、外债、预收贷款、涉外捐赠、转口贸易等,还可以通过赡养款等新方式流动。这些多样化的流动渠道,导致跨境资金流动的监管难度提高,反映在国际收支上的风险大幅增加,也使得对其进行监测预警成为重要难题。

自布雷顿森林体系崩溃、浮动汇率时代开启之后,各主要发达国家相继放松对跨境资本流动的管制,并于20世纪80年代中后期达到高潮。随着一系列金融危机的频繁爆发,如 1992 年的欧洲货币危机,1994 年的墨西哥比索危机,1997 年的亚洲金融危机,各国开始强调防范金融风险,加强对资本账户开放和短期资本流动的监管。自 2008 年以来,美国次贷危机引发的金融危机从局部发展到全球,从发达国家蔓延到新兴市场和发展中国家,从金融领域扩散到实体经济领域,波及范围极广。跨境资本流动成为助推国际金融危机蔓延的重要力量,政府部门和学术界对跨境资本流动和金融监管提出了新的要求,新的监管原则和体系正在不断研究和制定过程中。

二、国际收支风险基准指标的确定

1. 基准指标合成

近年来,贸易结售汇差额、外商直接投资资本金结汇和个人结售汇差额已经占到结售汇差额的 80% 以上,结售汇规模基本上能反映整体外汇收支的特点,结售汇意愿基本能反映跨境资金流动的趋势,因此,基准指标合成基本上可以作为国际收支风险的指示性指标。

为了准确地从价格和绝对量两个方面反映中国国际收支的风险,使用人民币汇率和结售汇差额作为基准指标。以人民币汇率反映相对价格方面的风险,以结售汇差额反映国际资本流动造成的国际收支风险。

对于人民币汇率指标,选择美元与人民币月均汇率环比数据,这是考虑到美元兑人民币月均汇率环比与结售汇差额呈现负相关,为了让合成的同步指标具有一致性变动,因此,选择与结售汇差额呈现正相关的人民币兑美元月均汇率环比数据。

建立基准指标过程如下:

首先,为消除数据量级对合成权重的影响,我们提取不同数据序列的上下限,对原始数据序列进行线性处理。

根据结售汇差额在 [-300, 1000] 区间浮动的历史经验,我们对结售汇差额数据做如下变换:

$$FEB' = \begin{cases} 50 + 50/1000 \times FEB, & FEB > 0 \\ 50 + 50/300 \times FEB, & FEB \leq 0 \end{cases} \quad (3-2)$$

这样非对称的线性处理,保证了指标对流出风险的监测更为敏感。

我们使用人民币兑美元月均汇率环比增速(基点),从相对价格方面反映国际收支的风险,同样进行线性处理,如下所示:

$$ER' = \begin{cases} 50 + 50/1000 \times ER, & ER > 0 \\ 50 + 50/300 \times ER, & ER \leq 0 \end{cases} \qquad (3-3)$$

其次，我们对经过处理的数据序列进行加权，合成基准序列。

考虑到2005年7月汇率改革之前人民币汇率非常稳定，设定2005年7月前基准指标为非等权平均，结售汇差额与汇率的权重分别设定为0.8与0.2。2005年8月及以后，我们设定结售汇差额与汇率等权平均，合成基准序列（见图3-2）。

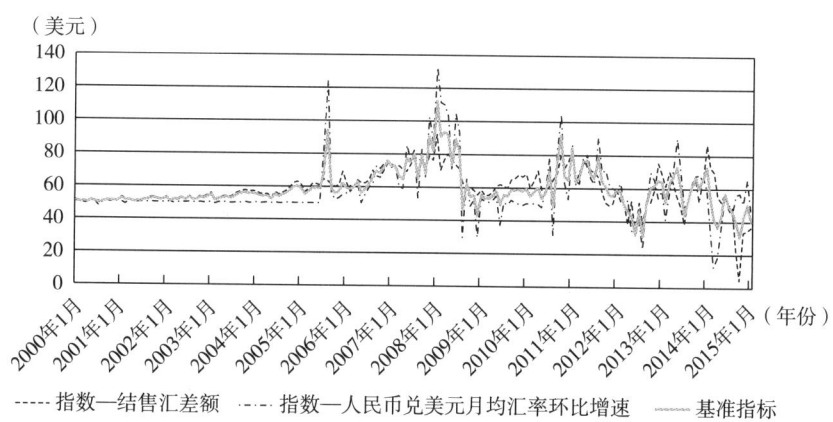

图3-2 国际收支风险基准序列合成

2. 基准循环分析

基于上述方法所构建的中国国际收支风险的原基准指标在经过季节调整后，时序变化如图3-3所示，由此可以看到从2000年1月到2014年12月，中国国际收支风险的变动状况。

由于在建立预警指标体系时，受到部分预警指标数据的长度限制，最终的指标体系主要基于2005年1月以后的数据进行分析，以下对2005年1月以后的数据进行基准循环分析（见图3-4）。

经过峰谷识别后，可以识别出3个循环周期，所识别出的峰谷如表3-1所示。可以看到，2005年初至2014年底，中国的国际收支循环经历了4个较大周期。总体而言，国际收支周期由谷到峰的上行期时间长度要长于峰到谷的下行期，且历次由峰到谷的下行周期长度都在增加。可以认为，自2013年以来，中国国际收支一直处于下行期，这段景气下行时间长于以往，需要引起特别注意。

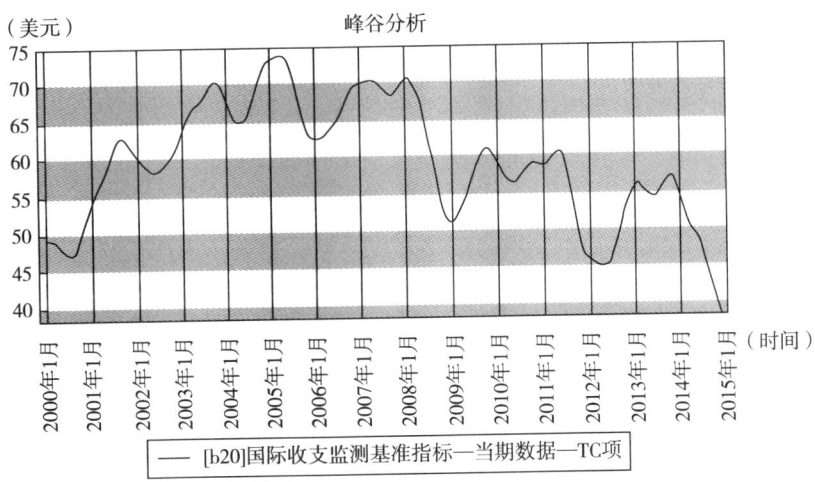

图3-3 基准指标时序变化

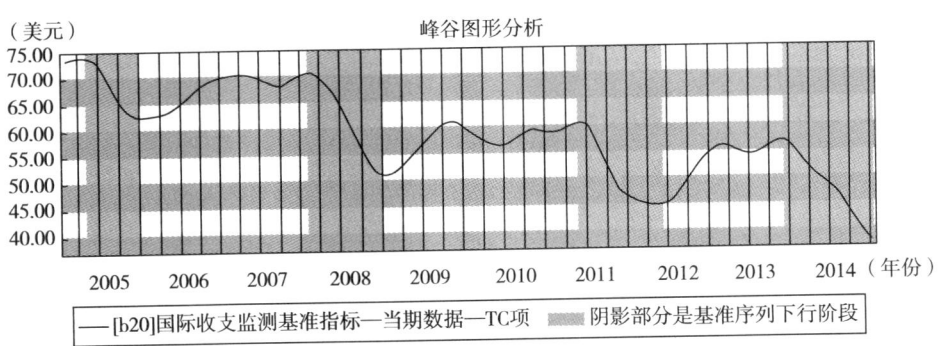

图3-4 基准循环分析

表3-1 基准循环周期

基准循环：峰	基准循环：谷
2005年4月	2005年12月
2008年1月	2008年12月
2011年5月	2012年5月
2013年11月	

三、国际收支风险预警指标初选集合

目前,国际上测度跨境资金流动状况,主要采用国际收支平衡表的资本和金融项目,包括直接投资、证券投资和其他投资(不含储备资产变动),用于监测的指标包括资本和金融项目流入、资本和金融项目流出、资本和金融项目总额与GDP之比、资本和金融项目差额占储备增加的比例等。

在我国,当监测跨境资金流动时,除使用国际收支平衡表数据之外,还运用跨境收付和结售汇数据,多维度地监测跨境资金流动状况。其中,跨境收付数据通过国际收支统计监测系统进行采集,主要反映境内企业(含证券、保险等非银行金融机构)、个人等通过银行办理的对外付款或收款(外汇或人民币),也即非银行部门跨境收付(银行代客跨境收付),包括的监测指标有跨境收入、跨境支付、跨境收支总额与GDP之比、跨境收支差额占储备增加比例等。结售汇数据与跨境收付数据有很强的相关性,主要反映企业和个人在实现上述跨境资金收付前后,卖给银行(结汇)或从银行购买(售汇或购汇)的外汇数额,即非银行部门结售汇(也称银行代客结售汇),相关的监测指标有结汇、售汇、结售汇总额与GDP之比、结售汇差额占储备增加比例等。由于企业、个人等非银行部门在跨境收付和结售汇各环节的资金流动是存在联系的,因此,也可以通过对比跨境收付和结售汇两组数据,寻找市场主体跨境收付和结售汇环节的行为变化,发现跨境资金流动的内在动力,相关的监测指标有收汇结汇率(结汇/跨境收入),付汇售汇率(售汇/跨境支付),结售汇顺差与跨境收付顺差之差,等等。

我们借鉴国际上存在的相关的先行指标体系,结合国内情况,根据经济意义对经济指标进行初选。在确立备选指标时遵循五条原则:经济重要性;数据可得性;灵敏性;数据的先行、一致或滞后性稳定;指标体系的完备性。

基于文献调研分析,针对我国跨境资金流动的主要特点,我们选择的监测指标,分别涵盖宏观经济情况、金融市场情况、商品市场情况以及外需环境等方面,共71个初选指标数据集合。其中,宏观经济指标有18个,金融市场指标有4个,商品市场指标有8个,外需环境指标有41个,这是考虑到国际收支风险对外需环境的敏感性。加上基准指标,初选指标数据集合中共有72个指标,如表3-2所示。

表 3-2　指标初选数据集

类型	指标	指标解释	选用指标的理由
基准指标	基准指标	结售汇差额与人民币兑美元汇率合成指标	反映中国国际收支风险
宏观经济指标	金融机构：存贷比	金融机构贷款/存款比例	反映金融机构流动性风险
	PMI：新订单	采购经理指数（新订单）	反映中国经济生产繁荣程度
	(CNY/USD－DNF)/DNF	根据香港一年期无本金交割远期（NDF）报价测算的升值幅度	反映汇率预期
	实际使用外资金额：外商直接投资：当月同比	实际利用外资当月同比增速	反映中国利用对外直接投资情况
	CPI：当月同比	消费者物价指数同比增长率	反映消费物价走势
	房地产开发投资完成额：累计同比	房地产开发投资累计完成额当月同比	反映中国房地产市场形势
	PPI：全部工业品：当月同比	全部工业品生产物价指数同比增长率	反映生产物价走势
	贸易偏离度	（贸易结售汇差额－贸易差额）/（贸易出口＋贸易进口）	反映跨境资金流动通过贸易渠道流入国内的情况
	中美利差2	一年期人民币贷款利率——一年期美元贷款利率	反映以赚取利差为主要目的的跨境资金流动动力
	PPIRM：当月同比	工业企业原料、燃料、动力购进价格指数当月同比增速	反映工业企业生产成本
	人民币：实际有效汇率指数	人民币实际有效汇率指数	反映人民币价格相对变动程度
	M2：同比	中国 M2 同比增速	反映宏观经济流动性
	国家外汇储备：同比	国家外汇储备同比增速	反映国家外汇储备变动程度
	外贸货物吞吐量：当月同比	外贸货物吞吐量当月同比增速	反映实际进出口货物量
	进出口金额：当月同比	中国进出口总额当月同比增速	反映对外贸易形势
	出口价格指数（HS2）：总指数	以 HS2 规则计算的出口价格指数	反映出口贸易价格
	进口价格指数（HS2）：总指数	以 HS2 规则计算的进口价格指数	反映进口贸易价格
	股票成交数量：当月值：同比	股票成交数量当月同比	反映金融市场活跃程度
	上证综合指数：月	上证综合指数当月值	反映股票市场繁荣程度

续表

类型	指标	指标解释	选用指标的理由
金融市场指标	深证成分指数：月	深证成分指数当月值	反映股票市场繁荣程度
	中债综合指数：月	中债综合指数当月值	反映债券市场繁荣程度
	CRB现货指数：综合：月	CRB现货指数月平均	反映商品市场总体价格变动
	原油现货价：WTI：月均：同比	WTI原油价格月均同比增速	反映原油市场价格波动
商品市场指标	产量：汽车：当月同比	中国汽车产量当月同比	反映工业生产产量
	产量：粗钢：中国：当月值：同比	中国粗钢产量当月同比	反映工业生产产量
	中国大宗商品价格指数：总指数	中国大宗商品价格指数	反映中国大宗商品总体价格波动
	中国大宗商品价格指数（能源类）	中国大宗商品价格指数（能源类）	反映中国能源类大宗商品价格波动
	中国大宗商品价格指数（钢铁类）	中国大宗商品价格指数（钢铁类）	反映中国钢铁类大宗商品价格波动
	中国大宗商品价格指数（矿产类）	中国大宗商品价格指数（矿产类）	反映中国矿产类大宗商品价格波动
	OECD消费者信心指数：幅度调节型：季调：G7	OECD国家消费者信心指数	反映OECD国家需求情况
	MSCI新兴市场指数	MSCI国家新兴市场指数	反映新兴市场国家经济情况
外部环境指标	美国：标准普尔500波动率指数（VIX）：月	美国标普500指数月均波动率	反映美国金融市场波动
	名义美元指数（逆转）	名义美元指数（逆转）	反映美元价格以及对国际资本的吸引力（负向）
	美国：芝加哥联储全国金融状况指数（月）	芝加哥联储公布的美国金融状况指数	反映美国金融状况
	美国：ECRI同步指标	美国经济周期研究所发布的同步指标	反映美国经济状况
	美国：外国投资者购买总额：国债：中国大陆：同比	美国投资者购买中国国债同比增速	反映美国投资者对中国国债（资金流入）的购买情况
	美国：外国投资者出售总额：国债：中国大陆：同比	美国投资者出售中国国债同比增速	反映美国投资者对中国国债（资金流出）的购买情况
	美国：M2：季调：同比	美国M2同比增速	反映美国经济流动性

续表

类型	指标	指标解释	选用指标的理由
外部环境指标	美国：MZM货币存量：同比：季调	美国零期限供应货币存量同步增速	反映美国经济流动性
	美国：供应管理协会（ISM）：制造业PMI	美国制造业采购经历指数	反映美国经济生产繁荣程度
	美国：圣路易斯金融压力指数（月）	圣路易斯联储发布的金融压力指数	反映美国金融市场对美联储政策的应对
	美国：国内证券总买入：同比	美国证券市场总买入金额同比增速	反映美国证券市场行情
	美国：国内证券总卖出：同比	美国证券市场总卖出金额同比增速	反映美国证券市场行情
	美国：月度国际资本流动：净额：同比	美国国际资本流动月度净额同比增速	反映美国国际资本流动情况
	美国：美国证交所综合指数：成交量：同比	美国证券交易所综合指数	反映美国证券市场行情
	美国：出口金额：季调：同比	美国出口金额同比增速	反映美国出口行情
	美国：进口金额：季调：同比	美国进口金额同比增速	反映美国进口行情
	日本：出口金额：同比	日本出口金额同比增速	反映日本出口行情
	日本：进口金额：同比	日本进口金额同比增速	反映日本进口行情
	日本：CPI：当月同比	日本消费物价指数同比增速	反映日本消费物价水平
	日本：核心CPI：当月同比	日本核心CPI同比增速	反映日本消费物价水平
	日本：进口价格指数：同比	日本进口价格指数同比增速	反映日本进口价格波动
	日本：出口价格指数：同比	日本出口价格指数同比增速	反映日本出口价格波动
	日本：景气动向指数：综合指数：先行指标	日本景气动向指数先行指标	反映日本经济景气的先行指标
	日本：景气动向指数：综合指数：一致指标	日本景气动向指数一致指标	反映日本经济景气的一致指标
	日本：景气动向指数：综合指数：滞后指标	日本景气动向指数滞后指标	反映日本经济景气的滞后指标
	日本：制造业PMI	日本制造业采购经理指数	反映日本制造业情况
	日本：Sentix投资信心指数	日本Sentix投资信心指数	反映日本经济投资预期情况

续表

类型	指标	指标解释	选用指标的理由
外部环境指标	欧元区：制造业 PMI	欧元区制造业采购经理指数	反映欧元区制造业情况
	欧元区 17 国：工业生产指数：同比	欧元区 17 国工业生产指数	反映欧元区工业生产情况
	欧元区：Markit 综合 PMI	欧元区 Markit 综合 PMI	反映欧元区制造业情况
	欧元区：Sentix 投资信心指数	欧元区 Sentix 投资信心指数	反映欧元区经济投资预期情况
	欧元区 18 国：经济景气指数：季调	欧元区经济景气指数	反映欧元区经济景气
	欧盟：股市总市值：同比	欧元区股市总市值同比增速	反映欧元区股市繁荣程度
	欧元区：HICP（调和 CPI）：当月同比	欧元区调和 CPI 当月同比增速	反映欧元区物价情况
	欧元区 17 国：单位出口价格指数	欧元区 17 国单位出口价格指数	反映欧元区出口价格
	欧元区 17 国：单位进口价格指数	欧元区 17 国单位进口价格指数	反映欧元区进口价格
	欧元区 18 国：商品贸易：进口：季调：同比	欧元区 18 国进口金额同比增速	反映欧元区进口情况
	欧元区 18 国：商品贸易：出口：季调：同比	欧元区 18 国出口金额同比增速	反映欧元区出口情况
	欧元区 18 国：商品贸易：进出口：同比	欧元区 18 国进出口金额同比增速	反映欧元区进出口情况

第四节 国际收支景气循环分析

目前，基于宏观经济的景气分析方法仍然是国际主流预警体系的基础。这一方法的基本流程是，首先确定能够准确反映国际收支双向风险的基准指标；其次，选择信息提取工具，从基准指标的时间序列数据中，提取景气分析所需要的循环波动项，并根据特定的算法（如 BB 算法）确定拐点，以确定国际收支风险基准指标的基本循环；再次在基准指标的基础上，采用 Granger 因果检验、时差相关系数及 K-L 信息量，从待选指标库中选择待选指标，分析其与基准指标的先行、一致及滞后关系；最后采用合成指数对我国国际收支风险进行预警分析。

一、经济周期理论

经济景气分析方法的基础是经济周期理论，经济周期又称为经济循环或商业循环，是指市场经济在生产和再生产过程中周期性出现的经济扩张与经济紧缩交替更迭循环往复的一种现象。经济学家萨缪尔森曾这样描述："在繁荣之后，可能有恐慌与暴跌。经济扩张让位于衰退，国民收入、就业和生产下降，价格与利润跌落，工人失业。当最终到达最低点以后，复苏开始出现。复苏可以是缓慢的，也可以是快速的。新的高涨可以表现为长期持续的旺盛的需求、充足的就业机会以及增长的生活标准。它也可以表现为短暂的价格膨胀和投资活动，紧接而至是又一次灾难性的萧条。"经济周期是经济中不可避免的波动现象，虽然每次表现并不完全相同，但它们有共同之处，即每个周期都是繁荣与萧条的交替。

在经济景气分析方法中，为测定经济周期的循环波动，常用的三种方法包括古典循环分析、增长循环分析和增长率循环分析。其中，古典循环分析是指根据经济指标绝对量的增长或下降来判定经济波动，当经济指标的绝对量开始下降时，判定经济处于收缩阶段，而当经济指标的绝对量开始增长时，判定经济处于扩张阶段。增长循环分析是指根据经济指标绝对量与其趋势值的偏离程度来判定经济的波动，当经济指标绝对量低于其趋势值时，判定经济处于收缩阶段，当经济指标绝对量高于其趋势值时，判定经济处于扩张阶段。

我们对国际收支的景气分析和风险预警主要基于增长率循环分析。增长率循环又称为增长率周期波动，是指根据经济指标的增长率来判定经济波动，当经济指标的增长率下降并持续一段时期时，判定经济处于收缩阶段，当经济指标的增长率增长并持续一段时期时，判定经济处于扩张阶段。根据这一分析方法，通过观察经济指标时间序列的同比增长率，如果这一增长率的上下波动具有规律的循环往复，则认为存在着周期波动。之所以用增长率循环分析，是因为近40年来，中国经济的绝大部分指标，尤其是涉及国际收支的指标，在绝对量上都是增长的。随着我国对外开放的不断加深，我国国际收支已经从过去的"双缺口"局面转变为"双顺差"局面。若使用古典循环分析或者增长率循环分析，很难判断周期波动，但是，使用经济指标增速波动就可以用来分析国际收支波动循环。

现实中，我国绝大多数研究部门和政府机构也使用增长率循环来研究我国经济周期波动情况。

根据经济周期理论，经济的一个循环周期可以具体分为四个阶段：繁荣、衰退、萧条、复苏。国际收支循环对应四个阶段，可以划分为：国际资本大规模流入；国际资本流出压力增加；国际资本大规模流出；国际资本流入压力增加。

二、景气指数方法

景气指数方法是基于经济周期理论判定经济景气的一种较为常用的经济预警方法，也称为先行指标体系方法。具体到国际收支的风险预警问题中，为了准确地判定衡量国际收支的风险状况，除了需要综合考虑宏观经济中生产、消费、投资、贸易、财政、金融、就业等各领域的景气变动和相互影响之外，还需要考虑国际经济、国际金融的景气变动和相互影响，但这些周期波动并非同时发生，而是在不同领域、不同行业、不同区域相互渗透的复杂过程。在这个过程中，那些对国际收支和国际资本流动变动敏感且有代表性的经济指标能够更好地反映出这种复杂的关系。因此，景气指数方法选择一组与国际收支风险相关的经济指标，根据指标与国际收支风险基准指标循环的对应关系，通过多种指标筛选方法，将筛选出的指标分为先行、一致和滞后指标组，并将这些指标组中的指标集合根据一定的算法，分别合成为先行景气指数、一致景气指数和滞后景气指数，用于国际收支风险的预警判定。其中，先行景气指数领先于国际收支风险基准指标的周期变化，在国际收支的（流入流出）风险到达高峰或低谷前，会先行出现高峰或低谷，因此可用于未来国际收支风险的预警判定；一致景气指数同步于国际收支风险基准指标的周期变化，可用于表征国际收支风险的当前状态；而滞后景气指数则用于进一步确认国际收支风险波动周期的完备性。

根据不同的指数合成方法，景气指数可以分为合成指数和扩散指数，通常而言，合成指数用于经济预警分析，而扩散指数则用于确认合成指数的预警效果。在实际应用中，国内外央行和其他宏观经济管理部门也都广泛使用先行合成指数用于经济的预警分析。使用这一方法的特别优势在于，能够通过将一组重要的先行指数合成一个指数，从而有效地捕捉经济中不同维度所表现出的先行预警信号。

三、经济景气分析工具

1. 时差相关分析

时差相关分析是利用相关系数验证经济时间序列的先行、一致与滞后关系的方法。其计算方法是选择一个反映当前经济活动的经济指标作为基准指标,然后使被选择指标超前或者滞后若干期,计算它们的相关系数。

若 $y = \{y_1, y_2, \cdots, y_n\}$ 为基准指标,$x = \{x_1, x_2, \cdots, x_n\}$ 为被选择指标,r 为时差相关系数,则:

$$r_l = \frac{\sum_{i=1}^{n_l}(x_{t-l} - \bar{x})(y_t - \bar{y})}{\sqrt{\sum_{i=1}^{n_l}(x_{t-l} - \bar{x})^2 \sum_{i=1}^{n_l}(y_t - \bar{y})^2}}, t = 1, 2, \cdots, n; l = 0, \pm 1, \pm 2, \cdots, \pm L$$

(3-4)

式(3-4)中,l 表示超前、滞后期,l 取负数时表示超前,取正数时表示滞后,l 被称为时差后延迟数。L 是最大延迟数,n 为数据补齐后的数据个数。在选择景气指标时,一般计算若干不同延迟数的时差相关系数,比较它们的绝对数值,其中绝对值最大的时差相关系数为 $r_l = \max_{-L \leq l \leq L} |r_l|$。最大的时差相关系数反映了被选择指标与基准指标的时差相关关系,相应的延迟数表示超前或滞后期。

相关系数仅从统计上表明数据的相关关系,即使相关系数接近于 1 也并不意味着数据之间一定存在经济上的因果关系,判断经济时间序列的因果关系还需要进一步分析。

2. K-L 信息量

Kullback-Leibler 信息量(简称 K-L 信息量)是统计学家 Kullback 和 Leibler 提出的用来判定两个概率分布接近程度的信息量。K-L 信息量的原理是,在通常情况下,偶尔发生的事件可认定为服从某一概率分布,如果已知事件真正的概率分布,则希望通过估计所选择模型与真实概率分布相近的程度从而估计模型的好坏,用来度量模型好坏的信息量就称为 K-L 信息量。

将随机变量 w_t 分为基准随机变量 p 和分析随机变量 q,其中,基准随机变量 p 的概率分布为 $p = \{p_1, p_2, \cdots, p_n\}$,其中,$p_t$ 为事件 w_t 发生的概率,$p_t > 0$,$\sum_{t=1}^{n} p_t = 1$。

设分析随机变量 q 的概率分布为 q = {q_1, q_2, …, q_n}，q_t 为事件 w_t 发生的概率，定义期望 $I(p,q) = \sum_{t=1}^{n} p_t \ln \frac{p_t}{q_t}$ 为 q 关于 p 的 K-L 信息量。

K-L 信息量的应用领域较广，可根据 K-L 信息量值的大小来判断两个分布列 p 和 q 的接近程度。将 K-L 信息量用于景气指标的选择中，仍设 y = {y_1, y_2, …, y_n} 为基准指标序列，对于任意满足 $p_t > 0$，$\sum_{t=1}^{n} p_t = 1$ 的序列均设为某随机变量的概率分布列。对基准指标做标准化处理后得到：$p_t = \frac{y_t}{\sum_{t=1}^{n} y_t}$，$t = 1, 2, \cdots, n$。

设被选择的指标 x = {x_1, x_2, …, x_n}，经过标准化处理后得到序列：

$$q_t = \frac{x_t}{\sum_{t=1}^{n} x_t}, t = 1, 2, \cdots, n$$

K-L 信息量根据下式计算：$k_l = \sum_{l=1}^{n_l} p_t \ln \left(\frac{p_t}{q_{t+l}} \right), t = 0, \pm 1, \cdots, \pm L$

其中，l 取负数时表示超前，取正数时表示滞后。当计算 2L+1 个 K-L 信息量后，选取一个最小值作为被选择指标 x 关于基准指标 y 的 K-L 信息量，即 $k_l = \min_{-L \leq l \leq L} k_l$。相对应的延迟数 l 表示被选择指标领先或者滞后基准指标的时期，K-L 信息量越接近于 0，说明两个指标越接近。

3. Bry-Boschan 算法

为准确探测经济时间序列真正的转折点，美国国家经济研究局（NBER）的 Bry 和 Boschan 于 1971 年开发了一种测定经济时间序列转折点的方法（Bry-Boschan，BB）。BB 算法的基本思路是将原序列适当光滑，在光滑曲线上推测其峰与谷的出现时间，然后逐渐迫近原序列的峰和谷的出现时间。设原序列为 x = {x_1, x_2, …, x_n}，测定转折点的步骤：

（1）修正特异值，进行 12 项移动平均并初步确定转折点。首先要确定特异值的上下界，为此求该序列的不规则要素。v 是 x 序列经过 Spencer 移动平均得到的序列，故 v 中已经消除了不规则要素，从而可以从序列 x 中分离出不规则要素。

乘法模型：$I_t = \frac{x_t}{v_t}$；加法模型：$I_t = x_t - v_t$；其中 i = 1, 2, …, n。求不规则

要素的均值 $\bar{I}$ 和标准差 σ，即 $\bar{I} = \dfrac{\sum\limits_{t=1}^{n} I_t}{n}$，$\sigma = \dfrac{1}{n}\sqrt{\sum\limits_{t=1}^{n}(I_t - \bar{I})^2}$。根据实际情况取参数 A（1，2 或 3），判断数据是否为特异值的上下界 $\bar{I} - A\sigma$（下界）$\bar{I} + A\sigma$（上界）。

设经过特异值修正的序列为 w，特异值的修正方法是：

$$w_t = \begin{cases} x_t, & \bar{I} - A\sigma \leq I_t \leq \bar{I} + A\sigma \\ v_t, & I_t < \bar{I} - A\sigma,\ I_t > \bar{I} + A\sigma \end{cases},\ \text{其中 v 序列是 Spencer 曲线。}$$

其次，完成上述修订后，再对 w 序列进行一次 12 项移动平均，目的是进一步消除残余的季节因素。由于 12 项移动平均前后各有 6 个月的缺失值，先将 w 序列始端的前 6 项和终端的后 6 项外延，再做 12 项移动平均。12 项移动平均后的序列记为 w_1，然后在 w_1 曲线上通过循环比较方式，并考虑之前两个约束条件，初步确定峰、谷的出现时间。记初步确定的峰和谷序号为 p_1，…，p_m，m 是暂定的转折点个数。

（2）在 Spencer 曲线上进一步确定转折点。对 w 序列进行一次 Spencer 移动平均，其目的是进一步排除不规则要素。Spencer 移动平均是 15 项移动平均，由于在序列的开始和结束各损失 7 个值，故采用向两边延伸数据的做法来补缺失值，用 w 序列前四项的均值向前延伸 7 项，用后四项的均值向后延伸 7 项。设

$$B = \dfrac{\sum\limits_{t=1}^{4} w_t}{4},\ E = \dfrac{\sum\limits_{t=n-3}^{n} w_t}{4},$$

则 $\tilde{w} = \begin{cases} B, & i = 1, 2, \cdots, 7 \\ w_{t-7}, & i = 8, 9, \cdots, n+8 \\ E, & i = n+8, \cdots, n+14 \end{cases}$，$\tilde{w}$ 是延伸后的序列，它的长度是 $n+14$，

对其做 Spencer 移动平均，记为 w_2。

在第一步中初步确定转折点的基础上，确定 w_2 曲线上的转折点。记变量 r 为 $r = \begin{cases} 4, & MCD \leq 4 \\ MCD, & MCD > 4 \end{cases}$，MCD 值衡量序列是否光滑，上式中的 MCD 值是由 x 序列计算得到的，如果 p_i 是暂定峰，在它的小邻域 $[p_i - r,\ p_i + r]$ 中选取最大值，即 $w_{2j'} = \max\limits_{p_i - r \leq j \leq p_i + r} w_{2j}$，则这个最大值 $w_{2j'}$ 就为 w 曲线上的峰，相应序号 $j' \Rightarrow p_i$。

类似的，如果 p_i 是暂定谷，在它的小邻域 $[p_i - r,\ p_i + r]$ 中选取最小值，即 $w_{2j'} = \min\limits_{p_i - r \leq j \leq p_i + r} w_{2j}$，则这个最小值 $w_{2j'}$ 就为 w 曲线上的谷，相应序号 $j' \Rightarrow p_i$。

(3) 进行 MCD 项移动平均，在 MCD 曲线上确定转折点。对原序列 x 进行 MCD 项移动平均，目的是初步消除不规则要素，移动平均后的序列记为 w_3。一般而言，$3 \leqslant MCD \leqslant 6$，故进行 MCD 项移动平均，起始端的缺失项用序列的前 MCD 项的均值来补，终端的缺失项用序列的后 MCD 项的均值去补。然后，在第二步中已经确定了 w_2 曲线上转折点的基础上确定 w_3 曲线上的对应转折点。选取转折点的方法与第二步类似，也是在 $p_i(i=1, 2, \cdots, m)$ 的 r 邻域中选取最大值或最小值来确定 w_3 曲线上的对应转折点，并将记录转折点序号的 $p_i(i=1, 2, \cdots, m)$ 更新为 w_3 曲线上转折点的序号。

(4) 确定原序列 x 的转折点。在第三步确定 w_3 曲线的转折点的基础上，再用类似方法确定原序列 x 的对应转折点。从光滑序列的峰和谷逐渐迫近到原序列的峰和谷，第四步得到的转折点称为最终转折点。最后，再检验一下每对最终转折点是否满足前述的两个约束条件，如果不满足则舍弃较低的峰或较高的谷，直至满足约束条件为止。

BB 算法将原序列适当光滑，在光滑曲线上推测该序列出现峰和谷的时间，然后逐渐迫近原序列的峰和谷的出现时间。BB 算法在确定经济时间序列的峰、谷出现的时间时遵循两个原则：

其一，峰与谷（或谷与峰）之间，一个阶段持续期间在 6 个月以上；

其二，一个周期的持续时间，即两个相同转折点（峰—峰或谷—谷）之间的间隔大于 15 个月。

四、合成指数初选指标库的遴选

1. 遴选思路

从第三节建立的初选指标库中，我们进行基于经济周期的国际收支预警指标体系筛选。这一筛选过程思路如下。

我们依据时差相关分析，K-L 信息量，峰谷图形分析和峰谷对应分析（BB 算法）对指标进行筛选，判断指标相对于基准循环的先行、一致和滞后性。其中，通过时差相关分析、K-L 信息量为定量方法，能计算出指标序列的先行、一致或滞后阶数，具有简单易行的特点。时差相关分析分别对不同的提前或滞后阶数求基准指标与所选指标的相关性，相关性最大的阶数对应所选指标的先行或滞后性。K-L 信息量方法将基准序列和备选指标序列视作随机变量，用 K-L 信息量判断二者概率分布的接近程度。根据概率接近程度来判断先行/滞后阶数。

峰谷对应分析法是通过 BB 算法计算出两个序列的峰和谷，再比较两个序列峰谷出现的对应关系，从而判断序列的先行、一致和滞后性。比较而言，图形分析法直观，而峰谷对应分析法则能直接给出分析结果和阶数。但峰谷图形分析法主观性比较强，人为判断不够准确，人工干预过多，难以实现自动化。在实践中，可以采用图形分析法作为初判，然后将峰谷对应分析法结果作为最终判断，相互验证。指标体系遴选的整个流程如图3-5所示。

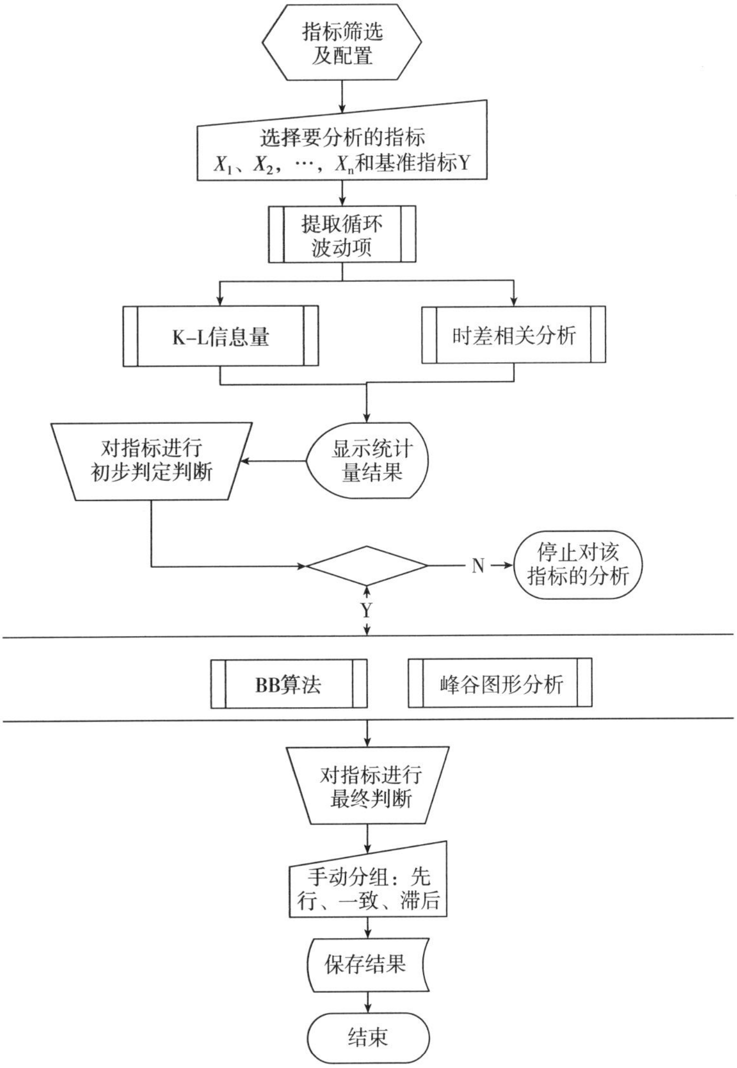

图3-5 指标体系遴选流程

2. 指标选择结果

我们根据指标的全面性和重要性,以及先行、一致和滞后的稳定性和优劣来选取指标,构造了不同的先行、一致和滞后指标组合,并从中选取最好的组合。在选取的时候,主要依据两个原则:①经济意义好;②先行、一致和滞后的稳定性好。

根据前文所示流程,我们最后选择的具体指标,如表3-3所示。先行指标包括:股票成交数量:当期值:同比;社会融资规模:当期值:同比;PMI:新订单;欧元区:制造业 PMI;名义美元指数—逆转;MSCI 新兴市场指数。同步指标包括:基准、FDI 同比和(人民币兑美元中间价 - NDF)/NDF - 当期数据;滞后指标包括 CPI:当月同比;房地产开发投资完成额:累计同比以及美国:标准普尔500波动率指数(VIX):月。

表3-3 原国际收支风险监测预警指标组合

先行指标	一致指标	滞后指标
股票成交数量当期同比	国际收支监测基准指标	CPI 当期同比
社会融资规模当期同比	(人民币兑美元中间价 - NDF)/NDF - 当期数据	房地产开发投资完成额:累计同比
PMI:新订单:当期数据	外商直接投资当期同比	美国标准普尔500波动率指数
欧元区制造业 PMI		
名义美元指数(逆转)		
MSCI 新兴市场指数		

第五节 指标体系的改进:基于 PageRank 算法的指标分层过程

一、PageRank 算法思想及其实现

传统的单基准指标筛选先行指标存在一些缺陷,过分依赖基准指标的选择,在基准选择不当的时候可能导致预警失败。基于 PageRank 算法的指标分层算法

的优势在于基于指标两两之间的关系,通过指标两两时差相关关系进行打分,进而分层,得到指标集合中具有领先性的指标。

简而言之,PageRank 是代表网络上某个节点重要性的一个数值,该值仅依赖于网络的链接结构,而与具体的检索内容无关。不管得到多少的检索语句,PageRank 也是一定的、文件固有的评分量。商用搜索引擎 Google 通过 PageRank 算法计算出网页的 PageRank 值,从而决定网页在结果集中的出现位置,PageRank 值越高的网页,在结果中出现的位置就越前,这是 Google 与传统的搜索引擎最大的不同之处。他们对网页进行了基于权威值的排序处理,使最重要的网页出现在结果的最前面。

PageRank 的基本思想在于,一个节点重要表现为:①有更多的链接指向它;②有重要节点指向它;③两者兼而有之。算法基于"从许多优质的节点链接过来的节点,必定还是优质节点"的回归关系,来判定所有节点的重要性。

PageRank 的具体算法是,将某个节点的 PageRank 除以存在于这个节点的正向链接,由此得到的值分别和正向链接所指向的节点的 PageRank 相加,即得到被链接的节点的 PageRank。

当某个节点链接到另一个节点时,它就对该节点"投了一票"。一个节点的得票越多,则认为它的重要性也就越高。进一步说,投票节点的重要性也决定着票本身的重要程度。算法通过计算节点得票来得到节点重要性。当计算 PageRank 值时,每票的重要性都要考虑在内。

PageRank 算法将网络看作一个有向图:$G = (V, E)$,其中 V 是节点集,E 是边集(当且仅当存在从节点 i 到节点 j 的链接时存在从节点 i 到节点 j 的边)。

PageRank 算法的简单描述如下:u 是一个节点,$F(u)$ 是节点 u 指向的节点集合,$B(u)$ 是指向 u 的节点集合,$N(u) = |F(u)|$ 是 u 指向外的链接数,c 是规范化因子(一般取 0.85)。

节点 u 的 PageRank 值可以利用下面公式计算:

$$R(u) = c \sum_{V \in B(u)} R(V)/N(V) \qquad (3-5)$$

该算法的矩阵描述形式为:

设 A 是一个方阵,行和列对应节点集的节点。如果节点 u 有指向节点 V 的一个链接,则 $A_{u,v} = 1/N_u$,否则 $A_{u,v} = 0$。

设 R 是对应节点集的 PageRank 值向量,则有 $R = cAR$,即 R 为 A 的特征根为 c 的特征向量。实际上,只需求出最大特征根的特征向量,就是节点集对应的最终 PageRank 值。但是,上述算法存在漏洞。由于互联网的链接结构是自发、无序形成的,因此可能存在这样的情况,如图 3-6 所示,有两个相互指向的节点 a 和节点 b,它们不指向任何其他节点,另外有某个节点 c,指向 a 或 b 中的某一个。在迭代计算中,a 和 b 的 rank 值将不断累计。这样,一旦有组外节点链接到组内节点,由于组内不存在对外的链接,因此传递进来的 PageRank 值就一直停留在这组节点内部而不能传递出去。这就是 PageRank 值沉淀现象。

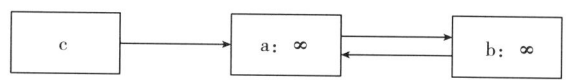

图 3-6 非收敛的 PageRank 迭代情况

为了解决这个问题,Sergey 和 Lawrance Page 改进了算法,引入衰退因子 $E(u)$,$E(u)$ 是对应节点集的某一向量,对应 PageRank 的初始值。算法改进如下:

$$R(u)' = c\left(\sum_{v \in B(u)} R(v)/N(v) + E(u)\right) \tag{3-6}$$

对应的矩阵形式为:

$$R' = c(AR' + E) \tag{3-7}$$

下面将运用 PageRank 算法思想进行领先指标的筛选。方法如下:首先计算时间序列指标集中两两指标之间的时差相关系数,根据相关性构建完全有向图。然后根据图形进行打分,对时间序列进行排序,提取领先指标。Wu D (2011)、Papadimitriou 等 (2006)、Kontaki 等 (2008)、Zhu 和 Shasha (2002)、Steinbach 等 (2003) 均使用这一算法思想进行了有益的尝试,研究表明该算法能有效提取领先指标,且使用该算法筛选出的领先指标具有更好的预测性。

我们考虑多个指标组成的集合,$S = \{x_t^1, x_t^2, \cdots, x_t^n\}$,$t = 1, 2, \cdots, T$。取 S 中一对元素,$x_t^i$ 和 x_t^j,$i < j$,计算两者之间的时差相关系数:

$$r_\delta^{i,j} = \text{cov}(x_{t+\delta}^i, x_t^j), \quad \delta = -L, -L+1, \cdots, 0, \cdots, L \tag{3-8}$$

定义 $r^{i,j} = \max_{\delta > 0}(r_\delta^{i,j})$,$r^{j,i} = \max_{\delta < 0}(r_\delta^{i,j})$,另外设置阈值 $K \in (0, 1)$。如果 $r^{i,j} > \max(r^{j,i}, K)$,即表示 x^j 对 x^i 有先行性,定义 $w(j, i) = r^{i,j}$,否则 $w(j, i) = 0$;如果 $r^{j,i} > \max(r^{i,j}, K)$,即表示 x^i 对 x^j 有先行性,定义 $w(i, j) = r^{j,i}$,否则 $w(i, j) = 0$。矩阵 H 为矩阵 W 按列归一化。

进行 PageRank 循环打分,

$$\text{Score}_{k+1} = (1 - d) \cdot e + d \cdot H \cdot \text{Score}_k \tag{3-9}$$

这里，e = (1, …, 1)ᵀ，属于 Rⁿ。d 是阻尼系数，通常取 0.85。可以证明，当 d 充分小时，打分序列收敛并且与初始值无关。

最后进行领先指标的筛选，方法如下：

第一，对所有指标按照 PageRank 算法进行打分。

第二，依次考虑每一个指标，如果：

$$\text{Score}(x^i) < \sum_{x^k \in \text{Lead}(x^i)} \frac{H(k,i)}{\sum_{h=1}^{n} H(k,h)} \cdot \text{Score}(x^k) \tag{3-10}$$

则删除指标 x^i。这里 $\text{Lead}(x^i)$ 包括一切对于 x^i 有先行性且尚未被删除的指标。

第三，所有指标都被检查完毕后，从 S 中去掉已经被删除的指标，余下的指标集 S^1 即 S 的领先指标集。

另外，可对 S/S^1 再进行上述过程，提取出 S/S^1 的领先指标集 S^2。反复进行此过程，能够对 S 中的指标进行分层，$S^1, S^2, …, S^m……$直至完成所有指标的分层。

二、基于 PageRank 算法的指标筛选及分层结果

我们对本章第二节提出的初始指标库，进行反复 PageRank 算法，筛选出较为 PageRank 排序结果相对稳健的指标共 32 个，形成初选指标数据库如表 3 - 4 所示。我们选择阻尼系数 d = 0.85，相关系数阈值 K = 0.25，时差相关关系考虑范围为先行滞后 12 阶以内。每个指标的 PageRank 打分与分层结果如表 3 - 4 所示。

表 3 - 4 PageRank 打分与分层结果

指标名称	PageRank 得分	分层结果	排序
美国：月度国际资本流动：净额：同比	4.837179	3	1
产量：粗钢：中国：当月值：同比	4.357799	3	2
股票成交数量：当月值：同比（逆转）	3.758263	3	3
深证成分指数：月（逆转）	3.499285	3	4
社会融资规模：当月值：同比	2.986417	3	5
MSCI 新兴市场指数	2.693697	3	6
外贸货物吞吐量：当月同比	1	3	7

续表

指标名称	PageRank 得分	分层结果	排序
欧元区 17 国：单位进口价格指数	1	3	8
美国：ECRI 同步指标	0.850608	3	9
中债综合指数：月（逆转）	0.538582	3	10
美国：标准普尔 500 波动率指数（VIX）：月	0.468666	3	11
欧元区：制造业 PMI	0.976829	2	12
PMI：新订单	0.939265	2	13
国家外汇储备：同比	0.57031	2	14
欧元区：制造业 PMI	0.309278	2	15
原油现货价：WTI：月均：同比	0.262684	2	16
实际使用外资金额：外商直接投资：当月同比	0.231474	2	17
进出口金额：当月同比	0.22902	2	18
PPIRM：当月同比	0.217893	2	19
房地产开发投资完成额：累计同比	0.194631	2	20
美国：出口金额：季调：同比	0.187277	2	21
美国：MZM 货币存量：同比：季调	0.179826	2	22
CRB 现货指数：综合：月	0.175624	2	23
欧元区：HICP（调和 CPI）：当月同比	0.170706	2	24
中国大宗商品价格指数：能源类	0.157072	2	25
美国：芝加哥联储全国金融状况指数（月）	0.155533	2	26
基准指标	0.153377	2	27
CPI：当月同比	0.151531	2	28
利差 2	0.150415	2	29
名义美元指数—逆转	0.287688	1	30
（CNY/USD – DNF）/DNF	0.157569	1	31
日本：核心 CPI：当月同比	0.151495	1	32

下面我们分析以上 PageRank 打分与分层结果。与原预警指标体系一致的是，我们把股票成交数量、MSCI 新兴市场指数、社会融资规模、PMI 新订单、欧元区制造业 PMI 都较为稳定地分到了第一层。随着我们筛选及迭代次数的增加，筛选的指标越来越少，原预警指标的排名越来越高，说明原预警指标是有效的。反映通胀程度的指标如 CPI 等被分到了较低的层，说明使用 CPI 当月同比来作为滞

后指标是稳定的。

同时，我们也修正了原预警指标的问题。我们识别出了反映中国金融市场繁荣程度的指标，如股票成交数量同比增速（逆转）、深证成分指数（逆转）、中债综指（逆转），作为国际收支风险预警程度的领先指标，且证明了较好的先行关系。我们筛选出美国月度国际资本净流动额同比增速以及美国标准普尔500月波动率作为先行性非常好的指标，证明了美国资本市场与我国国际收支风险的强相关关系。

第六节 景气指标合成与应用

一、合成指数计算

合成指数又称景气综合指数，最早是由美国NBER的穆尔和商务部的希斯金在20世纪60年代编制，并于1968年开始使用的。合成指数是由一类特征指标以各自的变化幅度为权数的加权综合平均数，即多个指标的加权平均。它除了能预测经济周期波动的转折点之外，还能在某种意义上反映经济周期波动的振幅。合成指数的构成分为先行、一致和滞后指标组，计算方法大体上可以分为传统的非模型基础的合成指数方法和基于模型的合成指数方法。

非模型基础的合成指数方法的一致合成指数可以单独进行计算，先行指数和滞后指数的计算都需要和一致合成指数一起。目前国际上常用的合成指数编制方法主要有三种：

第一，美国的NBER和世界大企业联合会基于"古典循环"的概念，依据景气指数绝对量的上升或下降来划分经济周期的阶段，并在此基础上计算景气指数；

第二，美国经济周期研究所（ECRI）基于"增长率循环"的概念，依据景气指标增长率的上升或下降来划分经济周期的阶段，并在此基础上计算景气指数；

第三，经济合作与发展组织OECD从1978年开始，依据"增长循环"的概念，根据景气指标相对于其趋势的偏离幅度划分经济周期的阶段，并在此基础上计算景气指数，用景气分析方法对其成员国的经济状况进行分析和预测。

基于模型的合成指数方法，对一致指数和先行指数采用的是不同的建模方法，具体包括SW–CCI、FHLR–CCI、MS–CCI等。

这里着重介绍美国经济周期研究所（ECRI）基于"增长率循环"的合成指数计算方法，计算步骤大体分为：

1. 求指标的对称变化率并将其标准化

所谓对称变化率，即不是以本期或上期为基数求得，而是以两者的平均数为基数求得（这样可以消除基数的影响，使上升与下降量均等）。设指标 $Y_{ij}(t)$ 为第 j 指标组的第 i 个指标，分别代表先行、一致、滞后指标组，是组内指标的序号；k_j 是第 j 指标组的指标个数，对称变化率 $C_{ij}(t)$ 为：

$$C_{ij}(t) = 200 \times \frac{Y_{ij}(t) - Y_{ij}(t-1)}{Y_{ij}(t) + Y_{ij}(t-1)}, \quad t = 2, 3, \cdots, n$$

当构成指标 $Y_{ij}(t)$ 中有零或负值时，或是指标是比率序列时，取一阶差分：

$$C_{ij}(t) = Y_{ij}(t) - Y_{ij}(t-1)$$

为了防止变动幅度大的指标在合成指数中取得支配地位，各指标的对称变化率都被标准化，使其平均绝对值等于 1。标准化因子 A_{ij}：$A_{ij} = \sum_{t=2}^{n} \frac{|C_{ij}(t)|}{n-1}$，用 $A_{ij}(t)$ 将 $C_{ij}(t)$ 标准化，得到标准化变化率 $S_{ij}(t)$：$S_{ij}(t) = \frac{C_{ij}(t)}{A_{ij}}$。

2. 求各指标组的标准化平均变化率

求出先行、一致、滞后指标组的平均变化率 $R_j(t)$：

$$R_j(t) = \frac{\sum_{i=1}^{k_j} S_{ij}(t) \cdot w_{ij}}{\sum_{i=1}^{k_j} w_{ij}}, \quad j = 1, 2, 3 \quad t = 2, 3, \cdots, n$$

其中，w_{ij} 是第 j 组的第 i 个指标的权数。

进而，计算指数标准化因子 F_j：$F_j = \dfrac{\sum_{t=2}^{n} \dfrac{R_j(t)}{(n-1)}}{\sum_{t=2}^{n} \dfrac{R_2(t)}{(n-1)}}$，$j = 1, 2, 3$。

随后，计算标准化平均变化率 $V_j(t)$：$V_j(t) = \dfrac{R_j(t)}{F_j}$，$t = 2, 3, \cdots, n$。

3. 求初始合成指数 $I_j(t)$

令 $I_j(1) = 100$，则 $I_j(t) = I_j(t-1) \times \dfrac{200 + V_j(t)}{200 - V_j(t)}$，$j = 1, 2, 3 \quad t = 2, 3, \cdots, n$。

4. 趋势调整

这一步是为了使三组指标组得到的合成指数趋势与计算一致指标组中被采用的序列的趋势平均值一致而进行的。

对一致指标组的每个序列分别求出各自的平均增长率 $r_i = \left(m_i\sqrt{\dfrac{C_{L_i}}{C_{I_i}}} - 1\right) \times 100$ $i = 1, 2, \cdots, k_2$，$C_{I_i} = \dfrac{\sum Y_i(t)}{m_{I_i}}$，$C_{L_i} = \dfrac{\sum Y_i(t)}{m_{L_i}}$，其中 C_{I_i} 与 C_{L_i} 分别是一致指标组第 i 个指标最先与最后循环的平均值，m_{I_i} 与 m_{L_i} 分别是一致指标组第 i 个指标最先与最后循环的月数，k_2 是一致指标的个数，m_i 是最先循环的中心到最后循环的中心之间的月数。

然后求出一致指标组的平均增长率，把它称为目标趋势，记为 G_r：$G_r = \dfrac{\sum_{i=1}^{k_2} r_i}{k_2}$。

对先行、一致、滞后初始合成指数分别用复利公式求出它们各自的平均增长率 r_j'：$r_j' = \left(m\sqrt{\dfrac{C_{L_j}}{C_{I_j}}} - 1\right) \times 100$。

分别对三个指标组的标准化平均变化率 $V_j(t)$ 作趋势调整：$V_j'(t) = V_j(t) + (G_r - r_j')$。

5. 计算合成指数

将各年份的指标变化率相对于基准年份进行处理，制成以基准年份为 100 的合成指数。

令 $I_j'(1) = 100$，则 $I_j'(t) = I_j'(t-1) \times \dfrac{200 + V_j'(t)}{200 - V_j'(t)}$，$j = 1, 2, 3$　$t = 2, 3, \cdots, n$。

制成以基准年份为 100 的合成指数：$CI_j(t) = \left(\dfrac{I_j'(t)}{\bar{I}_j'}\right) \times 100$，其中 $\bar{I}_j'$ 是 $I_j'(t)$ 在基准年份的平均值。

合成过程中权数的确定可以依据穆尔和希斯金在 1967 年提出的评分系统对每个指标打分的结果，确定该指标的权重，也可以根据某一指标与基准指标的相关系数确定该指标的权重。在国际收支风险预警系统中，假设每个指标的权数是相同的,即进行等权合成。

根据合成指数曲线图显示的信号,可以观察经济运行的动态,并进行预测和预警。合成指数不仅显示各指标的波动状态,而且将它们的波动程度加以综合。它除了能预示市场经济波动的转折点外,还能在某种意义上反映经济循环变动的强弱。

然而,合成指数方法也存在其缺陷,如在景气转折点的判断方面无法显示各部门之间的经济波及、渗透程度。因此,需要结合使用扩散指数和合成指数方法,用扩散指数分析经济波动转折点的判断等质的方面的问题,而用合成指数分析与过去比较、经济变动程度的大小及速度等量的方面的问题。

二、基于 PageRank 算法的指标筛选改进效果分析

我们使用本章第五节中的方法合成领先、一致以及滞后指标。为了便于分析 PageRank 算法的指标筛选的优越性,我们分别将原预警指标体系以及通过 PageRank 算法筛选出的指标体系进行合成,通过 BB 算法比较两组预警指数的领先性,以及与一致合成指数的对应性。

我们使用社会融资规模同比增速、股票成交金额同比增速(逆转)、深证成分指数(逆转)、中债综合指数(逆转)、恒生内地指数超额收益率、欧元区制造业 PMI、美国标准普尔 500 波动率指数、中国粗钢产量同比增速这 8 个指标合成新的先行指数。这表示,根据 PageRank 的指标筛选算法,我们对原预警指标体系的改动是,使用汇总过粗钢产量同比增速代替中国 PMI 新订单当期数据;删除名义美元指数,并加入表示中国证券市场繁荣程度的深证成分指数(逆转)以及中债综合指数(逆转),加入表示美国资本市场繁荣程度的标准普尔 500 波动率指数。新构建的先行指数和一致指数的结果如图 3 - 7 所示。

新构建的先行指数与原先行指数的对比如图 3 - 8 所示。可以看到,新构建的先行指数比原先行指数的领先性更强,拐点也更为对应。

接下来我们用 BB 算法和峰谷分析对比新构建的国际收支预警指数与原国际收支预警指数在拐点识别和领先性方面的差异。BB 算法识别拐点和峰谷图形分析结果显示,原国际收支预警指数的峰平均领先期为 5.33 个月,谷平均领先期为 1.67 个月;而新的国际收支领先指数的峰平均领先期为 6 个月,谷平均领先期为 2.67 个月。

注意到我们建立的国际收支预警指数,无论是原国际收支预警指数,还是改进后的预警指数,对峰谷周期的识别都是非对称的。我们对峰平均领先期的识别要显著优于对谷平均领先期的识别,也就是说,相对于上行风险,我们的预警方法能更好地对下行风险进行识别,有较高的实际应用价值。

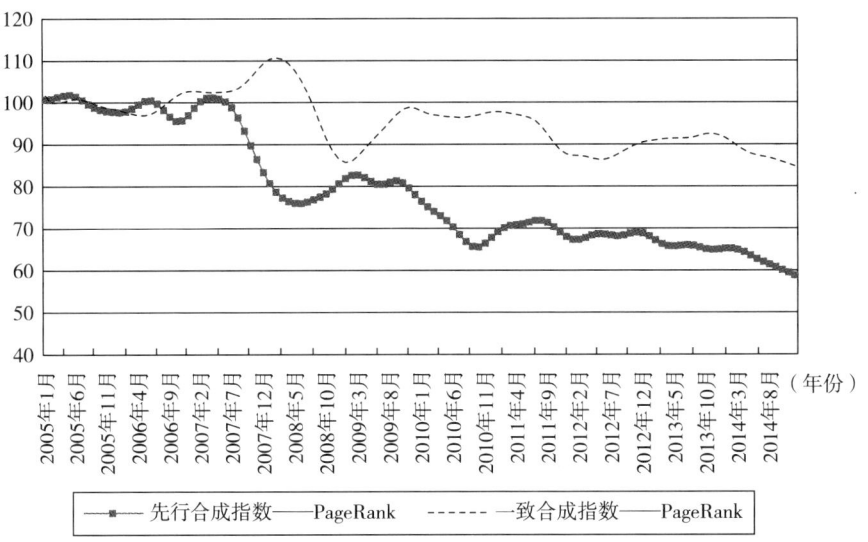

图3-7 新的国际收支风险预警系统—先行与一致指数

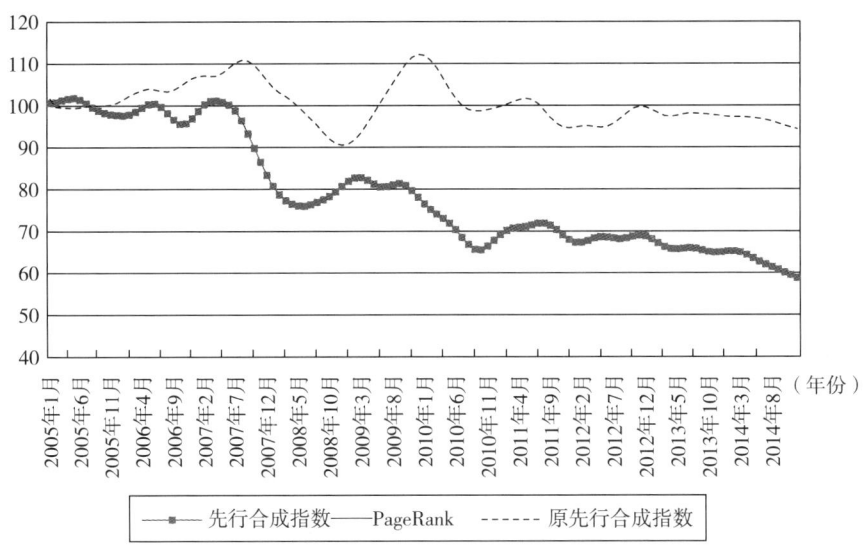

图3-8 新旧预警系统先行指数对比

另外，对比两套预警指标可以看到，我们使用PageRank算法筛选出的指标构建的合成指数，在领先性及领先期的稳定性上，都优于原国际收支领先指数，可以作为国际收支风险的较好预警指数（见图3-9、表3-5、图3-10和表3-6）。

第三章 国际收支风险预警体系的构建

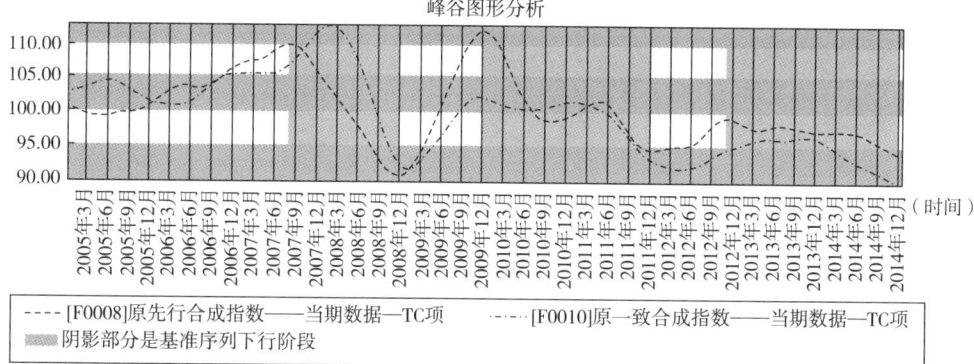

图 3-9 原合成指数峰谷图形分析

表 3-5 原合成指数峰谷对应

原先行合成指数	原一致合成指数
2005 年 5 月（谷）	2006 年 4 月（谷）
2007 年 8 月（峰）	2008 年 2 月（峰）
2008 年 12 月（谷）	2009 年 1 月（谷）
2009 年 12 月（峰）	2009 年 12 月（峰）
2011 年 12 月（谷）	2010 年 7 月（谷）
2012 年 11 月（峰）	2011 年 1 月（峰）

分析结果：峰平均阶数为 5.3333，标准差为 14.74；谷平均阶数为 1.6666，标准差为 14.19。

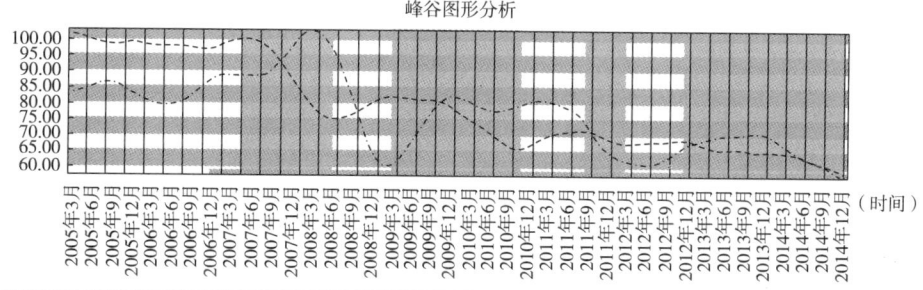

图 3-10 基于 PageRank 算法的新合成指数峰谷图形分析

表3-6 基于PageRank算法的新合成指数峰谷对应

先行合成指数——PageRank	一致合成指数——PageRank
2007年3月（峰）	2008年2月（峰）
2008年5月（谷）	2009年1月（谷）
2009年2月（峰）	2009年11月（峰）
2010年10月（谷）	2010年7月（谷）
2011年8月（峰）	2011年1月（峰）
2012年2月（谷）	2012年5月（谷）
2012年11月（峰）	2013年10月（峰）

分析结果：峰平均阶数为6，标准差为8.72；谷平均阶数为2.67，标准差为6.24。

第七节 本章小结

本章建设了新的国际收支风险预警指标体系。

我们基于经济学分析，对国际收支风险及其影响因素进行界定，确定国际收支风险基准指标。在此基础上，分析指标经济意义和数据特征，使用时差相关分析、K-L信息量以及BB算法对备选指标与基准指标之间的先行、一致、滞后关系进行识别，形成指标初选集合。在指标初选集合的基础上，使用PageRank算法对初选数据集合进行反复的筛选与分层，最后确定标识及分层结果稳健的指标，建立国际收支风险预警指标体系。

分析表明，引入PageRank算法进行指标筛选和排序的新国际收支风险预警系统有更好的先行性与稳定性。

第四章 基于集成混频模型的经常账户预测

第一节 引言

在国际收支三个一级账户（经常账户、资本与金融账户、净误差与遗漏）中，储备资产变动项是经常账户与资本和金融账户下非储备性质金融账户流入所得，净误差与遗漏主要是用来配平四个一级账户。因此，我们只需要对经常账户、资本和金融账户进行预测，即可了解未来的国际收支状况。

长期以来，我国的国际收支持续呈现经常账户顺差的局面，经常账户顺差是我国外汇储备的重要来源。经常账户包括贸易、收益和经常转移三大账户，完整地反映了我国与其他国家的贸易交易往来。其中贸易账户包括货物和服务两部分，构成了经常账户的最主要部分。自1982年以来，贸易项目差额占经常项目差额的比重平均在90%以上，因此，对经常账户的预测，我们选择预测其中最重要的货物和服务贸易二级项目。不仅将货物与服务分开预测，并对借方（出口）和贷方（进口）分别进行预测。

一国的国际收支中，经常账户对应着该国与国外进行交易往来的部分，往往与实体经济联系密切，经常账户数据较为平稳。因此，对经常账户的预测主要采用计量模型的办法。但是，传统的计量模型对于数据频率一致的要求，限制了季度数据序列的预测效果。宏观经济数据多以月度作为频率，使用月度数据进行季度数据预测前，要对月度数据进行简单的变频处理。这些对月度数据的简单处理，损失了月度数据中包含的重要信息，尤其是对突变性强、波动较为剧烈的数据进行预测时，并不能很好地捕捉动态变化。针对这一缺陷，本章使用混频（Mixed Data-Frequency Sampling，MIDAS）模型，实现了直接使用月度数据对技术数据的预测。我们提出集成混频预测方法，首先分解影响季度数据的不同因素并分别建立混频预测模型，然后确定影响因素的权重并进行集成，取得了精度较高的预测结果。

本章安排如下。首先，介绍用于中国国际收支经常账户季度数据预测的混频模型；其次，使用单变量混频模型对影响货物贸易、服务贸易的贷方、借方的不同因素分别进行混频预测，并使用多项式自回归分布滞后模型（PDL）作为基准的预测模型来对比分析混频模型在季度经常账户预测的有效性和精确性；最后，使用线性集成对不同的单变量混频模型进行集成，总结并归纳混频模型在经常账户季度数据预测中的精确性与时效性。

第二节　混频模型简介

一、混频模型文献综述

在预测一个经济时间序列时，传统的模型经常使用与之相同频率的数据进行预测。但是低频的经济数据存在数据颗粒粗糙、噪声过多、信息丢失等问题，通常会造成预测精度的下降。加入高频数据作为解释变量会有效地提升经济时间序列的预测精度（Ghysels，2002）。

为了与被预测变量的频率保持一致，传统的高频数据点选取做法有两种：一种是选取样本区间期末值，另一种是将样本区间内的高频数据点进行简单的等权重加权。这两种数据点选取方式都有明显的问题：第一种只用到了某一点的数据，容易受到期末值异常的影响，同时忽略了很多信息；第二种方法使用等权重加权平均的方式实际上假定每个高频数据点的信息对被预测变量有相同解释能力，但是 Andreou 等（2010）证明了等权重加权的方式存在测量偏差，即每天股票回报率对预测贡献的信息量是不同的，等权重加权会造成预测结果不准确。

随着数据存储技术和计量经济学的不断发展，如何从大量不同频率的数据序列中提取对预测有用的信息逐渐引起计量经济学家的关注。迄今为止，混合频率的预测模型大体可以分为两类：混合频率抽样模型（Mixed Data – Frequency Sampling，MIDAS）和混频向量自回归模型（Mixed – Frequency Vector Auto Regression，MFVAR）。混合频率预测模型的一大优势是可以实现"实时预报"（Nowcasting），即利用最新发布的高频数据对低频数据进行预测，而传统模型需要等到所有的低频变量都发布之后才可以进行预测。

Ghysels 等（2002）假定高频解释变量的信息结构服从滞后分布，并在文中探讨了混频估计的渐进性质。Ghysels 等（2007）对混频模型的分布滞后形式进行了研究，提出了多种适用于混频估计的函数形式，并对混频模型作了一些拓展。Andreou 等（2010）推导出了混频估计的非线性最小二乘估计，并将其与传统模型的等权重加权的最小二乘进行了对比，提出了检验在回归模型中是否应当等权重加权的检验方法，最后通过 Monte Carlo 模拟验证了以上结论。

混频模型的实证研究集中在对宏观经济变量的研究上，主要是预测 GDP 和 CPI，Clements 和 Galvao（2008，2009）、Tay（2006，2007）、Marcellino 等（2010）使用混频模型，采用日度的金融变量数据对季度 GDP 进行了预测；Armesto、Engenmann 和 Owyang（2010）则采用日度数据对美国的月度 CPI 数据进行预测。

混频模型在我国的宏观经济预测中也得到了应用。刘汉、刘金全（2011）将混频模型应用于中国 GDP 的预报和预测，研究表明出口是造成我国金融危机时期经济增长减速的主要因素，并证明了混频模型在中国宏观经济总量短期预测方面的优势。龚玉婷（2014）考察了金融市场一阶矩收益和二阶矩的日度信息对 CPI 短期预测的影响，相对于传统的月度时间序列放大，混频 CPI 模型具有更好的样本内解释能力和样本外预测能力。X. Li、S. Wang 等（2015）建立了包含 Google 搜索数据的混频框架，用来预测中国的月度 CPI 数据。

随着日内数据的广泛使用，混频模型在微观金融变量研究上也发挥出越来越大的作用。Ghysels、Santa‐Clara 和 Valkanov（2005），Ghysels 等（2007）使用日度收益率的平方对月度方差进行了预测，发现股票市场的风险和收益存在显著的正相关；Ghysels、Santa‐Clara 和 Valkanov（2006）使用了不同频率的数据对日度波动率进行了预测，发现 5 分钟频率的数据并不能提高波动率的预测精度，日度已实现收益率对未来波动率的预测效果最佳；Alper、Fendoglu 和 Saltoglu（2008）以 4 个发达国家和 10 个新兴市场国家为样本对周度的波动率进行预测，发现在 4 个新兴市场国家中，用日度数据的混频模型预测效果显著地好于周度的 GARCH（1，1）模型。

国际收支表是季度公布的季度数据。决定国际收支的重要因素，如汇率、贸易品的生产、大宗商品价格等，往往是更高频的数据。传统的时间序列使用频率一致的数据进行预测，难以满足预测精度的需求。因此，我们选择月度—季度混频模型,使用对经常账户影响最大的数据序列,对经常账户的货物贸易贷方(出口)、借方(进口);服务贸易贷方(出口)、借方(进口)分别进行预测。

二、混频预测模型简介

混频是一种系数节俭(Parameter Parsimonious)的将高频数据用于预测的方法。其思路与分布滞后模型非常相似:传统的预测模型在预测时,通常使用与被预测数据相同频率的指标作为解释变量,如果不存在与之相同频率的数据则采用对高频数据进行等权重加权的方式来构造解释变量。

假设一个季度股票交易 N_D 天,我们想用股票回报率 $X^D_{N_D-j,t}$ 来预测 GDP 增长率 Y^Q_t,其中 $X^D_{N_D-j,t}$ 是 t 季度中倒数第 j 天的日度股票回报率,遵循 Ghysels(2009)的标记方式,上标 D 代表序列是日度频率,上标 Q 代表季度频率。预测方程形式如下:

$$Y^Q_{t+1} = \alpha + \beta X^Q_t + u_{t+1} \tag{4-1}$$

其中,X^Q_t 是季度股票回报率,α、β 是待估参数,u_{t+1} 是误差项。传统的 X^Q_t 选择方法有两种:第一种,取 t 季度最后一天的股票回报率作为本季度的值,即取 $X^D_{N_D,t}$ 作为 t 季度的股票回报率 X^Q_t;第二种,将 t 季度的所有日度股票回报率的值进行等权重加权平均,即取 $X^Q_t = (X^D_{N_D,t} + X^D_{N_D-1,t} + \cdots + X^D_{1,t})/N_D$ 作为本季度的股票回报率。

以上两种解决方法均有明显的问题:第一种只用到了某一天的数据,容易受到异常点的影响,只用一天的观测值忽略掉了很多信息;第二种方法使用等权重加权平均的方式实际上假定每天的股票回报率对因变量有相同解释能力。但是 Andreou 等(2010)证明了等权重加权的方式存在测量偏差,他们认为每天股票回报率对预测贡献的信息量是不同的,等权重加权会造成预测结果不准确。

Andreou 等(2010)针对以上两种方法的缺点进行了改进,不再假定权重相等,借鉴分布滞后模型的权重设定形式,将式(4-1)拓展为如下形式:

$$Y^Q_{t+1} = \mu + \beta \sum_{j=0}^{N_D-1} w_{N_D-j}(\theta^D) X^D_{N_D-j,t} + u_{t+1} \tag{4-2}$$

式(4-2)中,$w_{N_D-j}(\theta^D)$ 是权重函数,$\sum_{j=0}^{N_D-1} w_{N_D-j}(\theta^D) = 1$。Ghysel 等(2007)探讨和使用了多种权重函数形式,在研究中一般选择 Almon 函数或 Beta 函数,以后的混频模型实证研究基本采用这两类函数,取得了不错的效果。指数 Almon 函数的设定形式如式(4-3):

$$w_j(\theta_1, \theta_2) = \frac{e^{\theta_1 j + \theta_2 j^2}}{\sum_{j=1}^{m} e^{\theta_1 j + \theta_2 j^2}}, \theta = (\theta_1, \theta_2) \quad (4-3)$$

Beta 函数的设定形式形式如式（4-4）所示：

$$w_j(\theta_1, \theta_2) = \frac{f(j, \theta_1; \theta_2)}{\sum_{j=1}^{M} f(j, \theta_1; \theta_2)} \quad (4-4)$$

其中，

$$\begin{cases} f(x, \theta_1; \theta_2) = \dfrac{x^{a-1}(1-x)^{b-1}\Gamma(a+b)}{\Gamma(a)\Gamma(b)} \\ \Gamma(a) = \int_0^{\infty} e^{-x} x^{a-1} dx \end{cases} \quad (4-5)$$

通过引入权重函数，待估参数变为（μ, β, θ^D），通过非线性最小二乘对式（4-2）进行回归就可以得到预测值 Y_{t+1}^Q。

传统预测模型一般通过加入解释变量滞后项来提高预测精度，经典的分布滞后模型如式（4-6）所示：

$$Y_{t+1}^Q = \mu + \sum_{j=0}^{q_X^Q - 1} \beta_j(\theta^D) X_{t-j}^Q + u_{t+1} \quad (4-6)$$

Andreou 等（2010）将分布滞后模型用混频的形式表达出来，记作 DL-MIDAS（q_X^D）模型，如：

$$Y_{t+1}^Q = \mu + \beta \sum_{j=0}^{p_X^D - 1} \sum_{i=0}^{N_D - 1} w_{N_D - i + j \cdot N_D}(\theta^D) X_{N_D - i, t-j}^D + u_{t+1} \quad (4-7)$$

式（4-7）中，日度数据权重 $w_{i+j \cdot N_D}(\theta^D) \in (0, 1)$ 且 $\sum_{j=0}^{q_X^D - 1} \sum_{i=0}^{N_D - 1} w_{i+j \cdot N_D}(\theta^D) = 1$。

时间序列数据一般具有序列相关的特征，分布滞后模型加入被解释变量 Y_{t+1}^Q 滞后项可以提高预测精度，这样模型可以变成自回归分布滞后模型，表达成混频模型的形式，如：

$$Y_{t+1}^Q = \mu + \sum_{j=0}^{p_Y - 1} \mu_{j+1} Y_{t-j}^Q + \beta \sum_{j=0}^{p_X^D - 1} \sum_{i=0}^{N_D - 1} w_{N_D - i + j \cdot N_D}(\theta^D) X_{N_D - i, t-j}^D + u_{t+1} \quad (4-8)$$

式（4-8）记作 ADL-MIDAS（p_Y^Q, p_X^D）模型，其中最优滞后阶数 p_Y^Q 和 p_X^D 的大小可以由 AIC 准则来确定。

另外需要注意的是，混频模型是一种直接预测模型，该模型并没有清楚地刻画月度指标与需要预测的季度数据的联动特征，取而代之的是混频模型直接将未来的季度数据与当期和滞后的月度指标联系起来,因此,在每一个预测时点,都要对模型进行重新估计。Marcellino等(2006)与Chevillon和Hendry(2005)详细阐述了直接预测与迭代多步预测的区别。从理论上来说,如果模型设置正确,迭代多步预测效果更好,但是在实际预测中,当模型存在设置偏误时,直接预测比迭代预测结果更加稳健。本章采用直接预测的方式对季度国际收支数据进行预测。

下面我们使用上述的单变量混频模型对经常账户的货物贸易贷方(出口)、借方(进口)、服务贸易贷方(出口)、服务贸易借方(进口)分别进行预测。

第三节 单变量混频模型对货物贸易项目的预测

一、货物贸易贷方(出口)预测

1. 数据说明

我们使用1998年第一季度到2014年第四季度的货物贸易贷方数据 y_t 作为被解释变量,使用1998年1月到2014年12月的人民币实际有效汇率指数 $x_{1,t}^{(3)}$,加工贸易进出口额① $x_{2,t}^{(3)}$,海关月度出口金额 $x_{3,t}^{(3)}$ 以及出口价格指数 $x_{4,t}^{(3)}$ 数据构建混频模型。其中,人民币实际有效汇率反映国际市场上价格变化因素造成我国出口产品竞争力可能变化。加工贸易作为我国贸易方式中占比较大的一种形式,反映我国国内可贸易货物的生产情况。海关出口金额是月度数据,除了与季度的货物贸易贷方之间统计上的细小差别之外,本身就对货物贸易出口有良好的解释及说明作用。出口价格指数反映我国贸易条件的变化。

为说明解释变量与被解释变量之间的关系,我们对被解释变量与4个解释变量分别做相关性分析和Granger因果检验。由于数据频率不同,对月度数据进行降频处理,其中,人民币实际有效汇率指数 $x_{1,t}^{(3)}$ 和出口价格指数 $x_{4,t}^{(3)}$ 的季度值采用月度值等权平均;加工贸易进出口额 $x_{2,t}^{(3)}$ 和海关月度出口金额 $x_{3,t}^{(3)}$ 采用月度值加总的方式。检验结果(见表4-1和表4-2)。表中CA_ GOODS_ EXP表示被解释变量货物贸易贷方数据 y_t,REER表示解释变量人民币实际有效汇率指数

---

① 包括来料加工、进料加工以及出料加工三部分数据进行加总。

$x_{1,t}^{(3)}$,JIAGONG 表示解释变量加工贸易进出口额 $x_{2,t}^{(3)}$,EXPORT 表示解释变量海关月度出口金额 $x_{3,t}^{(3)}$,EXPORTP 表示解释变量出口价格指数 $x_{4,t}^{(3)}$,以下不再赘述。所有变量都经过季节处理。

表4－1 货物贸易贷方与解释变量相关系数

	REER	JIAGONG	EXPORT	EXPORTP
CA_ GOODS_ EXP	0.707574	0.983567	0.999996	0.308132

表4－2 货物贸易贷方与解释变量的 Granger 因果检验①

原假设	F 统计量	P 值	结论
$x_{1,t}^{(3)}$ 不是 y_t 的 Granger 原因	2.67431	0.077	拒绝
$x_{2,t}^{(3)}$ 不是 y_t 的 Granger 原因	2.93773	0.0605	拒绝
$x_{3,t}^{(3)}$ 不是 y_t 的 Granger 原因	0.21268	0.809	不能拒绝
$x_{4,t}^{(3)}$ 不是 y_t 的 Granger 原因	0.19936	0.8198	不能拒绝

2. 基于混频模型的货物贸易贷方预测

本章第一节我们介绍了单变量混频模型的预测理论。我们使用 Ghysels 等 (2009) 编写的 MIDAS Matlab toolbox v0.91,在原程序基础上根据要使用的模型做了相应调整。我们对4个解释变量逐个分别进行单变量的混频拟合。每一个解释变量进行多个混频模型拟合,根据模型效果选择合适的滞后期。滞后期原则上选择4的倍数。权重函数选择 Almon 函数。

采用 PDL 模型作为基准模型来评价混频模型的有效性,不同滞后期的混频模型分别对应相应滞后期的 PDL 模型。为了评价预测性能,使用均方根误差 (RMSE)、平均绝对误差 (MAPE) 作为准则评价预测性能。两种评价准则定义如式 (4－9) 和式 (4－10) 所示。

$$\text{MAPE} = \frac{1}{N} \sum_{t=1}^{N} \left| \frac{y_t - \hat{y}_t}{y_t} \right| \times 100\% \qquad (4-9)$$

$$\text{RMSE} = \sqrt{\frac{1}{N} \sum_{t=1}^{N} (y_t - \hat{y}_t)^2} \qquad (4-10)$$

---

① 检验根据 AIC 准则选择滞后期。虽然对于两个变量的 Granger 检验不能显著拒绝原假设,但由于较高的相关关系,仍然用作被解释变量进入模型。

为讨论与基准模型的改进，我们通过计算误差比值来对模型预测优劣 rMAPE 及 rRMSE 进行分析。$\text{rMAPE}_{\text{PDL}}$、$\text{rRMSE}_{\text{PDL}}$ 分别表示 MIDAS 模型相对于下标基准模型的相对的平均绝对误差以及相对的均方根误差。如果比值小于 1，则说明混频预测模型比基准模型具有比较优势①。这里讨论的基准模型都是同低频数据（即季度）模型，只能利用样本区间内最终公布的季度数据来进行预测。我们对 2014 年第一季度到 2014 年第四季度的货物贸易贷方进行滚动预测，得到样本内预测结果的预测误差如表 4-3 所示。

表 4-3 单变量 MIDAS（不同滞后期）货物贸易贷方模型样本内预测及相对误差

解释变量	预测模型	MAPE	RMSE	$\text{rMAPE}_{\text{PDL}}$	$\text{rRMSE}_{\text{PDL}}$
人民币实际有效汇率指数	MIDAS (3, 4)	8.31%	0.0934	1.7447	1.4124955
	MIDAS (3, 8)	5.00%	0.0649	1.0491	0.9808808
	MIDAS (3, 12)**	4.01%	0.0471	0.8405	0.7125362
加工贸易进出口额	MIDAS (3, 4)	12.25%	0.1371	2.5717	2.0721361
	MIDAS (3, 8)	9.94%	0.1070	2.0849	1.6171552
	MIDAS (3, 12)**	5.01%	0.0629	1.0514	0.9514933
海关月度出口金额	MIDAS (3, 4)	10.29%	0.1283	2.1604	1.9395092
	MIDAS (3, 8)	8.87%	0.0966	1.8604	1.4602508
	MIDAS (3, 12)**	5.02%	0.0685	1.0527	1.0352344
出口价格指数	MIDAS (3, 4)	7.40%	0.0947	1.5528	1.4317483
	MIDAS (3, 8)	7.83%	0.0905	1.6430	1.3686223
	MIDAS (3, 12)**	5.32%	0.0630	1.1168	0.9522977

注：** 表示在 95% 的置信度下显著。

二、货物贸易借方（进口）预测

1. 数据说明

我们使用 1998 年第一季度到 2014 年第四季度的货物贸易借方数据 y_t 作为被解释变量，使用 1998 年 1 月到 2014 年 12 月的人民币实际有效汇率指数 $x_{1,t}^{(3)}$，加

---

① 参考刘汉等（2011）的评价方法。

工贸易进出口额① $x_{2,t}^{(3)}$，海关月度进口金额 $x_{3,t}^{(3)}$ 以及进口价格指数 $x_{4,t}^{(3)}$ 数据构建混频模型（见表4-4）。数据说明与上一小节一样，这里不赘述。所有变量都进行季节调整。

表4-4 货物贸易借方与解释变量相关系数

	REER	JIAGONG	IMPORT	IMPORTP
CA_GOODS_IMP	0.712642	0.974090	0.999970	-0.064693

为说明解释变量与被解释变量之间的关系，我们对被解释变量与4个解释变量分别做相关性分析和 Granger 因果检验（见表4-5）。指标的变频处理也与上一小节一样，这里不赘述。

表4-5 货物贸易借方与解释变量的 Granger 因果检验②

原假设	F 统计量	P 值	结论
$x_{1,t}^{(3)}$ 不是 y_t 的 Granger 原因	6.38342	0.0030	拒绝
$x_{2,t}^{(3)}$ 不是 y_t 的 Granger 原因	17.0866	1.E-06	拒绝
$x_{3,t}^{(3)}$ 不是 y_t 的 Granger 原因	2.73245	0.0730	拒绝
$x_{4,t}^{(3)}$ 不是 y_t 的 Granger 原因	2.24214	0.1149	不能拒绝

通过相关性检验，我们证明了被解释变量货物贸易借方与解释变量的相关关系。Granger 因果检验也相应证明了被解释变量作为解释变量的 Granger 原因，是显著的。对进口价格指数而言，我们把它放在模型里，一方面，是与出口预测有一个对称的效应；另一方面，是将我们看到使用这个变量构建的混频模型可以达到良好的预测精度，具体见下文。

2. 基于 MIDAS 模型的货物贸易借方预测

预测前的准备工作与上小节一样，这里不赘述。仍然采用 PDL 模型作为比较预测效果的基准模型，所得结果如表4-6所示。

---

① 包括来料加工、进料加工以及出料加工三部分数据，进行加总。
② 检验根据 AIC 准则选择滞后期。

表4-6 单变量MIDAS（不同滞后期）货物贸易借方模型样本内预测及相对误差

解释变量	预测模型	MAPE	RMSE	rMAPE$_{PDL}$	rRMSE$_{PDL}$
人民币实际有效汇率指数	MIDAS (3, 4)	2.52%	0.0319	0.2454	0.306763
	MIDAS (3, 8)**	2.50%	0.0313	0.2434	0.300901
	MIDAS (3, 12)	5.60%	0.0591	0.5454	0.569232
加工贸易进出口额	MIDAS (3, 4)	4.24%	0.0521	0.4131	0.501227
	MIDAS (3, 8)**	4.15%	0.0528	0.4043	0.508408
	MIDAS (3, 12)	6.60%	0.0863	0.6429	0.830369
海关月度出口金额	MIDAS (3, 4)**	4.96%	0.0532	0.4829	0.512274
	MIDAS (3, 8)	5.02%	0.0562	0.4888	0.540631
	MIDAS (3, 12)	6.58%	0.0832	0.6409	0.801305
出口价格指数	MIDAS (3, 4)	3.60%	0.0429	0.3501	0.412702
	MIDAS (3, 8)**	3.12%	0.0398	0.3033	0.382747
	MIDAS (3, 12)	4.44%	0.0542	0.4322	0.522169

注：**表示在95%的置信度下显著。

可以看到，对货物贸易贷方来说，选择较小滞后期的模型能实现较为精确的预测结果。与基准模型的比较证明了MIDAS模型对预测效果的显著改进。

第四节 单变量MIDAS模型对服务贸易项目的预测

一、服务贸易贷方（出口）预测

1. 数据说明

我们使用1998年第一季度到2014年第四季度的服务贸易贷方数据y_t作为被解释变量，使用1998年1月到2014年12月的进出口总额同比增速$x_{1,t}^{(3)}$，月度工业增加值同比增速$x_{2,t}^{(3)}$，美元兑人民币月度均值$x_{3,t}^{(3)}$构建MIDAS模型。其中，进出口总额同比增速作为反映我国货物贸易进出口情况的变量，被证明对我国服务贸易状况有很好的解释作用①。我们用月度工业增加值同比增速反映中国国内经济状况。使用人民币兑美元汇率作为国际市场价格相对变化的表示，相对人民币实际有效汇率指数而言，对服务贸易有更好的解释力。

为说明解释变量与被解释变量之间的关系，我们对被解释变量与选择的3个解释变量分别做相关性分析和Granger因果检验。由于数据频率不同，我们对月度数据进行降频处理，数据转换方式均为对月度值进行平均。检验结果如表4-7和表4-8所示。表4-7中CA_SERVICES_EXP表示被解释变量服务贸易贷方数据 y_t，TRADE表示解释进出口总额同比增速 $x_{1,t}^{(3)}$，INDUSTRY表示解释变量工业增加值同比增速 $x_{2,t}^{(3)}$，ERATE表示解释变量美元兑人民币月度均值，以下不再赘述。所有变量都经过季节处理。

表4-7 服务贸易贷方与解释变量相关系数

	TRADE	INDUSTRY	ERATE
CA_SERVICES_EXP	-0.185535	-0.007855	-0.953438

表4-8 服务贸易贷方与解释变量的Granger因果检验②

原假设	F统计量	P值	结论
$x_{1,t}^{(3)}$ 不是 y_t 的Granger原因	3.53935	0.0351	拒绝
$x_{2,t}^{(3)}$ 不是 y_t 的Granger原因	1.91528	0.0561	拒绝
$x_{3,t}^{(3)}$ 不是 y_t 的Granger原因	4.11607	0.0210	拒绝

对服务贸易贷方数据与3个解释变量的相关系数，分析虽然不能看出进出口同比增速以及工业增加值同比增速与被解释变量的强相关关系，但Granger因果关系分析说明3个解释变量是被解释变量的显著的Granger原因。

2. 基于MIDAS模型的服务贸易贷方预测

我们对2014年第一季度到2014年第四季度的货物贸易贷方进行滚动预测，得到样本内预测结果的预测误差如表。仍然使用Almon函数作为预测的权重函数，使用相应的PDL模型作为基准模型进行对比，结果如表4-9所示。

---

① 王英．中国货物贸易对于服务贸易的促进作用[J]．世界经济研究，2010(7)：45-48．
② 检验根据AIC准则选择滞后期。

表4-9 单变量MIDAS（不同滞后期）服务贸易贷方模型样本内预测及相对误差

解释变量	预测模型	MAPE	RMSE	rMAPE$_{PDL}$	rRMSE$_{PDL}$
进出口金额同比增速	MIDAS (3, 4)**	21.58%	0.2681	0.8953	0.895139
	MIDAS (3, 8)	22.02%	0.2806	0.9138	0.937074
	MIDAS (3, 12)	24.03%	0.2968	0.9969	0.991127
工业增加值同比增速	MIDAS (3, 4)**	19.39%	0.2464	0.8047	0.822681
	MIDAS (3, 8)	21.01%	0.2720	0.8717	0.908356
	MIDAS (3, 12)	23.63%	0.2939	0.9803	0.981285
美元兑人民币汇率	MIDAS (3, 4)**	19.80%	0.2488	0.8215	0.830823
	MIDAS (3, 8)	20.93%	0.2724	0.8685	0.909542
	MIDAS (3, 12)	24.21%	0.2986	1.0045	0.997127

注：**表示在95%的置信度下显著。

服务贸易贷方的预测是国际收支预测中的一个难点，其数据波动性大，选取解释变量比较困难。我们看到MIDAS模型也没有能给出很好的预测精度，但是对比相应的PDL模型，还是有了良好的改进效果。解释变量不同滞后期的预测结果对比可以看到，相对较短的滞后期有更为良好的预测效果，从侧面说明了被解释变量与解释变量的线性时滞关系不太强。

二、服务贸易借方（进口）预测

1. 数据说明

我们使用1998年第一季度到2014年第四季度的服务贸易贷方数据y_t作为被解释变量，使用1998年1月到2014年12月的进出口总额同比增速$x_{1,t}^{(3)}$，月度工业增加值同比增速$x_{2,t}^{(3)}$，美元兑人民币月度均值$x_{3,t}^{(3)}$构建MIDAS模型。数据说明与上一小节一样，这里不赘述。所有变量都进行季节调整。

为说明解释变量与被解释变量之间的关系，我们对被解释变量与3个解释变量分别做相关性分析和Granger因果检验如表4-10和表4-11所示。指标的变频处理也与上一小节一样，这里不再赘述。

表4-10 服务贸易借方与解释变量相关系数

	TRADE	INDUSTRY	ERATE
CA_SERVICES_IMP	-0.271931	-0.193154	-0.947118

第四章 基于集成混频模型的经常账户预测

表 4-11 服务贸易借方与解释变量的 Granger 因果检验①

原假设	F 统计量	P 值	结论
$x_{1,t}^{(3)}$ 不是 y_t 的 Granger 原因	2.55969	0.0856	拒绝
$x_{2,t}^{(3)}$ 不是 y_t 的 Granger 原因	4.00452	0.0232	拒绝
$x_{3,t}^{(3)}$ 不是 y_t 的 Granger 原因	0.79884	0.4545	不能拒绝

Granger 因果检验证明进出口总额同比增速及月度工业增加值同比增速是解释变量服务贸易借方的 Granger 原因。虽然 Granger 因果检验不能显著表明美元兑人民币汇率是服务贸易借方的 Granger 原因，但它们之间负向相关关系较强，显示出人民币升值对我国消费者对服务贸易消费有促进作用。

2. 基于混频模型的服务贸易借方预测

我们对 2014 年第一季度到 2014 年第四季度的货物贸易贷方进行滚动预测，得到样本内预测结果的预测误差如表 4-12 所示。仍然使用 Almon 函数作为预测的权重函数，使用相应的 PDL 模型作为基准模型进行对比结果如表 4-12 所示。

表 4-12 单变量 MIDAS（不同滞后期）服务贸易借方模型样本内预测及相对误差

解释变量	预测模型	MAPE	RMSE	rMAPE$_{PDL}$	rRMSE$_{PDL}$
进出口金额同比增速	MIDAS (3, 4)	4.81%	0.0534	0.7062	0.744959
	MIDAS (3, 8)**	3.54%	0.0472	0.5204	0.658287
	MIDAS (3, 12)	6.25%	0.0690	0.9183	0.96168
工业增加值同比增速	MIDAS (3, 4)	4.20%	0.0477	0.6162	0.664475
	MIDAS (3, 8)**	2.79%	0.0367	0.4102	0.512025
	MIDAS (3, 12)	5.52%	0.0652	0.8108	0.90848
美元兑人民币汇率	MIDAS (3, 4)	4.94%	0.0516	0.7248	0.719104
	MIDAS (3, 8)**	4.12%	0.0494	0.6049	0.688872
	MIDAS (3, 12)	7.90%	0.0918	1.1602	1.279207

注：** 表示在 95% 的置信度下显著。

与服务贸易贷方相比，服务贸易借方的预测结果显然好得多，主要原因是我国居民对国外服务的需求较为稳定。这个稳定更多是趋势上的，表现在服务贸易

---

① 检验根据 AIC 准则选择滞后期。

借方时间序列有良好的趋势平稳特征。单变量 MIDAS 模型预测效果较好,同时与基准 PDL 模型的对比也说明了混频模型应用于服务贸易借方预测方面很大的改进效果。

第五节 集成 MIDAS 模型的预测

第四节中,我们使用不同的单变量混频模型对货物贸易、服务贸易的贷方、借方分别预测。与基准 PDL 模型的比较显示 MIDAS 模型具有更为良好的预测精度。每个单变量模型中,我们筛选出了最优滞后期的预测模型。由于所预测的被解释变量是每个单变量模型的解释变量相互作用的结果,一个很自然的思路就是将每个单变量混频预测结果进行综合集成,从而得到最终的预测结果。

一、货物贸易贷方

这里我们采用线性集成方法对预测模型进行集成。由于变量个数有限,我们采用 OLS 估计线性集成的权重。通过 OLS 估计,得到被解释变量与几个解释变量之间的关系,从而确定几个被解释变量的相对重要程度,形成相应的单变量 MIDAS 模型集成权重。

与第三小节一致,仍然将月度数据处理成为季度数据,使得 OLS 模型可估计。指标的解释及处理过程如表 4-13 所示。

表 4-13 变量说明及数据处理

变量	指标	解释	处理
$x_{1,t}$	reer	人民币实际有效汇率指数	月度均值,季节调整,差分
$x_{2,t}$	jiagong	加工贸易进出口额	月度加总,季节调整,差分
$x_{3,t}$	export	海关统计的出口额	月度加总,季节调整,差分
$x_{4,t}$	export	出口价格指数(HS2)	月度均值,季节调整,差分

由于截距项检验结果不显著,我们设定回归模型为不包含截距项的 OLS 模型。模型结构如下:

$$y_t = \alpha_1 x_{1,t} + \alpha_2 x_{2,t} + \alpha_3 x_{3,t} + \alpha_4 x_{4,t} + \varepsilon_t \tag{4-11}$$

表4-14列出了回归模型的各个变量的系数。各个变量的系数均显著,且模型拟合效果良好。

表4-14 OLS方程中解释变量系数的估计结果

	lreer_sa_t	ljiagong_sa_t	lexport_sa_t	lexportp_sa_t
系数	0.205445	0.583720	0.496924	-0.299409
标准差	(0.089615)*	(0.144122)***	(0.123666)***	(0.110678)***
t值	[2.292531]	[4.050182]	[4.018291]	[4.018291]
	$R^2 = 0.997087$		DWstat = 1.633195	

注:*表示90%的置信度下显著;***表示在99%的置信度下显著。()的数据表示系数对应的标准误,[ ]的数据表示系数对应的t统计量。

我们使用OLS估计出的系数计算不同单变量MIDAS模型进行集成的相对权重,计算公式如下:

$$w_i = \frac{|\alpha_i|}{\sum_{i=1}^{m}|\alpha_i|} \quad (4-12)$$

注意如果回归方程中含有截距项,我们不考虑截距项的系数,以避免权重相加不等于1造成的对各模型预测结果的稀释。我们依据回归系数决定的权重,对第四小节中的每个变量的最优滞后期MIDAS模型进行线性集成。我们仍然采用平均绝对误差百分比(MAPE)以及均方根误差(RMSE)对模型预测效果进行评价。我们选取1998年第一季度到2013年第四季度作为样本区间,对余下的2014年第一季度到2014年第四季度进行预测。不同模型的预测结果如表4-15所示。

表4-15 单变量MIDAS以及集成预测模型预测效果比较

评价准则	MIDAS1	MIDAS2	MIDAS3	MIDAS4	TEI@I
MAPE(%)	4.01%	5.01%	5.02%	5.32%	4.29%
NRMSE	0.0471	0.0629	0.0685	0.0630	0.0608

二、货物贸易借方

货物贸易借方(进口)回归模型,指标的解释及处理过程如表4-16所示。

表4-16 变量说明及数据处理

变量	指标	解释	处理
$x_{1,t}$	reer	人民币实际有效汇率指数	月度均值，季节调整，差分
$x_{2,t}$	jiagong	加工贸易进出口额	月度加总，季节调整，差分
$x_{3,t}$	export	海关统计的进口额	月度加总，季节调整，差分
$x_{4,t}$	export	进口价格指数（HS2）	月度均值，季节调整，差分

由于截距项检验结果不显著，我们设定回归模型为不包含截距项的OLS模型。模型结构如式（4-13）：

$$y_t = \alpha_1 x_{1,t} + \alpha_2 x_{2,t} + \alpha_3 x_{3,t} + \alpha_4 x_{4,t} + \varepsilon \tag{4-13}$$

模型回归结果如表4-17所示。

表4-17 OLS方程中解释变量系数的估计结果

	$lreer\_sa_t$	$ljiagong\_sa_t$	$lexport\_sa_t$	$lexportp\_sa_t$
系数	0.488252	0.600703	0.452179	0.219609
标准差	(0.146724)***	(0.107761)***	(0.096722)***	(0.103823)**
t值	[3.327697]	[5.574416]	[4.675027]	[2.115231]
	$R^2 = 0.995795$	DWstat = 1.299889		

注：**表示在95%的置信度下显著；***表示在99%的置信度下显著。（）的数据表示系数对应的标准误，[ ]的数据表示系数对应的t统计量。

集成预测效果如表4-18所示。

表4-18 单变量MIDAS以及集成预测模型预测效果比较

评价准则	MIDAS1	MIDAS2	MIDAS3	MIDAS4	TEI@I
MAPE（%）	2.50%	4.15%	4.96%	3.12%	3.99%
NRMSE	0.0313	0.0528	0.0532	0.0398	0.0374

三、服务贸易贷方

在服务贸易贷方（出口）中，运输和旅游是占比最大的两个部分。2014年全年，旅游差额已经占服务贸易总差额的40%以上。中国对外的服务贸易出口，主要是指保险、金融、计算机和信息等服务输出，随着我国第三产业的发展，服务贸易出口显示多元化特征，数据波动较大。我们选择工业增加值同比增速作为经济增速的替代指标，加上进出口总额同比增速以及美元兑人民币汇率两个解释变量，对服务贸易的快速增长做出解释。第四小节已经检验了变量之间的强相关关系以及 Granger 因果关系。变量的解释及预处理说明如下。仍然将月度数据通过表4-19所示的方法处理成为季度数据，使得计量模型可估计。

表4-19 变量说明及数据处理

变量	指标	解释	处理
$x_{1,t}$	trade_ sa	进出口总额同比增速	月度均值，季节调整，差分
$x_{2,t}$	lindustry_ sa	工业增加值同比增速	月度均值，季节调整，差分
$x_{3,t}$	lerate_ sa	美元兑人民币汇率	月度均值，季节调整，差分

由于截距项检验结果不显著，我们设定回归模型为不包含截距项的 OLS 模型。模型结构如式（4-14）所示：

$$y_t = \alpha_1 x_{1,t} + \alpha_2 x_{2,t} + \alpha_3 x_{3,t} + \varepsilon \tag{4-14}$$

模型的 OLS 回归结果如表4-20所示。

表4-20 OLS 方程中解释变量系数的估计结果

	trade_ sa	lindustry_ sa$_t$	lerate_ sa$_t$
系数	0.784513	0.063024	-0.629292
标准差	(0.010872)***	(0.048217)	(0.053332)***
t 值	[72.15916]	[1.307083]	[-11.79953]

注：***表示在99%的置信度下显著。( ) 的数据表示系数对应的标准误，[ ] 的数据表示系数对应的 t 统计量。

我们依据回归系数决定的权重，对第四小节中的每个变量的最优滞后期 MI-DAS 模型进行线性集成。我们仍然采用平均绝对误差百分比（MAPE）以及均方根误差（RMSE）对模型预测效果进行评价。选取1998年第一季度到2013年第四季度作为样本区间，对余下的2014年第一季度到2014年第四季度进行预测。不同模型的预测结果如表4-21所示。

表4-21 单变量MIDAS以及集成预测模型预测效果比较

评价准则	MIDAS1	MIDAS2	MIDAS3	TEI@I
MAPE（%）	21.58%	21.01%	19.80%	18.53%
NRMSE	0.2681	0.2720	0.2488	0.1936

模型预测误差较大，主要是由于数据序列波动不规则所致。但是，第四节我们看到相较基准模型，MIDAS模型已经在预测精度上做出了改进。集成后的TEI@I预测模型，相比MIDAS模型又有了一定的改进。

四、服务贸易借方

我国的服务贸易借方（进口）主要反映居民对国外服务贸易的消费。这一部分，占比最大的体现在居民境外旅游消费上。随着国民经济的发展，居民出境旅游、消费以及其他方式的服务贸易消费越来越频繁，金额越来越大，可观察到良好的趋势性。我们对服务贸易借方的OLS估计变量与第四章第五节服务贸易贷方的估计一致，变量解释及处理如表4-22所示。

表4-22 变量说明及数据处理

变量	指标	解释	处理
$x_{1,t}$	trade_sa	进出口总额同比增速	月度均值，季节调整，差分
$x_{2,t}$	lindustry_sa	工业增加值同比增速	月度均值，季节调整，差分
$x_{3,t}$	lerate_sa	美元兑人民币汇率	月度均值，季节调整，差分

截距项检验结果显著。我们设定回归模型为包含截距项的OLS模型，模型结构如表4-23所示：

$$y_t = \alpha_1 x_{1,t} + \alpha_2 x_{2,t} + \alpha_3 x_{3,t} + c + \varepsilon_t \qquad (4-15)$$

表4-23 OLS方程中解释变量系数估计结果

	trade_sa	lindustry_sa$_t$	lerate_sa$_t$	C
系数	0.812303	-0.192453	-1.319378	2.013267
标准差	(0.039552)***	(0.058356)***	(0.296115)***	(0.797139)***
t值	[20.53768]	[-3.297886]	[-4.455630]	[2.525617]

注：***表示在99%的置信度下显著。（）的数据表示系数对应的标准误，[ ]的数据表示系数对应的t统计量。

不同 MIDAS 模型的集成结果如表 4-24 所示。

表 4-24　单变量 MIDAS 以及集成预测模型预测效果比较

评价准则	MIDAS1	MIDAS2	MIDAS3	TEI@I
MAPE（%）	3.54%	2.79%	4.12%	2.92%
NRMSE	0.0472	0.0367	0.0494	0.0376

可以看到，在 MIDAS 模型已经对预测进行改进的情况下，使用集成的 TEI@I 模型更好地提高了预测精度。

第六节　本章小结

本章提出了集成混频预测方法，对经常账户下的货物贸易、服务贸易借贷双方进行了预测。使用混频 MIDAS 模型，实现了直接使用月度数据对季度数据的预测。对于每一个要预测的季度时间序列，首先，我们分解其不同的影响因素，针对不同的影响因素，分别建立单变量的 MIDAS 预测模型；其次确定影响因素的权重并进行集成。样本内误差分析结果表明，与基准模型相比，我们的混频模型已经有了精度上的改进；而集成之后的集成混频模型，对比单变量混频模型又取得了精度更高的预测结果。

第五章　基于非线性集成模型的资本和金融账户预测

第一节　引言

资本和金融账户是国际收支的第二大账户，完整地记录了我国的资本输出和输入情况，以及涉及对外资产和负债所有权变更的所有交易。随着我国国际收支结构的改变，资本和金融账户在我国国际收支中占比越来越大，重要性不断增强。但是，资本和金融账户所记录的金融交易，成交方便，对市场及政策的反映往往更加敏感，价格调整速度更快，因此资本和金融账户呈现越来越复杂的局面，具体表现为波动频率加快以及波动幅度加大。

我们在第二章分析了 2001 年以来资本和金融账户的趋势及特征。在资本和金融账户下，资本项目收支变动不大，而金融项目收支波动较为剧烈。对于资本和金融账户（BPM6），我们关心金融项目下各个子项目及其构成。金融项目包括直接投资、证券投资和其他投资。为配合最新的 BPM6 国际收支统计规则，我国将于 2015 年开始将资本和金融项目与储备资产变动额项进行加总。在忽略净误差与遗漏的情况下，新的资本和金融项目总差额与经常项目差额将呈现零和关系，因此，我们不对总差额量进行预测。资本和金融账户下最主要的变动仍然在金融账户下的直接投资项、证券投资项以及其他投资项，这三个项目的变动趋势不随统计规则的变化而变化。在直接投资中，我们关心外国对华直接投资（FDI）和我国对外直接投资（ODI），对这两部分分别进行预测；在证券投资中，我们分别关心证券投资项下的资产（即我国对外证券投资净额）以及负债（境外对我国证券投资净额）；其他投资差额包括贸易信贷差额、贷款差额、货币和存款差额以及其他项差额，我们对其借贷双方分别进行预测。

金融账户下的次级项目，带有金融时间序列的重要特征，即高噪声、非平稳，不仅单个序列在均值和方差上是不平稳的，而且每一个数据序列与其他数据序列之间的关系也是变化的，带有动态不平稳性。在第四章中，我们使用 MIDAS 模型对国际收支平衡表经常账户的主要序列进行了预测。资本和金融账户相对于经常账户而言，数据波动剧烈，具有明显的非线性特征。使用传统的 MIDAS 模型通过线性关系刻画变量之间的依赖关系，难以刻画这些复杂非线性因素的变化，难以得到良好的预测结果。基于这种考虑，本章将神经网络逼近的思想引入资本和金融账户的预测中，分别提出①基于 MIDAS 和 ANN 的集成模型；②基于 NARX 和 ANN 的集成模型。对于第一类模型，一方面，可同时使用不同周期的数据预测国际收支变化的线性部分；另一方面，同时通过 ANN 逼近国际收支的变化中的非线性因素，具有大范围的动态预测功能。第二类模型将外生变量和被预测变量之间的关系完全采用非线性函数逼近，能够克服线性预测模型的短时性缺陷。

第二节　ANN 模型文献综述

从 20 世纪 40 年代开始，随着神经解剖学、神经生理学以及神经元的电生理过程等的研究取得突破性进展，人们对人脑的结构、组成及最基本工作单元有了越来越充分的认识，在此基础上，以数学和物理方法以及信息处理的角度对人脑神经网络进行抽象，并建立简化的模型，称为人工神经网络（Artificial Neural Network，ANN）。

按美国神经网络学家 Hecht Nielsen 的观点，把神经网络定义为："神经网络是由多个非常简单的处理单元彼此按某种方式相互连接而形成的计算机系统，该系统靠其状态对外部输入信息的动态响应来处理信息。"综合神经网络的来源、特点和各种解释，它可简单地表述为：人工神经网络是一种旨在模仿人脑结构及其功能的信息处理系统。作为一门活跃的边缘性交叉学科，神经网络的研究与应用正成为人工智能、认识科学、神经生理学、非线性动力学等相关专业的热点。

近十几年来，针对大量涌现神经网络的学术研究，其应用涉及模式识别、联想记忆、信号处理、自动控制、组合优化、故障诊断及计算机视觉等众多方面。

人工神经网络在经济预测方面也得到了广泛应用。

1974 年，Werbos 等首先应用神经网络进行预测，他们用非线性神经网络对由计算机生成的时间序列仿真资料进行了学习和预测。由于人工神经网络是由简单单元构成,具有良好的非线性品质,灵活有效的学习方式,对非线性系统具有较强的模拟能力,所以,一经提出人工神经网络预测方法就受到了高度的重视。随后,Lapedes、Varfis 分别对实际的经济时间序列资料进行了预测研究。Weigend 等将神经网络与回归方法作了比较,表明了神经网络预测优于统计预测。1991 年,Matsuba 等发表了有关应用神经网络进行股票预测的文章。在 Chakraborty 等关于神经网络多变量时间序列预测的文章中,用简单的神经网络模型进行了预测,结果优于统计方法。神经网络还应用于股票收益、汇率、经济转折点预测、银行倒闭的判定、商品价格预测、国际航空旅客预测、经济建模与预测研究中的变量选择、宏观经济指针和自适应时间序列建模与预测等研究中,都得到了较好的结果。

我国学者使用人工神经网络预测也有较长的历史。李云杰(1996)较早使用人工神经网络进行了经济预测,说明 ANN 方法对传统线性回归方法预测效果较差的问题具有独特的优势。王维等(2000)运用人工神经网络,以天津市特定时间段工业总产值为样本,进行宏观经济模拟预测分析,结果证明与其他计量方法相比,人工神经网络预测精度较高,应用于宏观经济预测具有广泛的实际应用价值。肖冬荣(2007)等分析了标准 BP 神经网络用于复杂经济系统预测的原理以及其中存在的弊端,改进 BP 神经网络用于经济预测的精度、收敛速度容易陷入局部极值等问题,并将改进后的新方法运用于江苏省第三产业生产总值的预测,证明改进的 BP 神经网络在经济系统预测的应用中具有良好的效果。

刘艳(2008)提出了适合于上市公司而建立的基于 ANN 的企业综合指标短期预警系统,将定性分析与定量分析结合起来,取得了良好的效果。黄安强(2011)等提出基于集成情境知识的组合预测方法,将 BP 神经网络预测与模型进行集成,改进了预测精度。

第三节 基于 MIDAS 与 ANN 的非线性集成模型:ANN – MIDAS

MIDAS 模型通过对不同频率的数据建立回归模型,同时采用统一的多项式系数来表示、来刻画外生变量的演化规律,克服了传统计量经济模型必须要求数据统一的缺陷,且具有模型简单,易于辨识的优点。从本质上而言,MIDAS 模型可以视为 GLAR（Generalized Linear Auto‑regression）模型在不同频率数据上的推广,采用了内生变量和外生变量结合的方法来预测目标数据。由于该模型在本质上是线性的,难以刻画模型内部的非线性变化规律,我们引入基于 MIDAS 与 ANN 的非线性集成模型。该集成模型采用 ANN 来逼近 MIDAS 模型中的外生变量部分,既能实现不同频率数据的同时嵌入,又能反映系统内部的非线性变化。

一、ANN – MIDAS 模型

如第四章所述,传统的 ADL – MIDAS（p_Y^Q, p_X^D）模型具有如下形式:

$$Y_{t+1}^Q = \mu + \sum_{j=0}^{p_Y^Q-1} \mu_{j+1} Y_{t-j}^Q + \beta \sum_{j=0}^{p_X^D-1} \sum_{i=0}^{N_D-1} w_{N_D-i+j \cdot N_D}(\theta^D) X_{N_D-i,t-j}^D + u_{t+1} \tag{5-1}$$

其中最优滞后阶数 p_Y^Q 和 p_X^D 的大小可以由 AIC 准则来确定。然而,该 MIDAS 模型将内生变量和预测变量之间的关系完全采用线性表示,忽视了系统内部存在的非线性作用环节,这样将会直接导致预测精度的降低。考虑 ANN 具有良好的非线性逼近功能,我们将 ANN 引入 MIDAS 模型中用于逼近模型中存在的非线性环节。我们提出 ANN – ADL – MIDAS（p_Y^Q, p_X^D）模型,该模型具有如式（5-2）的形式:

$$Y_{t+1}^Q = \mu + \sum_{j=0}^{r-1} w_j f\left(a_j + \sum_{i=0}^{p_Y-1} w_{ij} Y_{t-i}\right) + \sum_{j=0}^{p_Y^Q-1} \mu_{j+1} Y_{t-j}^Q + \beta \sum_{j=0}^{p_X^D-1} \sum_{i=0}^{N_D-1} w_{N_D-i+j \cdot N_D}(\theta^D) X_{N_D-i,t-j}^D + u_{t+1} \tag{5-2}$$

单独的 ANN 模型可以表示为:

$$y_{t+1} = \sum_{j=0}^{r-1} w_j f\left(a_j + \sum_{i=0}^{p_Y-1} w_{ij} y_{t-i}\right) + \xi_{t+1} \tag{5-3}$$

其中,$a_j(j=0, 1, 2, \cdots, r-1)$ 表示第 j 个单元的偏差,$w_{ij}(i=0, 1, 2, \cdots, r-1; j=0, 1, 2, \cdots, p_Y-1)$ 是模型层数的连接权重,r 为输入节点数目,p_Y 为输出节点数目,$f(\cdot)$ 为隐层的传递函数,通常情况下,我们选取 $f(\cdot)$ 为如下形式的径向基函数:

$$f(x) = \exp\left(-\frac{x^2}{2\sigma^2}\right) \tag{5-4}$$

已有文献指出,当选取合适的中心和参数 σ 之后,可以采用一组径向基函数逼近任意的连续可微函数。实际上,该集成模型的 ANN 部分表示的是当前 p_Y 个历史时刻的数据当下一个时刻数据的一个非线性映射,即:

$$y_{t+1} = \phi(y_t, y_{t-1}, \cdots, y_{t-p_Y+1}) + \xi_{t+1} \quad (5-5)$$

因此，从某种意义上讲，ANN 模型等价于一个非线性自回归模型。

通过将 ANN 模型引入 MIDAS 模型中，得到如下的 ANN – ADL – MIDAS（r, p_Y, p_Y^Q, p_X^D）模型。

$$Y_{t+1}^Q = \mu + \sum_{j=0}^{r-1} w_j f\left(a_j + \sum_{i=0}^{p_Y-1} w_{ij} Y_{t-i}\right) + \sum_{j=0}^{p_Y^Q-1} \mu_{j+1} Y_{t-j}^Q + \beta \sum_{j=0}^{p_X^D-1} \sum_{i=0}^{N_D-1} w_{N_D-i+j \cdot N_D}(\theta^D) X_{N_D-i, t-j}^D + u_{t+1} \quad (5-6)$$

在以上的模型中，线性部分与非线性部分是完全分开的，这就意味着我们在辨识参数的过程中可以采用线性与非线性分离的方法。

我们在逼近模型参数的过程中采用了如下的迭代算法，改进了传统的引入非线性模型割裂非线性部分和线性部分的耦合特征的缺陷。该算法的主要思想在于考虑线性部分和非线性部分的耦合，具体而言，其基本思想如下：

为表示方便，令 $Y_t^{Q,1} = Y_t^Q$。

首先，根据已有的数据 $X_{i,t}^D (i=1, 2, \cdots, N_D)$ 和 $Y_t^{Q,1}$，将模型视为一个单独的 MIDAS 模型，得到如下的参数：

$$Y_{t+1}^{Q,1} = \mu^{(1)} + \sum_{j=0}^{p_Y^Q-1} \mu_{j+1}^{(1)} Y_{t-j}^{Q,1} + \beta^{(1)} \sum_{j=0}^{p_X^D-1} \sum_{i=0}^{N_D-1} w_{N_D-i+j \cdot N_D}(\theta_{(1)}^D) X_{N_D-i, t-j}^D + u_{t+1}^{(1)} \quad (5-7)$$

其次，采用 ANN 模型逼近所产生的残差 $u_{t+1}^{(1)}$，得到如下的模型：

$$u_{t+1}^{(1)} = \gamma^{(1)} + \sum_{j=0}^{r-1} w_j^{(1)} f\left(a_j^{(1)} + \sum_{i=0}^{p_Y-1} w_{ij}^{(1)} Y_{t-i}^{Q,1}\right) + \xi_{t+1}^{(1)} \quad (5-8)$$

综合以上模型，可知：

$$Y_{t+1}^{Q,1} = \mu^{(1)} + \gamma^{(1)} + \sum_{j=0}^{p_Y^Q-1} \mu_{j+1}^{(1)} Y_{t-j}^{Q,1} + \beta^{(1)} \sum_{j=0}^{p_X^D-1} \sum_{i=0}^{N_D-1} w_{N_D-i+j \cdot N_D}(\theta_{(1)}^D) X_{N_D-i, t-j}^D + \sum_{j=0}^{r-1} w_j^{(1)} f\left(a_j^{(1)} + \sum_{i=0}^{p_Y-1} w_{ij}^{(1)} Y_{t-i}^{Q,1}\right) + \xi_{t+1}^{(1)} \quad (5-9)$$

以上即完成了迭代的第一步，记这些获得的参数为：
$(\mu^{(1)}, \gamma^{(1)}, \mu_{j+1}^{(1)}, \beta^{(1)}, \theta_{(1)}^D, w_j^{(1)}, a_j^{(1)}, w_{ij}^{(1)})$

以下进行迭代的第二步：定义辅助变量 $\lambda_t^{(1)}$ 为以下方程组的最小二乘解：

$$\lambda_{t+1}^{(1)} = \sum_{j=0}^{p_Y^Q-1} \mu_{j+1}^{(1)} \lambda_{t-j}^{(1)} + \sum_{j=0}^{r-1} w_j^{(1)} f\left(a_j^{(1)} + \sum_{i=0}^{p_Y-1} w_{ij}^{(1)} Y_{t-i}^{Q,1}\right) \quad (5-10)$$

同时引入辅助变量：

$$Y_{t+1}^{Q,2} = Y_{t+1}^{Q,1} - \lambda_{t+1}^{(1)} \quad (5-11)$$

此时利用数据 $Y_t^{Q,2}$ 和 $X_{i,t}^D$ ($i = 1, 2, \cdots, N_D$)，将模型视为一个单独的 MIDAS 模型，得到如下的参数：

$$Y_{t+1}^{Q,2} = \mu^{(2)} + \sum_{j=0}^{p_Y^Q-1} \mu_{j+1}^{(2)} Y_{t-j}^{Q,2} + \beta^{(2)} \sum_{j=0}^{p_X^D-1} \sum_{i=0}^{N_D-1} w_{N_D-i+j\cdot N_D}(\theta_{(2)}^D) X_{N_D-i,t-j}^D + u_{t+1}^{(2)} \tag{5-12}$$

最后，采用 ANN 模型逼近所产生的残差 $u_{t+1}^{(2)}$，得到如下的模型：

$$u_{t+1}^{(2)} = \gamma^{(2)} + \sum_{j=0}^{r-1} w_j^{(2)} f\left(a_j^{(2)} + \sum_{i=0}^{p_Y-1} w_{ij}^{(2)} Y_{t-i}^{Q,2}\right) + \xi_{t+1}^{(2)} \tag{5-13}$$

综合以上模型，可知：

$$Y_{t+1}^{Q,2} = \mu^{(2)} + \gamma^{(2)} + \sum_{j=0}^{p_Y^Q-1} \mu_{j+1}^{(2)} Y_{t-j}^{Q,2} + \beta^{(2)} \sum_{j=0}^{p_X^D-1} \sum_{i=0}^{N_D-1} w_{N_D-i+j\cdot N_D}(\theta_{(2)}^D) X_{N_D-i,t-j}^D +$$

$$\sum_{j=0}^{r-1} w_j^{(2)} f\left(a_j^{(2)} + \sum_{i=0}^{p_Y-1} w_{ij}^{(2)} Y_{t-i}^{Q,2}\right) + \xi_{t+1}^{(2)} \tag{5-14}$$

以上即完成了迭代的第一步，记这些获得的参数为：

$(\mu^{(2)}, \gamma^{(2)}, \mu_{j+1}^{(2)}, \beta^{(2)}, \theta_{(2)}^D, w_j^{(2)}, a_j^{(2)}, w_{ij}^{(2)})$

重复以上步骤，我们可以得到一个迭代算法：

$(\mu^{(k)}, \gamma^{(k)}, \mu_{j+1}^{(k)}, \beta^{(k)}, \theta_{(k)}^D, w_j^{(k)}, a_j^{(k)}, w_{ij}^{(k)}) \rightarrow (\mu^{(k+1)}, \gamma^{(k+1)}, \mu_{j+1}^{(k+1)}, \beta^{(k+1)}, \theta_{(k+1)}^D, w_j^{(k+1)}, a_j^{(k+1)}, w_{ij}^{(k+1)})$，$k \geq 1$。

继续以上迭代过程，直至所有的参数收敛为止：

$\lim_{k \rightarrow \infty}(\mu^{(k)}, \gamma^{(k)}, \mu_{j+1}^{(k)}, \beta^{(k)}, \theta_{(k)}^D, w_j^{(k)}, a_j^{(k)}, w_{ij}^{(k)}) = (\mu^*, \gamma^*, \mu_{j+1}^*, \beta^*, \theta_*^D, w_j^*, a_j^*, w_{ij}^*)$。

二、基于 ANN – MIDAS 模型的资本和金融账户预测

我们使用 ANN – MIDAS 模型对金融账户下的直接投资、证券投资和其他投资分别进行预测。通过直接投资部分来分别预测我国在外直接投资差额以及外国在华直接投资差额；通过证券投资部分来预测证券投资资产差额（即我国对国外及证券投资净流出）及负债差额（即国外对我国证券投资净流入）；通过其他投资差额我们也对资产端和负债端分别进行预测。

金融部门数据序列之所以变动非常大，一个主要的原因是其对价格的反映非常迅速。在计量分析中，我们一般假设金融部门的价格调整速度是即时的，价格并不存在黏性。因此，我们在确定所使用的外生变量时，较多地包含了价格因素。另外，还引入了反映实体经济因素的外生变量，均为月度数据。这里所采用

的外生数据变量包括：人民币兑美元汇率、人民币实际有效汇率（REER）、人民币存款、美国国债收益率、进出口总额、工业增加值同比增速。

选取被预测数据的时间区间为1998年第一季度至2013年第四季度，对应的外生变量区间为1998年1月至2014年12月，需要被预测的数据为被预测数据2014年第一至第四季度的值。

我们仍然采用第四章的两个误差值进行模型精度评价，具体为：

$$\text{MAPE} = \frac{1}{N}\sum_{t=1}^{N}\left|\frac{y_t - \hat{y}_t}{y_t}\right| \times 100\% \qquad (5-15)$$

$$\text{RMSE} = \sqrt{\frac{1}{N}\sum_{t=1}^{N}(y_t - \hat{y}_t)^2} \qquad (5-16)$$

与基准模型的对比，我们仍然使用相对基准模型的rMAPE及rRMSE，rMAPE$_{\text{ARMA}}$、rRMSE$_{\text{ARMA}}$分别表示模型相对于下标基准模型（这里我们选择ARMA模型）的相对的平均绝对误差以及相对的均方根误差。如果比值小于1，则说明MIDAS预测模型比基准模型具有比较优势。预测结果如表5-1所示。

表5-1 采用MIDAS与ANN集成模型的资本和金融账户预测

时间	模型1：采用REER预测我国在外直接投资差额		模型2：采用REER预测外国在华直接投资差额	
	真实值	预测值	真实值	预测值
2014Q1	-124.506	-129.03	661.189	572.8344
2014Q2	-186.841	-191.912	580.029	783.5279
2014Q3	-245.710	-228.27	691.094	576.3392
2014Q4	-247.126	-228.523	958.657	1014.277

时间	模型3：采用标普500指数预测证券投资资产差额		模型4：采用标普500指数预测证券投资负债差额	
	真实值	预测值	真实值	预测值
2014Q1	17.847	30.0024	205.522	149.693
2014Q2	7.2200	6.7547	138.343	142.6565
2014Q3	-37.710	-40.4275	273.163	234.1573
2014Q4	-95.503	-98.587	315.413	316.4024

续表

时间	模型5：采用消费者信心指数预测其他投资资产差额		模型6：采用股票成交金额预测其他投资负债差额	
	真实值	预测值	真实值	预测值
2014Q1	−464.894	−520.675	642.994	520.117
2014Q2	−1175.664	−1043.34	480.858	308.229
2014Q3	−655.970	−532.057	−116.263	−90.98
2014Q4	−733.340	−662.067	−506.075	−411.956

注：人民币实际有效汇率指数（Real Effective Exchange Rate index）。

以上共采用了6个模型来预测6个不同的金融账户差额。这里选取不同的外生变量对不同的账户序列进行预测，相应选择最好的预测结果。与第四章不同，我们没有对不同外生变量的预测结果进行线性集成，一是因为在使用ANN-MIDAS结合的预测技术后，数据序列再进行线性集成已经没有太大的意义；二是因为引入不同外生变量所得到的预测误差相差很大，基本不具有可比性。这也反映了金融账户数据序列的特殊性。预测结果所对应的预测误差如表5-2所示：

表5-2 采用MIDAS与ANN集成模型对资本和金融账户预测误差

解释变量	模型描述	MAPE	RMSE	rMAPE$_{ARMA}$	rRMSE$_{ARMA}$
我国在外直接投资差额		5.24%	0.05648	0.9089	0.8539
外国在华直接投资差额		17.71%	0.2073	1.1236	1.2477
证券投资资产差额	解释变量：8	21.23%	0.4607	0.4455	0.6965
证券投资负债差额	被解释变量延迟：12	11.22%	0.1542	0.2980	0.3798
其他投资资产差额	神经网络隐含层节点：5	12.97%	0.1343	0.4689	0.4388
其他投资负债差额		23.84%	0.2486	0.8621	0.8122

显然，与基准模型相比，我们的模型显著提高了预测精度。

第四节 基于 NARX 与 ANN 的非线性集成模型：ANN – NARX

广义线性回归模型（GLAR）最早由 Shephard 提出，是衡量一个内生变量与该变量的滞后值及相关的外生变量关系的一个系统。在 GLAR 模型中，一个变量的将来值被假设为该变量的几个滞后项和相关变量的线性函数。GLAR 模型的核心在于同时采用将被预测变量的滞后值及相关外生变量来描述被预测变量的变化规律，然而由于 GLAR 模型采用了线性方式来预测数据的变化，无法捕捉到系统内部的非线性变化规律，尤其是外生变量和被预测变量之间的非线性关系。GLAR 模型的进一步推广即为（Nonlinear Auto – regression with Exogenous Variables，NARX）模型，该模型将变量的滞后项以及外生变量到变量下一时刻的值的映射用一非线性函数表示。基于 NARX 模型的特点，同时借助于神经网络的良好非线性逼近特性，采用基于非线性自回归 NARX 模型的神经网络方法来预测资本和金融账户的变化。

一、ANN – NARX 模型

NARX 模型的一般形式可以由如下表述：

$$y_{t+1} = F(y_t, y_{t-1}, y_{t-2}, \cdots, x_t, x_{t-1}, x_{t-2}, x_{t-3}, \cdots) + \varepsilon_t \tag{5 – 17}$$

其中，y_t 是我们需要关注的变量，x_t 是外生变量，ε_t 是拟合的误差项。由以上公式可以看出，数据 y_t 的变化不仅与其自身的历史数据有关，同时与外生变量 x_t 的变化也有关系。对于 GLAR 模型而言，函数 F( ) 为一线性函数且具有如下形式：

$$y_t = \sum_{k=0}^{q-1} a_k y_{t-k} + \sum_{k=0}^{p-1} b_k x_{t-k} + \varepsilon_t \tag{5 – 18}$$

采用 NARX 模型建模的关键在于选取合适的函数逼近非线性函数 F( )。通常情况下，非线性函数 F( ) 可以通过多项式、小波网络、神经网络、sigmoid 网络等。对于给定的时间序列，如需测试序列的非线性，可以采用（Brock – Dechert – Scheinkman，BDS）测试方法。

本章将采用径向神经网络来逼近 NARX 模型中的非线性函数 F( )。为叙述方

便,首先引入如下变量:

$$X(t) = (x(t), X(t-1), X(t-2), \cdots, X(t-p+1))^T$$
$$Y(t) = (Y(t), Y(t-1), Y(t-2), \cdots, Y(t-q+1))^T$$

借助于如上的变量,F( )具有的形式如下:

$$y(t+1) = \tilde{b} + \sum_{k=1}^{m} w_k f_k(W_1 X(t) + W_2 Y(t) + b) + \varepsilon_t \qquad (5-19)$$

其中,f_k 表示待求的径向基函数,w_k 为径向基函数的系数,W_1、W_2、b 为加权矩阵及偏差项,$\tilde{b}$ 为整体偏差。本章选取的径向基函数具有如下的 Guass 形式:

$$f_k(x) = \exp\left(-\beta \frac{|x-c_k|^2}{2\sigma^2}\right) \qquad (5-20)$$

为了对 NARX 模型中的参数进行估计,我们构造如下的误差方程:

$$e = \sum_{t=q-1}^{T} \left(y(t+1) - \tilde{b} + \sum_{k=1}^{m} w_k f_k(W_1 X(t) + W_2 Y(t) + b) \right)^2 \qquad (5-21)$$

定义 $w = (w_1, w_2, \cdots, w_m)^T$,

进一步构造如下的参数向量:

$$\xi(k+1) = (W_1^T(k), W_2^T(k), b(k), w^T(k), \tilde{b}(k))^T$$

参数的更新我们选取了 Levenberg – Marquardt 算法,即如上参数的更新遵守以下的规律:

$$\xi(k+1) = \xi(k) + (J(k)^T J(k) + \mu I)^{-1} J(k)^T e(k) \qquad (5-22)$$

其中,$J(k) = \dfrac{de}{d\xi(k)}$,为误差相对于变量的 Jacobian 矩阵。需要注意的是,μ 为一个常数,如果 μ 充分大,则 Levenberg – Marquardt 算法类似于梯度下降算法;如果 μ 等于 0,则 Levenberg – Marquardt 算法就是高斯—牛顿算法。Levenberg – Marquardt 算法的优势在于它不需计算 Hessian 矩阵,从而能够加快学习的速度。

二、基于 ANN – NARX 模型的资本和金融账户预测

本节将采用所提出的 NARX 与 ANN 非线性集成模型对于如下的资本和金融账户进行预测:我国在外直接投资差额、外国在华直接投资差额、证券投资资产差额、证券投资负债差额、其他投资资产差额、其他投资负债差额。所采用的外生数据变量包括:人民币兑美元汇率、REER、人民币存款、美国国债收益率、进出口总额、GDP 等。解释变量与被解释变量均为季度数据,选取数据的时间区

间为1998年第一季度至2013年第四季度,需要被预测的数据为被预测数据2014年第一至第四季度的值。预测结果,如表5-3所示。

表5-3 不同ANN-NARX模型预测结果

时间	模型1:采用GDP预测我国在外直接投资差额		模型2:采用汇率预测外国在华直接投资差额	
	真实值	预测值	真实值	预测值
2014Q1	-124.506	-197.752	661.189	567.4266
2014Q2	-186.841	-186.736	580.029	601.167
2014Q3	-245.710	-235.655	691.094	626.3847
2014Q4	-247.126	-255.894	958.657	907.6755

时间	模型3:采用汇率预测证券投资资产差额		模型4:采用REER预测证券投资负债差额	
	真实值	预测值	真实值	预测值
2014Q1	17.847	19.447	205.522	198.162
2014Q2	7.220	6.014	138.343	100.274
2014Q3	-37.710	-55.520	273.163	265.774
2014Q4	-95.504	-76.005	315.413	182.508

时间	模型5:采用进出口差额预测其他投资资产差额		模型6:采用进出口差额预测其他投资负债差额	
	真实值	预测值	真实值	预测值
2014Q1	-464.894	-558.105	642.994	438.906
2014Q2	-1175.664	-1370.417	480.858	323.130
2014Q3	-655.970	-605.889	-116.263	-134.802
2014Q4	-733.340	-468.738	-506.075	-402.045

以上共采用了6个模型来预测6个不同的金融账户差额,其对应的预测误差如表5-4所示:

我们的模型与基准模型相比,显著地改善了预测精度。

表5-4 采用NARX与ANN集成模型对资本和金融账户预测误差

解释变量	模型描述	MAPE	RMSE	rMAPE$_{ARMA}$	rRMSE$_{ARMA}$
我国在外直接投资差额	解释变量延迟：12 被解释变量延迟：12 神经网络隐含层节点：10	16.63%	0.2954	2.8847	4.4658
外国在华直接投资差额		8.13%	0.9088	0.5156	0.5470
证券投资资产差额		25.85%	0.2868	0.5425	0.4335
证券投资负债差额		18.99%	0.2526	0.5042	0.6220
其他投资资产差额		12.97%	0.1343	0.7263	0.7370
其他投资负债差额		25.26%	0.2627	0.9135	0.8581

第五节 本章小结

本章针对资本和金融账户代表性子项目的波动大、突变性强的特点，提出ANN-MIDAS模型以及ANN-NARX模型，核心思想在于使用人工神经网络逼近数据序列中的非线性成分。新算法改进了传统集成算法割裂数据序列的线性成分与非线性成分的缺陷，更好地保留了线性部分与非线性部分的耦合特征。利用新的算法实现的国际收支资本和金融账户下代表子项目的预测，对比线性模型有了较大的改进。

第六章　金融危机引起的中国国际收支结构变化分析与冲击识别

第一节　引　言

金融危机之后，中国的经济运行情况发生了一些变化。在建立国际收支风险预警指标体系的过程中，我们发现很多指标与基准指标的先行及滞后关系在金融危机前后都发生了逆转，据此推断，金融危机前后我国国际收支状况有可能发生了结构性的变化，导致经济变量之间的传导关系发生根本性的变化。研究中国国际收支结构是否发生根本性的变化，以及金融危机对我国国际收支的冲击来源，是我们特别关注和将要讨论的问题。

经济系统中的各个要素之间互相关联、互相结合，有着数量对比关系。传统的经济结构研究通常将复杂的经济结构简化为具体的经济增长要素、产业结构、分配结构等进行理论和实证研究。夏明（2010）运用投入产出分析工具，通过产业之间的关联，分析了国际次贷危机后，我国出口变化对高技术产业的直接影响和间接影响。杨晶（2012）运用投入产出方法，分析了受次贷危机影响导致我国出口下滑引起的就业岗位减少以及我国为应对次贷危机采取的增加投资政策对于扩大就业的拉动作用，并针对就业结构的影响进行了比较分析。

除了以上方法之外，Stock 和 Watson（2002）还提出用动态因子模型来描述经济系统演化。Stock 和 Watson（2012）证明，美国经济可用少数几个动态因子来描述，其中因子载荷矩阵描述了经济结构。除房屋新开工面积等少数几个指标之外，基于次贷危机前数据得到的因子载荷矩阵可以很好地描述次贷危机后美国经济指标的动向，证明了次贷危机期间的经济运行规律与危机前一致，次贷危机对经济系统运行形成了冲击，但并不是一种新的冲击。

第六章 金融危机引起的中国国际收支结构变化分析与冲击识别

本章基于 Stock 和 Watson 提出的动态因子模型,通过因子模型来描述中国国际收支系统,每个可观测的经济变量都可表示为因子的线性组合与随机项的和,因子的系数是载荷矩阵。

我们遵循这样的研究步骤:建立动态因子模型模拟中国国际收支系统。我们使用第三章建立的指标初选数据集,基于危机前的数据估计出因子和因子载荷矩阵,然后根据因子及载荷矩阵对宏观经济变量进行外推预测。通过考察回归方程的拟合优度以及对载荷矩阵的平稳性检验来判断经济指标结构是否发生变化,从而识别冲击来源。

第二节 动态因子模型与冲击识别

一、经济系统的描述——动态因子模型

动态因子模型在处理大量时间序列具有优势,它能够充分利用宏观经济数据的结构特点,在信息集中包含众多经济变量。通过动态因子模型,可以看到所有我们关心的指标在金融危机期间的表现,是其他计量模型所不能实现的。

动态因子模型是因子模型从横截面数据到面板数据的拓展,Geweke(1977)将用于处理横截面数据的因子模型在时间维度上的扩展,从而得到了动态因子模型。动态因子模型的核心思想在于大量宏观经济指标是由少数因子驱动的。Sargent 和 Sims(1977)研究发现两个动态因子能够解释美国重要的季度宏观变量。而后 Giannone、Reichlin 和 Sala(2004)以及 Watson(2004)等的实证结果也表明少量因子能够解释大量宏观经济序列的波动。

基于动态因子模型(Dynamic Factor Model,DFM)分析金融危机前后国际收支系统是否发生结构性变化的基本框架如下:

动态因子模型的核心是低维潜在动态因子 F_t 驱动高维时间序列向量 X_t 的变动。X_t 可以表示为因子与异质随机误差的和。潜在因子 F_t 服从时间序列过程,一般假定为向量自回归(Vector Auto Regression)。DFM 的数学表达为:

$$X_t = \Lambda \cdot F_t + e_t \tag{6-1}$$

$$F_t = \Psi(L) \cdot F_{t-1} + \eta_t \tag{6-2}$$

其中,$X_t = (X_{1t}, \cdots, X_{nt})'$ 是由 n 个宏观经济时间序列构成的向量,F_t 表示

由 r 个不可观测的因子组成的向量，$e_t = (e_{1t}, \cdots, e_{nt})'$ 为随机误差项，Λ 是 $n \times r$ 维的载荷矩阵，$\Lambda \times F_t$ 是信息集 X_t 的共同部分，$\Psi(L)$ 是滞后多项式算子，$\eta_t = (\eta_{1t}, \cdots, \eta_{rt})'$ 为随机误差项。

DFM 的估计方法可以分为时域和频域两类。最初的时域估计对于低维信息集使用极大似然估计和卡尔曼滤波，但是缺点是极大似然函数非线性，对于高维情形求解困难。随后出现了主成分分析估计动态因子，Watson（2002a）证明了在异质残差存在弱相关的情况下，在信息集 X_t 的维数趋于无穷时，主成分估计得到的因子的一致性（以下简称该估计方法为 SW 方法）；Brillinger（1981）将主成分推广到频域范围得到动态主成分方法。Forni、Hallin、Lippi 和 Reichlin（2000）证明了该方法的一致性和收敛速率（以下简称该估计方法为 FHLR 方法）。一些文献利用实际数据，对以上不同估计方法进行了对比。Forni、Hallin、Lippi 和 Reichlin（2004）发现当截面维度和时间维度充分大时 SW 和 FHLR 估计方法基本一致。本章采用 SW 方法，即主成分方法估计因子。

DFM 将可观测变量与驱动其变动潜在因子通过载荷矩阵相联系，因此，我们可以通过检验危机前后载荷矩阵是否发生变化来考察经济系统中发生结构变化的变量：假定 T_1 为样本期，T_2 为测试期，为了考察 T_2 期间经济指标的结构是否相对于 T_1 发生了变化，首先，利用 SW 方法利用 T_1 期间的信息集估计出 T_1 期间的载荷矩阵 $\Lambda(T_1)$ 以及危机前信息集 X_t 的估计值 $\Lambda(T_1) \times F_t$，记为 $\hat{X}_t(T_1)$。其次，再利用 $\Lambda(T_1)$ 估计出危机后的因子 $F_t(T_2)$，从而估计出危机后的信息集 X_t 的估计值 $\hat{X}_t(T_2)$，通过比较样本期和测试期 $\hat{X}_t(T_1)$ 和 $\hat{X}_t(T_2)$ 关于 X_t 的拟合优度可以分析出测试期 T_2 信息集 X_t 的结构是否相对于样本期 T_1 发生了变化，同时通过检验载荷矩阵 $\Lambda(T)$ 的稳定性，考察稳定性检验结果是否与拟合结果一致。

二、DFM 模型的外部冲击识别与测算

DFM 模型只能识别各个因子 F 对信息集 X 的冲击，而这样的脉冲响应存在经济解释上的问题，我们更希望得到我们关心的变量对于信息集 X 的冲击，于是就出现了 DFM 模型外部冲击识别的问题。Montiel Olea（2012）利用工具变量 VAR 模型进行外生冲击的结构化识别。这种方法便于对冲击进行规划和选择以及经济解释。

DFM 的结构化本质上是 VAR 模型的结构化，接下来考虑式（6-2）的结构化问题。

SVAR 将非结构化 VAR，即式（6-2）的残差进行如下分解：

$$\eta_t = H\varepsilon_t = [H_1 \cdots H_r] \begin{bmatrix} \varepsilon_{1t} \\ \vdots \\ \varepsilon_{rt} \end{bmatrix} \tag{6-3}$$

假设 $\sum_{\eta\eta}$ 和 $\sum_{\varepsilon\varepsilon}$ 分别为 η_t 和 ε_t 的协方差矩阵，则两者满足如下关系：

$$\sum\nolimits_{\eta\eta} = H \sum\nolimits_{\varepsilon\varepsilon} H' \tag{6-4}$$

解决 SVAR 的识别问题有两种方法，一种识别 SVAR 的方法是施加短期和长期约束，但是这种方法得到的冲击只能解释为内生变量的冲击，无法进行外生变量的脉冲响应分析。另一种识别 SVAR 的方法是 Montiel Olea、Stock 和 Watson（2012）利用工具变量引入外生冲击，这种方法易于对冲击进行规划和选择以及经济解释。

由式（6-4）可知：

$$\varepsilon_t = H^{-1}\eta_t \tag{6-5}$$

将式（6-3）表示成 VMA 的形式，并将式（6-4）代入式（6-3）中得到：

$$X_t = \Lambda\Phi(L)^{-1}H\varepsilon_t + e_t \tag{6-6}$$

首先考虑识别一个冲击的情形，假设这个冲击正好是 ε_t 中的第一个冲击 ε_{1t}，选择 Z_t 为工具变量，满足以下条件：

(i) $E(\varepsilon_{1t}Z_t) = \alpha \neq 0$

(ii) $E(\varepsilon_{jt}Z_t) = 0$，$j = 2, \cdots, r$

(iii) $\sum_{\varepsilon\varepsilon} = \text{diag}(\sigma_{\varepsilon_1}^2, \cdots, \sigma_{\varepsilon_r}^2)$ \tag{6-7}

H_1 的估计：

$$E(\eta_t Z_t) = E(H\varepsilon_t Z_t) = [H_1 \cdots H_r] \begin{bmatrix} E(\varepsilon_{1t}Z_t) \\ \vdots \\ E(\varepsilon_{rt}Z_t) \end{bmatrix} = H_1\alpha \tag{6-8}$$

ε_{1t} 的估计：Z_t 为因变量，η_t 为自变量进行回归分析，得到 Z_t 的预测值 $\Pi\eta_t$ 作为 ε_{1t} 的估计值：

$$\Pi\eta_t = E(Z_t\eta'_t) \sum\nolimits_{\eta\eta}^{-1} \eta_t = \alpha H'_1(HDH')^{-1}\eta_t = \alpha(H'_1 H^{-1})D^{-1}(H^{-1}\eta_t) = (\alpha/\sigma_{\varepsilon_1}^2)\varepsilon_{1t} \tag{6-9}$$

由于式（6-8）和式（6-9）中含有未知参数 α 和 $\sigma_{\varepsilon_1}^2$，因此，最终 H_1 和

ε_{1t} 的估计使用校正法。要注意的是，这里要求信息集中必须包含冲击变量，否则无法对结构化矩阵进行校正。

第三节 实证分析

一、数据与预处理

我们使用第三章筛选的国际收支分析初选数据集构建动态因子模型。在第三章中，我们已经对指标数据集进行了初步的分类，这里我们再对其细分，如图 6-1 所示。

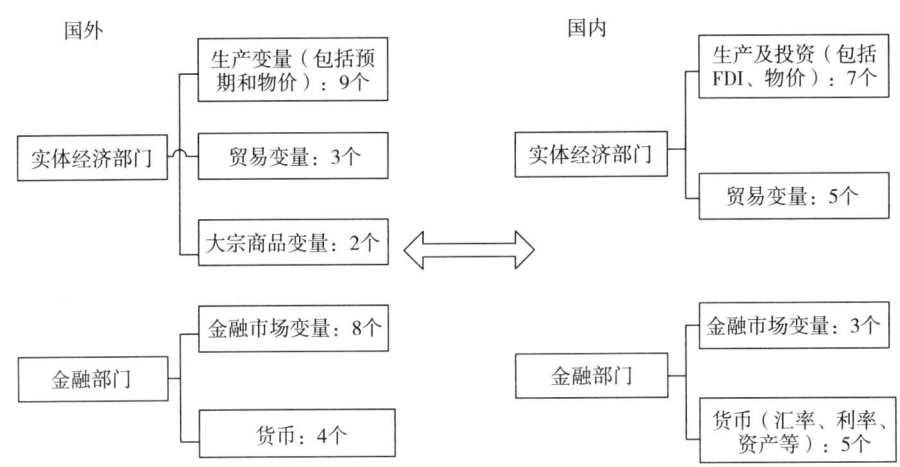

图 6-1 动态因子模型指标分类

全部信息集包括 47 个国内外宏观数据，上述 47 个指标类别所包含的指标数量如图 6-1 所示。我们考虑国内经济与国外环境，并同时将这两部分分为实体经济部门和金融部门。我们遵循这样的逻辑：相对于实体经济部门，金融部门对于危机的传导往往是更为迅速的，同时又能影响实体经济部门的危机传导，因此，需要将这两部分分开来看。国外金融部门我们将其划分为：①与经济及生产有关的变量，包括经济预期指数和物价指数，共 9 个变量；②与贸易有关的变量共3个，这里主要是与发达经济体进口量与进口价格有关，表示发达经济体对我国货物贸易需求的变化情况；③大宗商品价格变量2个，反映经济状况通过大宗商品渠道的传递。国外金融部门，我们选择金融市场变量共8个，主要反映国外金融市场状况、交易情况、波动情况；货币变量我们选择了4个，涵盖汇率、利率以及资本存量方面。国内经济，我们同样也将其划分为实体经济部门和金融部门两方面。实体经济部门，我们划分为：①生产及投资，共7个变量，其中包括了国内经济状况如物价等，FDI作为与我国生产状况联系较为密切的变量也放在这一部门而非金融部门；②贸易变量5个。国内金融部门，分别选择3个变量表征金融市场，选择5个变量说明与货币因素相关的变动情况。全部数据都为月度数据，样本期为2000年1月至2014年12月，所有数据均进行X12季节调整和平稳性处理。数据来源主要有：国家统计局、中国人民银行、海关总署、国际清算银行（BIS）、国际货币基金组织（IMF）等。指标详细信息已经在第三章中列出，这里不再赘述。金融危机前的样本期设定为2000年1月至2008年9月，金融危机之后的样本期设定为2008年9月至2014年12月。

二、动态因子模型拟合度分析

为了研究金融危机前后国际收支系统是否发生机构性变化，我们将数据样本区间划分为金融危机前（2000年1月至2008年9月）、金融危机期间（2008年10月至2011年7月）、后金融危机时期（2011年8月至2014年12月）三个阶段。

构建动态因子模型的具体做法如下：

（1）为了研究金融危机期间以及后金融危机时期中国国际收支结构是否发生变化，使用2000年1月至2008年9月的样本建立DFM模型，估计载荷矩阵，利用金融危机前的载荷矩阵，计算金融危机期间以及后金融危机时期各个指标的拟合优度。

（2）为了研究金融危机期间以及后金融危机时期中国国际收支结构呈现出的差异（即哪个部门受到的冲击最大），将指标按照第二节的分类方式进行比较。

可以看到，对国内金融部门的拟合结果非常好，变量的拟合结果如表6-1所示。

表6-1 各类指标危机前后 R^2 中位数

指标类别	观测的个数	R^2 中位数		
		金融危机前	金融危机后	后危机时期
国外生产及投资	9	0.41	-5.97	-6.58
国外贸易	3	-0.71	-5.21	-2.42
大宗商品	2	0.56	0.26	-0.06
国外金融市场	8	0.31	-12.69	-0.59
国外货币	4	0.67	-0.33	-0.75
国内生产及投资	7	-1.44	-14.1	-2.43
国内贸易	5	-1.06	-4.76	-3.39
国内金融市场	3	0.99	0.99	0.99
国内货币	5	-0.52	-7.41	-1.59

三、载荷矩阵稳定性检验结果

拟合优度检验结果表明，金融危机前后，拟合优度发生较大变化的变量主要集中在金融部门。这只是一个初步的推断，因子载荷矩阵是否稳定，我们需要进行假设检验。参考 Stock 和 Watson（2012）所使用的 Andrews（2003）提出的样本尾部稳定性检验（End-of-Sample Instability Test）。该方法主要适用于检验样本尾部是否发生结构性变化，这里，我们将需要检验的时间区间样本设置为尾部样本。对于 Chow 稳定性检验，这个检验相对放松了对与误差项和解释变量严格外生的假定，并且可以扩展到非线性模型。渐进性显示当样本量趋于无穷，且当尾部样本量固定时，统计量的临界值是有效的。

我们以样本尾部没有发生结构性变化为原假设。为检验金融危机的长期影响和短期影响，我们进行两组检验：①设定样本区间为2000年1月到2011年7月，其中尾部区间设定为2008年10月到2011年7月；②设定样本区间为2008年10月到2014年12月，其中尾部区间设定为2011年7月到2014年12月。

表6-2列出了当置信度为90%时，拒绝原假设的几个指标。可以看到，在设定的金融危机期间（2008年10月到2011年7月），发生变化的国外指标有：美国标普500月波动率指数；美国芝加哥联储全国金融状况指数；美国圣路易斯

金融压力指数以及美国国内证券总买入,所有的指标都集中在国外金融部门。而发生变化的国内指标主要有:贸易偏离度和汽车产量同比增速。说明在发生金融危机期间,国外经济变量中主要是金融变量发生结构性变化,而我国国际收支的结构性变化,主要是在贸易方面,传导到实体经济,主要受到影响的变量是汽车产量,这一指标一般被用以说明居民消费的趋势性变化。

表6-2 样本尾部稳定性检验(End-of-Sample Test)

样本尾部区间设定:2008年10月至2011年7月		
	p-value	检验结果
美国:标准普尔500波动率指数(VIX):月	0.098765	拒绝原假设
贸易偏离度	0.0375	拒绝原假设
产量:汽车:当月同比	0.025316	拒绝原假设
美国:芝加哥联储全国金融状况指数(月)	0.025316	拒绝原假设
美国:圣路易斯金融压力指数(月)	0	拒绝原假设
美国:国内证券总买入:同比	0.075949	拒绝原假设
样本尾部区间设定:2011年8至2014年12月		
	P-value	检验结果
美国:标准普尔500波动率指数(VIX):月	0.470588	不能拒绝原假设
贸易偏离度	0.588235	不能拒绝原假设
产量:汽车:当月同比	0.105882	不能拒绝原假设
美国:芝加哥联储全国金融状况指数(月)	0.482353	不能拒绝原假设
美国:圣路易斯金融压力指数(月)	0.282353	不能拒绝原假设
美国:国内证券总买入:同比	0.435294	不能拒绝原假设

我们将样本窗后移,全部样本区间选择为2008年10月到2014年12月,试图说明后金融危机时期(即我们选择的样本尾部区间,2011年7月至2014年12月),我国国际收支结构发生了什么样的变化。结果表明,不能拒绝原假设,因此,我们没有足够的理由认为后金融危机时期我国国际收支结构发生了明显变化。

四、冲击对中国国际收支的影响分析

本章第二节与第三节的结果显示,在金融危机期间,我国国际收支发生的结构性变化,主要发生在实体经济部门,这与我们在第三章观察到的现象是比较吻合的。金融危机影响我国国际收支,主要有以下几个渠道:

(1) 贸易和投资渠道。金融危机导致的发达经济体经济衰退、复苏缓慢,使得我国面临的外需环境大大不如从前。发达经济体经济预期悲观,已经无法维持过去高消费、低储蓄的发展模式,金融危机之前"中国生产,发达经济消费"的全球化核心关系难以为继。金融危机通过贸易渠道对我国国际收支的影响是巨大且显著的,这是金融危机影响全球贸易结构的一个侧面。

(2) 政策冲击。金融危机后,我国立即出台相对应的财政政策和货币政策,提出了总投资约四万亿元的扩大内需、促进经济增长的救市政策,对我国实体经济产生了较好的刺激作用。金融危机期间中国经济的率先复苏,对全球经济产生较大的正向拉动作用[①]。

为研究以上两种渠道的冲击效应,我们分别选择两个不同的代理变量。外需冲击的代理变量,选择为美国的消费者信心指数。政策变量,为了反映政策扰动对中国国际收支的影响,使用固定资产投资完成额同比增长。容易证明这两个代理变量均有较好的外生性。

将上述两个指标作为外部冲击的代理变量作为外部冲击的代理变量,得到外部冲击对主要经济变量(这里选择4个实体经济变量,4个金融部门变量,另外包括3个与外贸直接相关的变量以观察外贸的特殊影响)的脉冲响应函数如图6-2和图6-3所示。

可以看到的是,对于外需冲击而言,外贸变量受到的影响是非常显著的。1单位的外需冲击对于进出口同比增速的负向影响大概在5期以后结束,而对贸易偏离度的影响则是正向的,反映我国外汇创造渠道的改变。

对于政策冲击而言,可以看到,金融部门对政策冲击的响应和调整是非常迅速的,而实体经济部门则经历了缓慢的调整过程。对贸易变量来说,政策变量的影响都是正向的,反映了积极财政政策的出台对于稳定我国贸易形势的重要作用。

---

① 徐明棋. 全球消化过剩流动性:危机后复杂外部环境与中国经济政策选择 [J]. 探索与争鸣, 2011 (1): 19.

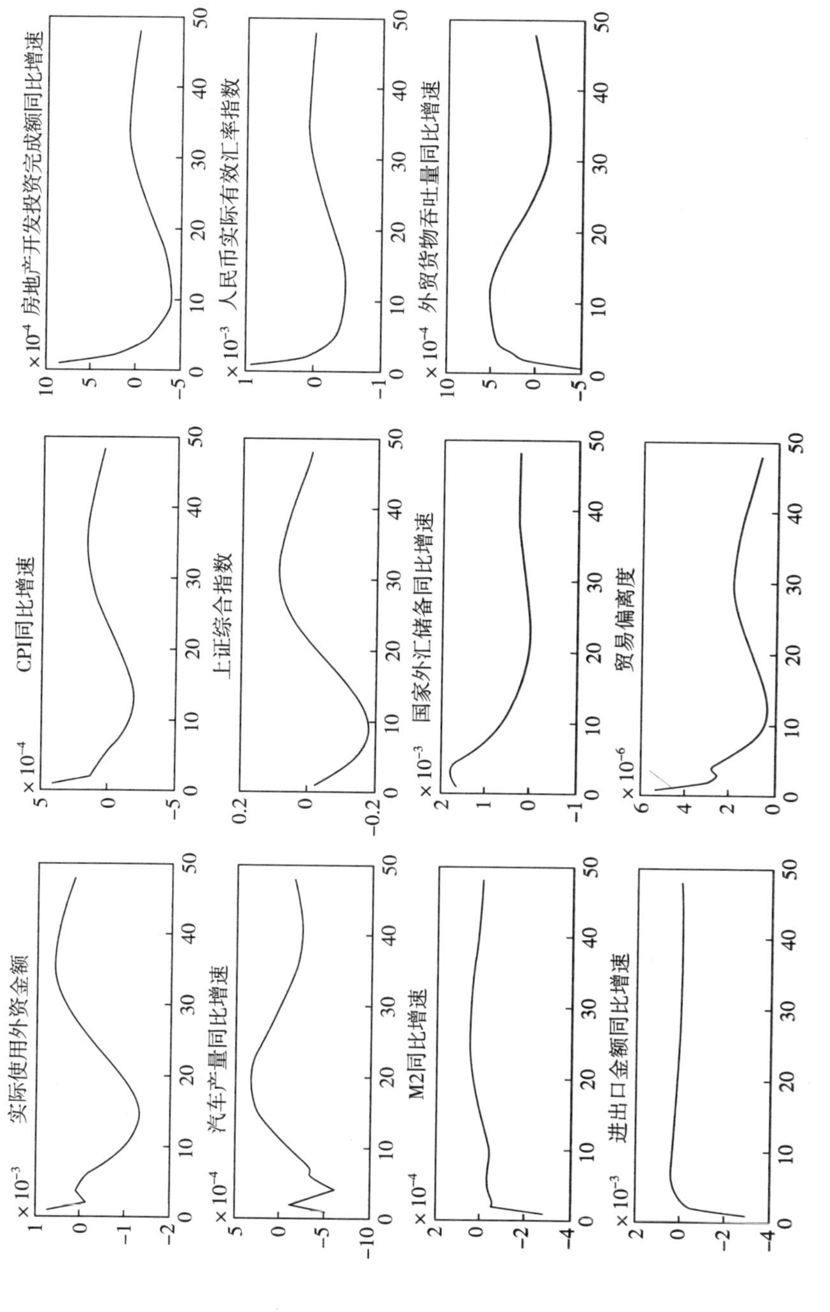

第六章 金融危机引起的中国国际收支结构变化分析与冲击识别

图 6-2 不同的变量对于外需冲击的脉冲响应函数

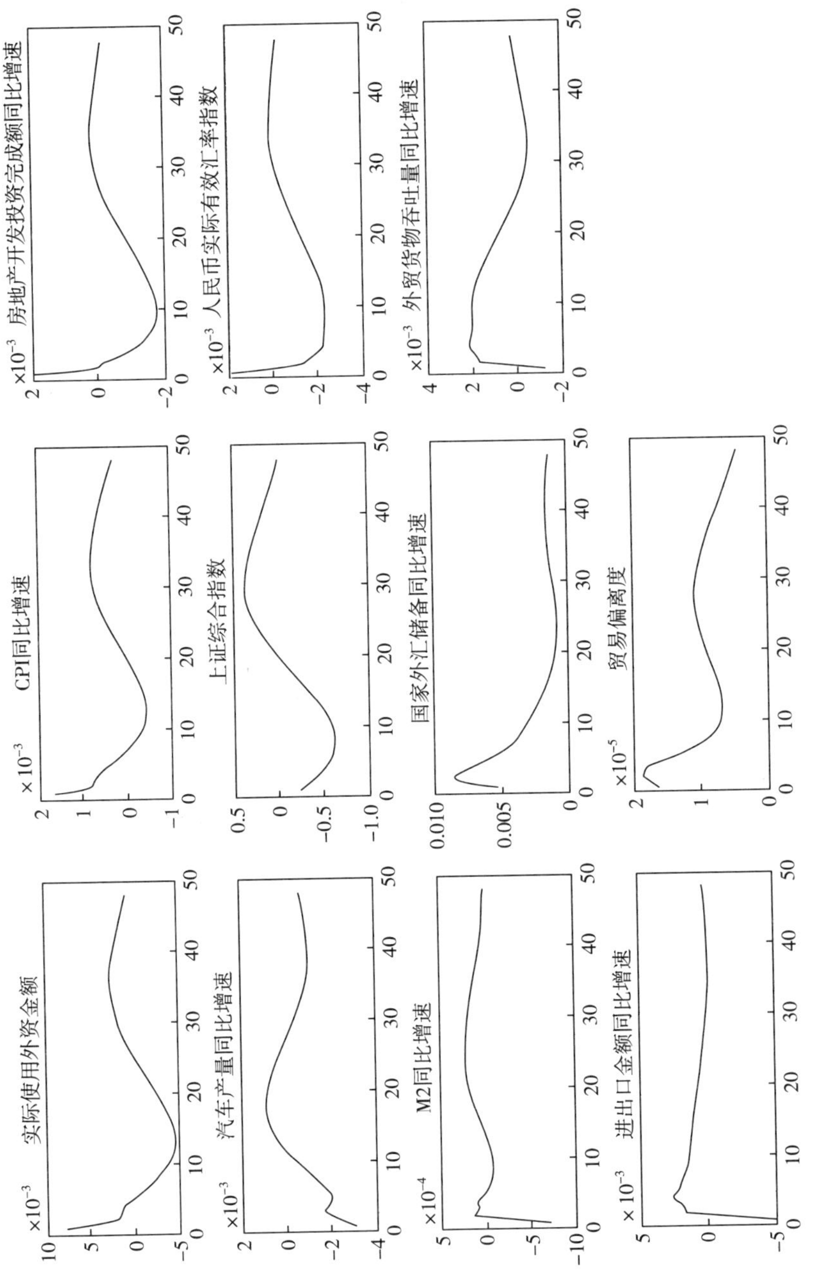

图 6-3 不同的变量对于政策冲击的脉冲响应函数

第四节 本章小结

本章使用动态因子模型（DFM），将代表国际收支结构的多个指标提取出共同因子，以因子拟合效果并对样本分段进行样本尾部检验（End of Sample Test）来判断国际收支的不同方面是否发生了结构性变化。结果表明，国际收支通过实体经济传导的途径发生了结构性变化；而通过金融部门传导的途径并没有发生结构性变化。这与我们在第三章的观察是一致的，金融部门变量确实可以作为国际收支情况比较稳定的表示。同时，本章结果表明，以往主要通过货物贸易和实体投资来获得国际收支盈余的主要方式在金融危机后已经受到了根本性冲击，中国国际收支模式需要改革。

第七章 美国量化宽松政策及其退出对我国国际收支和资本流动的影响

第一节 研究背景

金融危机以来，美国共推出四轮量化宽松（Quantitative Easing，QE）政策，通过扩张美联储的资产负债表，压低长期国债收益率，实现了对特定行业的扶持和对不同类型资产的支持，以促进国民经济投资和消费的复苏。美国逐步退出QE政策将对我国经济和金融市场产生重要影响，在人民币汇率市场化逐步推进的情况下，可能冲击我国跨境资金流动，对我国际收支平衡的政策目标产生一定的冲击（见表7-1）。

表7-1 美联储推出量化宽松政策的时间和政策内容

	时间	政策内容
QE1	2008.11~2009.2	共计购买1.75万亿美元资产，包括1.25万亿美元的抵押贷款支持证券（MBS）、3000亿美元的美国国债（自2009年3月开始增持）和1750亿美元的机构证券。联邦基金利率维持在0~0.25%
QE2	2010.11~2011.6	2011年第二季度以前，进一步收购6000亿美元美国长期国债，以每月750亿美元的进度持续了8个月
扭转操作	2011.9~2012.6	买入长期债券、卖出等额短期债券。在2012年6月底前购买4000亿美元6年期至30年期国债，并同时出手相同规模的3年期或更短期国债
QE3	2012.9~2012.12	每月买入400亿美元抵押贷款支持证券（MBS），并增持长期债券850亿美元直至2012年末，同时继续维持联邦基金利率在0~0.25%
QE4	2012.12~2014.12	除维持每月400亿美元MBS购买计划外，美联储决定每月购买450亿美元国债，替代扭转操作，且继续维持联邦基金利率在0~0.25%

量化宽松政策最早由日本央行实践。20世纪末，日本经济泡沫破裂，发生经济危机，央行实行多种救市政策，但对经济的复苏均无能为力。2001年3月，日本央行开始尝试零利率传统货币政策辅以量化宽松货币政策的宏观调控手段。这一调控于2006年结束。

金融危机之后，由于各发达经济体需要各央行推出的QE政策内容不一，随着该国经济结构与QE政策目标的不同而不同。例如，欧洲央行（ECB）和日本央行（BOJ）主要是借款给银行，向银行体系直接注入流动性，因为其经济结构以银行为中心。美联储（FED）和英格兰银行（BOE）主要通过购买债券向本国经济注入流动性。

随着美国经济的复苏好转，美联储于2014年1月开始逐步退出QE政策，到2014年底彻底退出。具体采取每月减少购买资产规模100亿美元的形式，其中长期国债的购买和抵押贷款支持证券每月各减少50亿美元。2014年10月，美联储宣布削减最后的购债规模150亿美元，并从2014年11月结束QE政策，美国货币政策回归正常化。

QE政策的执行和退出，都对国际市场流动性产生了重要影响。这些影响通过不同的传导渠道，对我国国际收支和资本流动产生冲击作用。对于中国而言，正确认识量化宽松政策，才能更好地应对QE退出对中国产生的影响。

第二节　理论分析及文献回顾

量化宽松的构想缘起于对大萧条时期（20世纪30年代）货币政策的反思。货币学派学者Friedman和Schwartz于1963年通过对大萧条期间货币政策的分析，认为当时美联储紧缩银根的货币政策是导致大量银行破产的原因。White（1984）、Bernanke和Blinder（1988，1992）同样认同大萧条中货币因素的重要意义，认为需要政府干预货币政策，解决需求和产出受到冲击使得产出和就业无效波动的问题。21世纪初，直接调节货币的政策其有效性逐渐得到共识，更多的研究着眼于机理分析。Bernanke（2000）、Meltzer（2001）、Mckinnon（2005）等对日本萧条时期经济状况进行分析，认为零利率政策可以使日元贬值，刺激日本出口和经济复苏。大部分日本学者则认为零利率政策的有效性是通过资产再平衡渠道和信贷渠道达到的［Iwata（2000）、Fukao（2002）］。对量化宽松货币政策作用于日本经济的有益探讨为日本央行首次实践量化宽松政策提供了必要的理论依据。

金融危机后，发达经济体纷纷陷入"流动性陷阱"，各国央行先后尝试实践QE政策，引发大量的理论及实证分析，如Hamilton和Wu（2012）。刘胜会（2011）、Fawley和Neely（2013）等给出了QE政策的定义，指出QE政策是一种非常规的宽松货币政策，其基本特征是基础货币供应量的快速增加，方式包括直接的资产购买和借贷等。另外，一些信贷宽松政策，如果间接增加了基础货币供应量，也算作QE政策的特殊形式。如果央行允许或事实上促使基础货币增加，那么其货币政策就可以称为量化宽松货币政策。

QE政策对美国本国经济的传导路径如下：其一，通过扩张美联储的资产负债表改善金融机构的资产负债表状况，部分地抵销私人部门资产负债表的收缩；其二，通过改变美联储资产负债表的结构，实现对特定行业和不同类型资产的支持；其三，通过资产购买和扭转操作降低长期利率，刺激投资和消费。尽管QE政策对美国实体经济产生了重要影响，但这一政策效果存在边际效应递减的现象，即QE3和QE4的效果小于前两轮QE政策的效果，Lim、Mohapatra等（2014）的实证研究结果也证明了这一现象。

美国推出的前两轮量化宽松政策都对实体经济产生了重要影响，这主要通过两个途径产生的财富效应实现。

首先，美联储购买国债或抵押支持证券，造成这些债券价格上升，未来预期收益率下降。投资者风险偏好上升，通过调整投资组合，购入预期收益较高的风险资产，从而抬高大宗商品、股票等风险资产的价格。股市回升带动居民财富增加，便刺激了一般消费品和耐用消费品需求，从而促进实体经济的复苏。

其次，美联储从银行手中购买债券，增加了银行持有的现金，而债券收益率下降，压低了银行持有债券收益，从而促使银行向企业和居民发放贷款，降低贷款利率，促进房地产市场和其他实体经济部门的复苏。

此外，QE3继续增持长期国债，将抬高资产价格，降低长期利率。利率降低，尤其是长期利率降低，有利于工商业和房地产投资。根据历史经验，长期投资，如大型机器设备、厂房和居民住宅等的投资，多对利率较为敏感。

值得注意的是，量化宽松的政策效果有边际效应递减的现象，即QE3、QE4的效果小于前两轮量化宽松政策（见图7-1）。

QE政策对包括我国在内的新兴经济体跨境资本流动的影响主要是通过以下三种渠道：

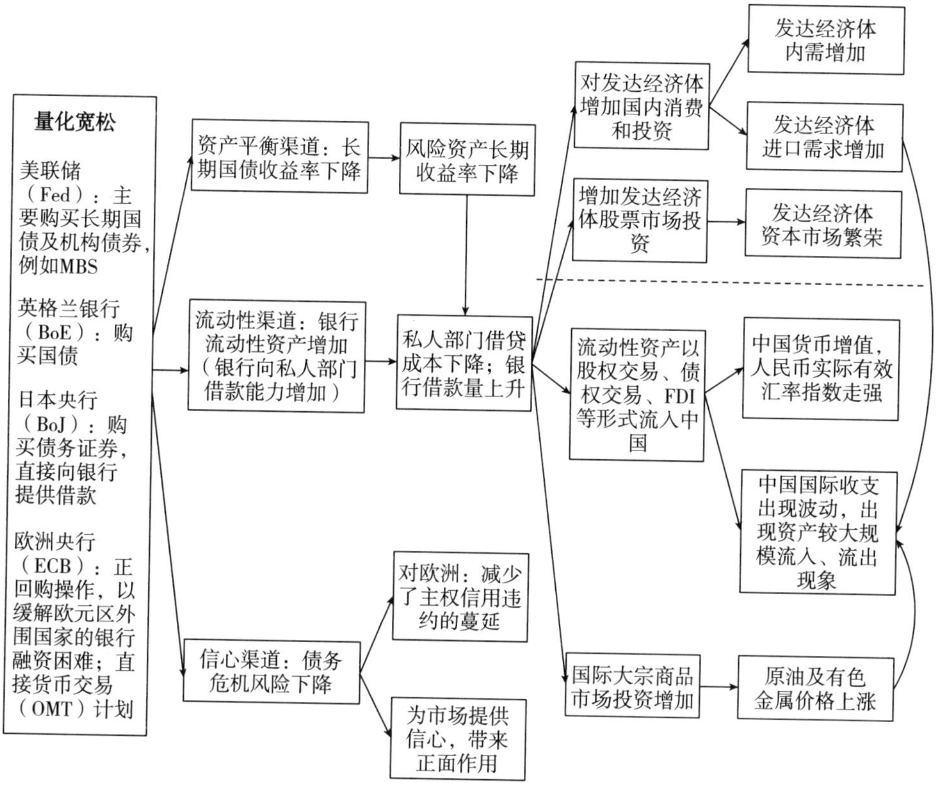

第七章 美国量化宽松政策及其退出对我国国际收支和资本流动的影响

图 7-1 量化宽松政策对中国经济影响传达渠道分析

第一，资产平衡（Portfolio Balance）渠道。QE政策的大规模资产购买（Large Scale Asset Purchasing, LSAP）主要是通过资产平衡渠道影响发达经济体与新兴经济体的跨境资本流动（Gagnon、Raskin 等（2011），刘胜会（2011），Hamilton 和 Wu（2012），Lim、Mohapatra 等（2014））。QE政策通过购买长期政府债券，降低了私人持有的风险资产存量。风险资产供应量减少，需求提高，被抑制的风险偏好需要寻求替代：表现在时间维度上即选择更长时期的风险资产；表现在空间维度上即寻求新兴经济体的风险资产溢价。通过对风险资产存量的抑制，大规模资产购买（LSAP）增加了新兴经济体的投资性资金流入。

第二，流动性（Liquidity）渠道。QE政策的另一个主要的传导渠道是流动性（liquidity）渠道（Gagnon、Raskin 等（2011），Joyce、Lasaosa 等（2011），Krishnamurthy 和 Vissing - Jorgensen（2011），Lim、Mohapatra 等（2014））。QE操作购买的长期资产是以信贷增量的形式成为银行资产负债表上的储备资产，由

于这种信贷资产比长期证券在二级市场上更易交易,因此,流动性溢价降低,减少了银行面临的流动性约束,降低了借贷成本。银行有能力向新兴经济体提供借款,增加了我国跨境资金流入。

第三,信号效应(Signaling Effect)。QE 影响新兴经济体跨境资金流入的第三个主要渠道是信号效应(Signaling Effect)(Bauer 和 Neely (2014),Lim、Mohapatra 等 (2014)。这一效应是指央行通过大规模资产购买(LSAP),承诺在经济复苏后仍然维持低利率政策,因为过早提高利率将意味着央行所持有资产收缩。另外,这种信号效应也可以增加家庭和企业的乐观情绪,减少通缩预期,因此,也称信心效应(Confidence Effect)。央行维持资产市场干预政策的稳定性,有利于降低经济波动和不确定性。这一"信心"渠道效应,促进了投资活动,是 QE 向国外尤其是新兴经济体传导的重要途径。

第三节 定性分析——美国量化宽松政策及其退出对中国的影响

一、量化宽松政策对中国的影响

由于 QE 政策的扩张性比降低基准利率更为直接,因此,它在扩大美国国内需求方面的作用更为显著。QE 政策促进美国经济复苏和就业增加,考虑到美国是我国最重要的出口市场,对我国众多价廉物美产品具有旺盛的需求,美国经济恢复增长和消费者收入增加将带动我国对美出口增长,有利于稳定我国外需和促进经济平稳加快增长。但是,在实施四轮量化宽松政策期间,美元币值基本上保持稳定,这是美国需求增长、进口增加的重要条件。

随着 QE 政策的实施,国际资本市场流动性上升,促使人民币升值。但由于人民币资本账户开放程度不高,资金进入渠道仍然有限。由于国际大宗商品交易多以美元计价,并且其已成为机构投资者避险和投机的重要手段,实施量化宽松货币政策导致流动性增加和美元汇率贬值,将会直接或间接地促使粮食、原油和铁矿石等国际大宗商品价格走高。伴随着国内经济的逐步上升,我国对相关产品进口量和进口价将同时上涨,工业产品及原材料价格的上涨将使我国遭受通货膨胀带来的压力。

全球的美元流动性过剩将增加流入我国的资本数量。这些资金流入实体经济的概率较小，多数会流向房地产、股市等资产市场，吹大资产泡沫。另外，目前我国利率远高于美国欧盟等发达国家和地区，会吸引大量国际资本流入我国套利，如果我国继续降低利率水平，则可能会导致刚刚被打压的房地产泡沫出现反弹，抵消前期调控成果，给经济长远发展带来危害。

QE政策会使美元形成贬值走势，同时大量美元资金流入我国，这会导致人民币扭转前期贬值走势，重拾升值走势，助长国际资本流入并提高人民币升值预期，美元贬值走势形成之后，投资者将在一定程度上减持美元资产，增持人民币资产，在国际贸易中更易推动采用人民币结算，从而给人民币国际化带来更大空间。

随着短期刺激边际效应的减弱，QE政策的中长期负面效应正悄然积累并加剧。这些负面效应主要集中在对市场机制的干扰和破坏上：央行的非正常购买挤兑了市场行为、扭曲了市场信息，弱化了市场作用，腐蚀了市场精神，加大了市场失灵的长期风险。而受QE政策潜移默化的风格影响和博弈激励，中国经济的非市场力量在经济加速下滑阶段悄然增强，这不利于中国经济急需的发展模式转型、经济结构调整和市场要素培育。

当前我国货币政策操作面临既要稳定增长又要调控房地产市场，防止房价反弹的两难境地。一方面，传统货币政策手段，如基准利率、法定存款准备金率等被限制使用；另一方面，资本流出增多和贸易顺差减少导致外汇占款规模迅速下滑。这间接导致中国增加基础货币投放，这会降低中国对非传统货币政策手段的依赖，从一定程度上有利于走出两难境地。

二、美国退出量化宽松政策对中国的影响

美联储退出量化宽松政策对全球的影响主要体现在资金流动变化和美元、大宗商品价格上。短期来看，会使跨国资本回流美国，美元走强，新兴市场国家将面临资本出逃和本币贬值的压力，大宗商品价格出现将有所下降。

退出量化宽松政策所可能引发的交易或者套利行为可能会对其他国家产生溢出效应。欧洲经济面临更大压力，如果量化宽松政策对市场确实造成了紧缩，那么欧洲必须进一步推进银行业改革，并致力于研究增长战略。对新兴市场国家而言，经济复苏不明显，如果资金迅速外流，可能形成发达国家与新兴市场国家在经济复苏问题上严重不平衡的状态，使新兴市场国家资金外流现象更为严重，影响新兴市场国家需求。

对中国而言，美国退出量化宽松政策主要通过贸易渠道和资本流动渠道影响中国。

贸易方面。退出 QE 政策对欧元区及新兴市场国家影响偏负面，脆弱的外部经济遭受冲击，外需下降，影响中国出口。新兴市场国家经济大幅波动将直接影响中国对新兴市场国家的投资和出口，并可能引发新兴市场国家的贸易保护措施。

相对价格方面，QE 退出政策引起人民币升值步伐放缓，双向波动加大。整体而言，一方面，国际收支顺差的方向保持不变，国内外汇占款较大，人民币仍然面临升值压力；另一方面，退出 QE 使得美元预期走强，资本流动成为人民币贬值的动力。另外，人民币可能相对新兴市场国家货币升值，降低中国出口产品在国际市场的竞争力。

资本流动方面，资本从流入转向流出，资金外流风险加大。资金外流对房地产和实体经济带来不利的冲击和影响，甚至引发地方政府债务风险。QE 退出带来资金迅速外流，实体经济信贷资金投放更加谨慎，流动性紧缩影响实体经济发展，进而对就业、居民收入等产生不利影响。

由于市场对量化宽松政策的逐步退出已经有了预期，因此，退出量化宽松并不是突发事件，QE 退出的影响在一定程度上被预期效应消化。中国资本账户并未完全开放，拥有丰富的外汇储备维持汇率稳定。

第四节 实证研究

一、变量选择与数据处理

1. 政策变量

本书从数量和价格两方面选择相关政策变量。数量方面，由于 QE 政策的施行和退出直接反映在美国基础货币增量上，因此本书采用美国基础货币月增量（us_bsm）作为反映美国 QE 政策的政策变量之一。价格方面，由于 QE 政策对我国国际收支的影响主要通过美元在国际市场上的相对价格来刻画，因此，采用美元指数（us_dli）作为反映美国 QE 政策的另一个政策变量。

另外需要说明的是，作为美国 QE 政策所直接影响的指标，美国长期国债收

第七章 美国量化宽松政策及其退出对我国国际收支和资本流动的影响

益率（us_lty）和美国联邦基金利率（us_ffr）由于本身变动并不明显（尤其是美国联邦基金利率在可预计的两年内基本上不会有变化），因此未作为模型的政策变量进行考虑。

2. 经济变量

同样从数量和价格两方面考虑美国QE政策退出对中国国际收支的影响。数量方面，选择中国结售汇差额（ch_jsc）作为主要考察的经济变量；相对价格方面，选择人民币兑美元汇率（ch_er）作为主要考察的经济变量。

另外，中国进出口差额（ch_tb）、中国FDI流入（ch_fdi）、进入中国的投资性短期资金（ch_hm）也作为中国国际收支的重要组成部分计入模型考虑。

本书采用月度时间序列数据，样本期为2001年1月至2014年3月，数据全部来源于CEIC数据库。对中国结售汇差额（ch_jsc）、进出口差额（ch_tb）、FDI流入（ch_fdi）、中国投资性短期资金（ch_hm）几个季节因素较为明显的变量采用Census X12方法进行季节调整，其中含有负值的数据序列选用加法。对美元指数取对数（us_dli_ln）再进行一阶差分后，所有变量平稳，符合SVAR模型要求。对数据进行ADF检验的结果如表7-2所示。

表7-2 各时间序列变量的单位根检验结果①

序列	差分次数	检验类型	ADF值	1%临界值	5%临界值	结论
ch_er_sa	0	C, 0, 0	-2.27656	-2.57987	-1.94288	平稳
ch_fdi_sa	0	C, T, 0	-3.806027	-4.01719	-3.43852	平稳
ch_hm_sa	0	C, T, 0	-5.57034	-4.01719	-3.43852	平稳
ch_jsc_sa	0	C, 0, 0	-3.364141	-3.47199	-2.87973	平稳
ch_tb_sa	0	C, T, 0	-4.263764	-4.01757	-3.4387	平稳
us_bsm	0	C, 0, 0	-6.917595	-3.47226	-2.87985	平稳
us_dli_ln	0	C, 0, 0	-2.015905	-3.47226	-3.47226	不平稳
	1	C, 0, 0	-9.231392	-3.47226	-2.87985	平稳

二、模型构建

基于向量自回归（Vector Auto-regression，VAR）模型将经济系统中每个内

---

① 结论依据的是ADF值与1%的显著水平上临界值的比较；采用SC准则选择最优滞后期。第三列的C表示具有截距项，T表示具有时间项，数字表示滞后期。

生变量作为系统中所有内生变量的滞后值的函数,但没有给出变量之间当期相关关系的确切形式,而是隐藏在误差项的相关结构中。本书采用结构化向量自回归模型(Structural Vector Autoregression,SVAR),构建我国国际收支与美国相关货币政策变量的动态分析系统。

考虑 k 个变量,滞后 p 期的 SVAR 模型的数学表达式如下:

$$C_0 X_t = \Gamma_1 X_{t-1} + \cdots + \Gamma_k X_{t-p} + \varepsilon_t, \quad t = 1, 2, \cdots, T \quad (7-1)$$

式(7-1)中:$C_0 = \begin{bmatrix} 1 & -c_{12} & \cdots & c_{1k} \\ -c_{21} & 1 & \cdots & c_{2k} \\ \cdots & & & \\ -c_{k1} & -c_{k2} & \cdots & 1 \end{bmatrix}$, $\Gamma_i = \begin{bmatrix} \gamma_{11}^{(i)} & \gamma_{12}^{(i)} & \cdots & \gamma_{1k}^{(i)} \\ \gamma_{21}^{(i)} & \gamma_{22}^{(i)} & \cdots & \gamma_{2k}^{(i)} \\ \cdots & & & \\ \gamma_{k1}^{(i)} & \gamma_{k2}^{(i)} & \cdots & \gamma_{kk}^{(i)} \end{bmatrix}$,

$i = 1, 2, \cdots, p$, $\varepsilon_t = \begin{bmatrix} \varepsilon_{1t} \\ \varepsilon_{2t} \\ \cdots \\ \varepsilon_{1t} \end{bmatrix}$

如果 C_0 是可逆的,可将结构式方程转化为简化式方程:

$$X_t = C_0^{-1} \Gamma_1 X_{t-1} + \cdots + C_0^{-1} \Gamma_k X_{t-p} + e_t, \quad t = 1, 2, \cdots, T \quad (7-2)$$

结构式残差和简化式残差的关系可进一步表述为:

$$\varepsilon_t = C_0 e_t \quad (7-3)$$

构建 SVAR 模型需要对变量间的同期相关性进行约束,即对式(7-1)中的矩阵施加约束。对 k 个变量的 p 阶 SVAR 模型,需要施加至少 $k(k-1)/2$ 个约束才能识别结构冲击。这些约束条件可以是同期(短期)的,也可以是长期的。

Blanchard 和 Quash(1989)提出了基于脉冲响应的长期约束。约束矩阵(以 Ψ 表示)依据累积响应函数矩阵指定,典型的是 0 约束形式,如 ψ_{ij} 表示第 i 个变量对第 j 个结构冲击的响应为 0。

经检验,模型中各内生变量之间有协整关系,且被估计的 SVAR 模型所有根的模小于 1,因此,模型是稳定的。由于 A 和 B 矩阵中的一些参数在 5% 水平上不显著,将其约束为 0。根据 LR 过度约束检验,接受过度识别约束是合理的原假设。

我们根据表 7-3 判断滞后期,建立了稳定的 SVAR(2) 模型,如图 7-2 所示。

第七章 美国量化宽松政策及其退出对我国国际收支和资本流动的影响

表7-3 滞后阶数判断结果

Lag	logL	LR	FPE	AIC	SC	HQ
0	-5880.6	NA	1.74E+25	77.98151	78.12138	78.03833
1	-4877.85	1899.248	5.67E+19	65.34906	66.46805*	65.80366*
2	-4820.18	103.8918	5.08e+19*	65.23416*	67.33227	66.08652
3	-4786.41	57.69735	6.27E+19	65.4359	68.51313	66.68603
4	-4746.84	63.94367	7.25E+19	65.56078	69.61712	67.20868
5	-4720.04	40.81879	1.00E+20	65.85484	70.8903	67.9005
6	-4691.81	40.38016	1.39E+20	66.12996	72.14453	68.57339
7	-4649.87	56.11245	1.63E+20	66.22339	73.21709	69.0646
8	-4583.24	82.95407*	1.42E+20	65.98991	73.96272	69.22888

注：*表示在90%的置信度下显著。

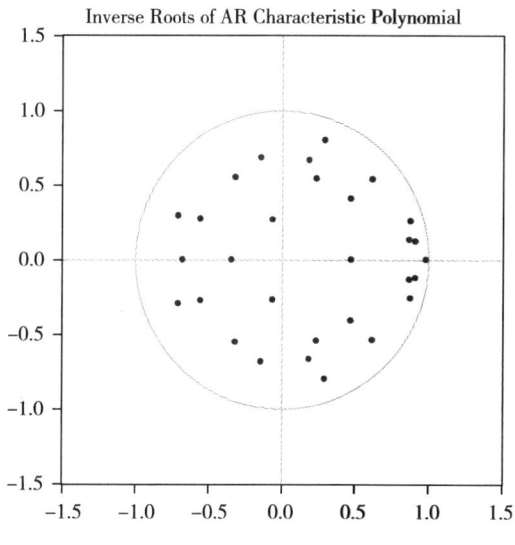

图7-2 单位根检验

三、脉冲响应分析

1. 汇率方面

从图7-3脉冲响应及图7-4累积脉冲响应可看出，美国退出量化宽松政策给人民币带来了明显的贬值压力。

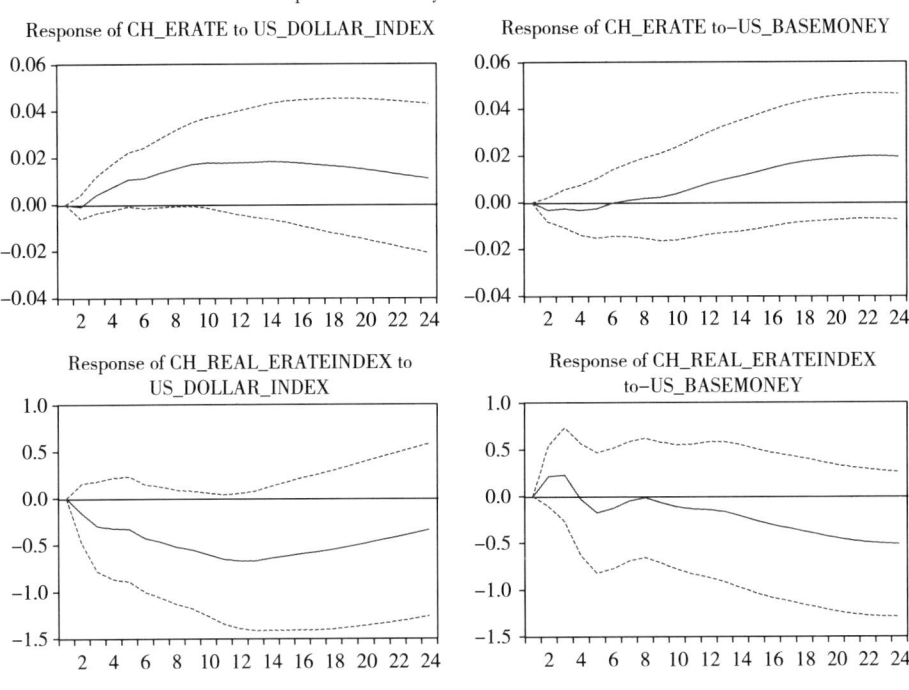

图7-3 脉冲响应（汇率）

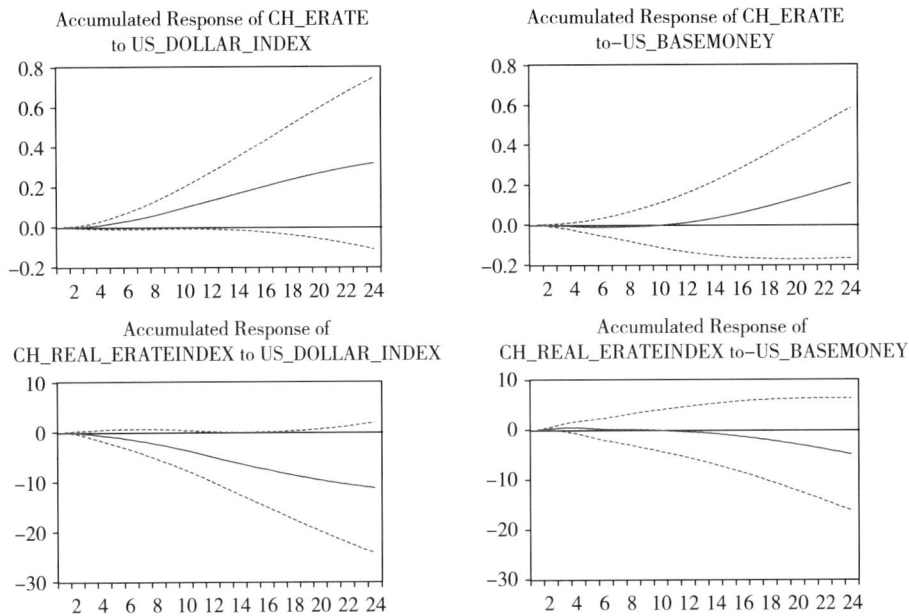

图7-4 累积脉冲响应（汇率）

第七章 美国量化宽松政策及其退出对我国国际收支和资本流动的影响

脉冲响应结果显示，QE政策退出对人民币实际有效汇率指数先有轻微正向影响，尽管2~4个月后出现负向影响，但累积影响为负，即总体导致人民币贬值压力增加。QE政策退出对人民币兑美元汇率有持续的累积的正向影响，即会导致人民币相对美元贬值压力增加。

2. 资本流动方面

从图7-5和图7-6可见，美国退出量化宽松政策对我国投资性短期资金和结售汇差额均有长期的累积的负向影响。

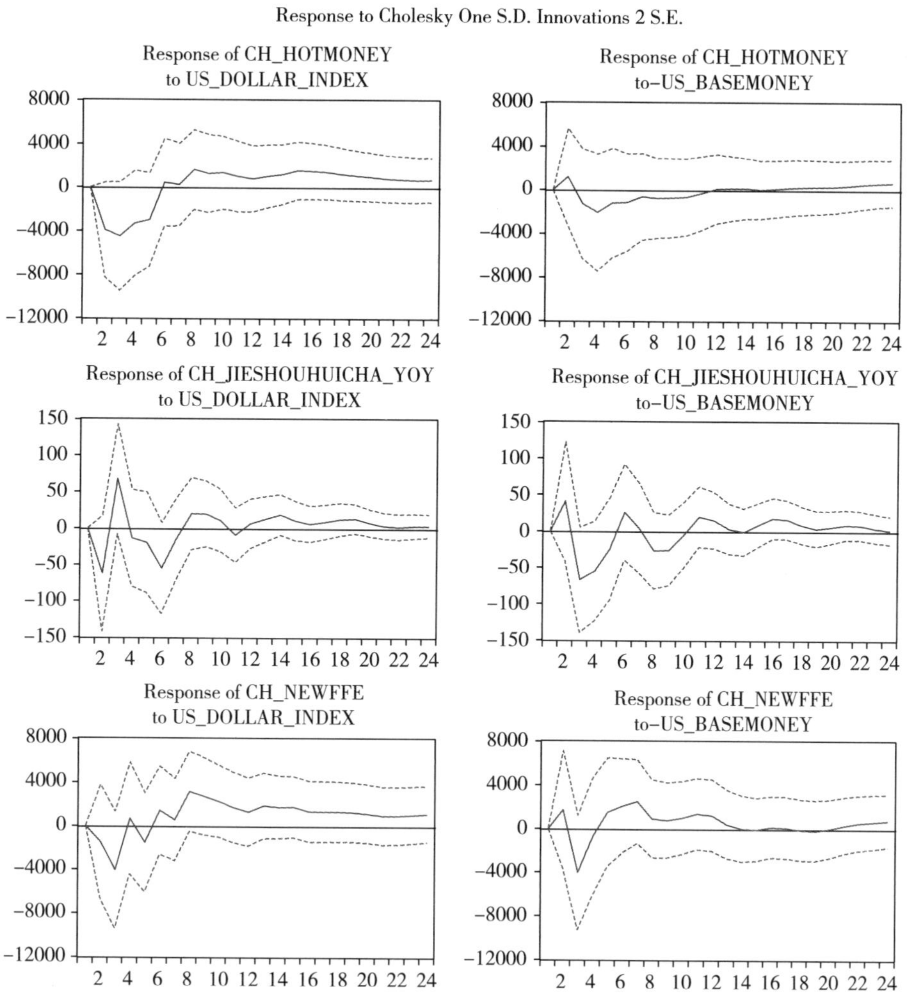

图7-5 脉冲响应（资金流动）

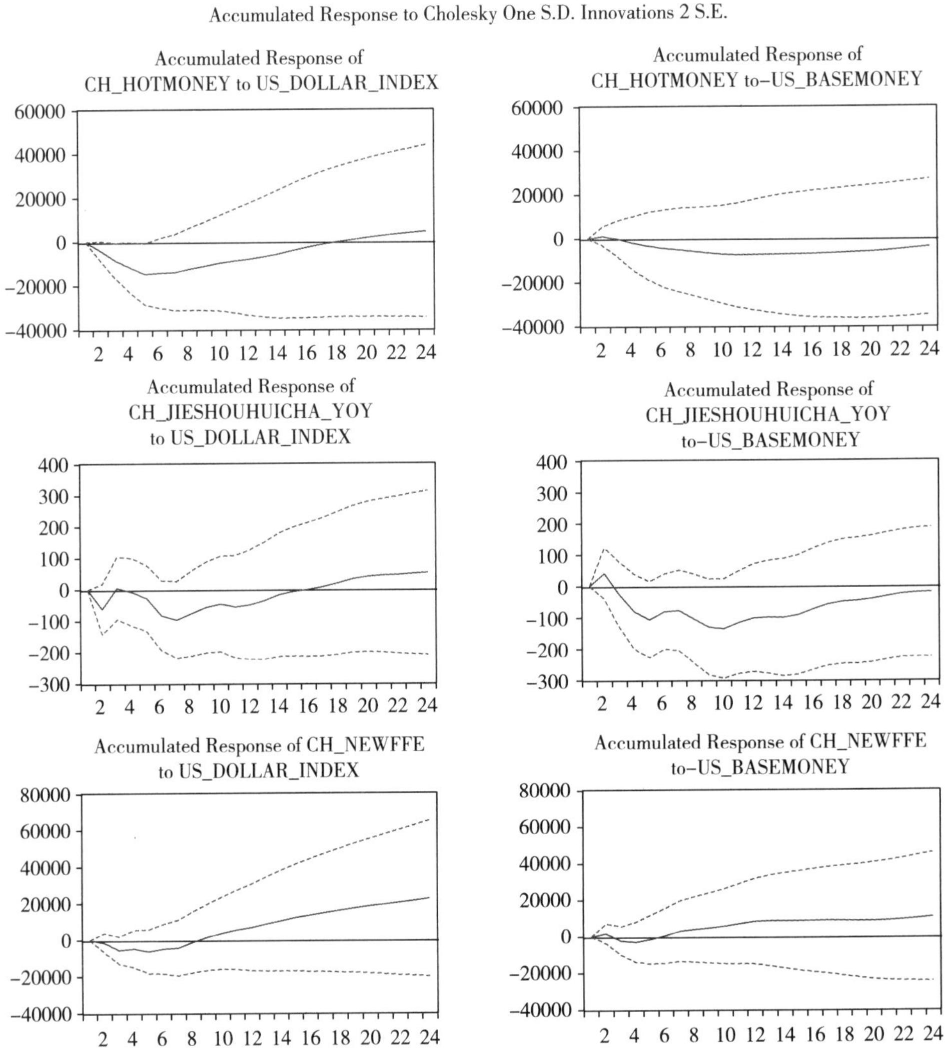

图 7-6 累积脉冲响应（资金流动）

脉冲响应结果显示，QE 政策退出对中国结售汇差额增速的影响将持续 4~6 个月，累积影响在约一年半之内为负向，之后有可能为转为正向，即 QE 政策退出将降低中国资本流入或加快中国资本流出。基于计量模型的测算结果表明：长期而言，美元指数增加 1 单位，引起结售汇差额减少约 8.6 亿美元；短期而言美元指数增加 1 单位引起中国结售汇差额减少约 14.8 亿美元，长期弹性小于短期弹性。

脉冲响应结果表明，QE 政策退出对中国新增外汇占款的影响持续约 1 年，首先有轻微负向累积影响，约半年后有正向累积影响，说明受美国退出 QE 政策作用影响，我国新增外汇占款面临减少，约半年以后可能增加。此外，QE 政策退出对中国投机性短期资金在短期的影响为负向，这一负向影响约在半年后消失，但累积影响为负，即 QE 政策退出将可能持续导致投资性短期资金的流出。这与 QE 政策退出对结售汇差额的影响一致。

第五节 本章小结

本章通过 SVAR 模型，对美国 QE 政策及其退出对我国汇率及国际资本流动的影响进行分析。脉冲响应结果显示，QE 政策退出对人民币兑美元汇率有持续的累积的正向影响，即会导致人民币相对美元贬值压力增加以及持续导致投资性短期资金的流出。对于 QE 政策的实施和退出，因此，可以看作对国际市场资金影响较大的政策冲击，对我国国际收支是一个考验。对此提出四项政策建议：

其一，维持市场流动性。QE 政策退出导致外汇占款降低，增大资本流出，降低市场流动性。货币当局应当维持基础货币供给的稳定性，必要时可采用下调法定存款准备金率及降息等货币政策工具。

其二，审慎监管国际收支资本项目。当前是我国大力推进金融改革的时期，美联储逐步退出 QE 政策，为我国开放资本市场创造了适当的外部环境。但 QE 政策完全退出将对我国货币市场、外汇市场及资本市场产生较大负面影响。因此，当 QE 完全退出后，建议酌情加强资本项目的管制。

其三，完善外汇市场。加快人民币汇率市场定价机制形成。在美联储逐步退出 QE 政策期间，汇率双向波动幅度扩大，为央行推动汇率改革创造了有利条件。通过建立主要由市场供需主导，货币当局辅以适当干预的人民币汇率形成机制，引导汇率双向波动，打破人民币升值预期，减少套利资本流动。扩展外汇市场的广度和深度，形成丰富有效的外汇风险管理手段，与外汇市场主体不断提高的风险管理能力和定价能力相适应。

其四，分散外汇储备投资。我国作为美国国债的海外最大持有国，随着 QE 政策的逐步退出，美联储对美国国债的购买量下降使美国国债价格下降，从而使我国外汇储备大规模缩水。因此，外汇管理局应当分散外汇投资，有效地管理外汇。

第八章　总结与展望

基于 TEI@I 方法论，本篇提出了一个研究中国国际收支的系统分析框架，对中国国际收支进行了预警、预测与政策模拟三个方面的系统性研究。

第一方面，基于经济景气周期理论建立国际收支风险预警系统，并基于 PageRank 算法对指标筛选过程进行改进。引入 PageRank 算法对指标先行性做出评估，根据 PageRank 指标得分对指标进行筛选和分层。这一算法改进了传统的筛选方法完全以基准指标进行指标判断的缺陷，并将表征我国金融市场情况、对国际收支情况有显著预测作用的重要变量加入先行指标中来，保证了更加稳健且先行性更好的筛选结果。

第二方面，预测国际收支账户。首先，提出了集成混频模型预测国际收支经常账户下货物贸易借贷双方、服务贸易借贷双方。遵循"先分解，后集成"的思想，对每个影响因素分别进行单变量 MIDAS 建模，然后将结果进行线性集成。与基准 PDL 模型相比，集成后的混频模型显著改善了预测效果。其次，提出了 ANN – MIDAS 模型以及 ANN – NARX 模型对金融账户下代表性子项目进行预测。针对资本和金融账户代表性子项目的波动大、突变性强的特点，使用人工神经网络逼近数据序列中的非线性成分。新算法改进了传统集成算法割裂数据序列的线性成分与非线性成分的缺陷，更好地保留了线性部分与非线性部分的耦合特征。利用新的算法实现的国际收支资本和金融账户下代表子项目的预测，对比线性模型有了显著的改进。

第三方面，政策模拟。首先，通过动态因子模型模拟国际收支状况，研究了金融危机前后中国国际收支结构是否发生了根本性的变化，以及在此期间中国国际收支系统主要受到哪些外部冲击。结果表明，在金融危机前后，我国国际收支结构中的实体经济渠道确实发生了结构性变化，这与我们在预警工作中观察到的现象一致，说明我国传统的以经常账户顺差尤其是货物贸易项目顺差为外汇储备主要来源的国际收支模式需要调整。其次，研究了美国量化宽松政策及其退出对中国国际收支的影响，并针对这一挑战提出了相应的政策建议。

第八章 总结与展望

总结本篇研究工作,对中国国际收支及其相关研究仍然存在的一些问题有待进一步探讨,具体如下:

第一,使用向量自回归模型(包括结构性的与非结构性的)进行政策分析的有效性问题。如果 VAR 系统遗漏了某个或某些在政策传导途径中发挥重要作用的因素,那么可以说 VAR 系统的随机扰动不是完全的。在这样的情况下,即使识别机制没有问题,识别出的结构冲击也不具有完备的经济意义。要解决这个问题,比较直接的办法是增加变量。但是无约束的 VAR 模型,其系数以系统中变量个数的平方增加,带来不可避免的"维数灾难"。对各种形式的向量自回归模型进行改进从而更正确地用于宏观经济实证研究及政策分析,是将来可以开展研究的一大方向。

第二,对预测模型的研究。虽然 MIDAS 模型解决了变量频率不统一的问题,但它对变量关系的捕捉能力仍然较为有限,在经济系统发生结构性变化时,MIDAS 模型在处理突发冲击方面还有欠缺,可以考虑加入结构性转换参数改进这个问题,这也是今后的一个研究方向。

第三,国际收支均衡及失衡问题的研究。本章主要围绕着对国际收支的现状进行识别,对未来进行预测,解决的是"是什么"或者"根据趋势及考虑复杂非线性原因推断未来将是什么"的问题,而没有涉及"应该是什么"的问题。国际收支反映的是一国的国际经济状况,国际收支失衡及全球再平衡问题也是一个关系到国家未来、整个世界经济未来的重要课题,应该成为今后要研究的一个方向。

第二篇 国际收支跟踪监测

第九章 2016年人民币汇率分析及2017年展望

第一节 2016年我国外汇市场运行基本情况及全年预测

一、人民币汇率小幅贬值，总体预期稳定

2016年前10个月，美元兑人民币汇率呈现先贬后升、双向浮动的态势。2016年10月初，美元兑人民币汇率跌破6.7并连续贬值，截至2016年10月31日，美元兑人民币即期汇率为6.7708，相对年初贬值3.8%。总体而言，美元兑人民币汇率收盘价呈现贬值的趋势，市场对人民币的贬值预期持续存在。中间价信号引导作用继续得到强化，市场汇率弹性有所增强，双向浮动态势明显（见图9-1）。

截至2016年10月28日，CFETS人民币汇率指数为94.15，较2016年初下跌5.99%，参考国际清算银行（BIS）货币篮子和国际货币基金组织的特别提款权（SDR）货币篮子的人民币汇率指数分别为94.98和95.56，分别较年初下跌6.34%和2.58%，如图9-2所示。总体来看，2016年前10个月，三个人民币汇率指数年内总体呈现贬值。

截至2016年10月末，人民币大约经历三波贬值。2016年1月初，人民币经历一次快速小幅贬值，美元兑人民币中间价短短一周之内从6.5032贬值至6.5636，贬值600多基点。随后央行采取汇率稳定政策，稳定市场预期，人民币汇率走势平稳。2016年6月以来，阶段性外汇需求旺盛。从全球来看，英国"脱欧"等国际事件引发全球避险情绪升温，导致国际汇市剧烈波动，人民币一

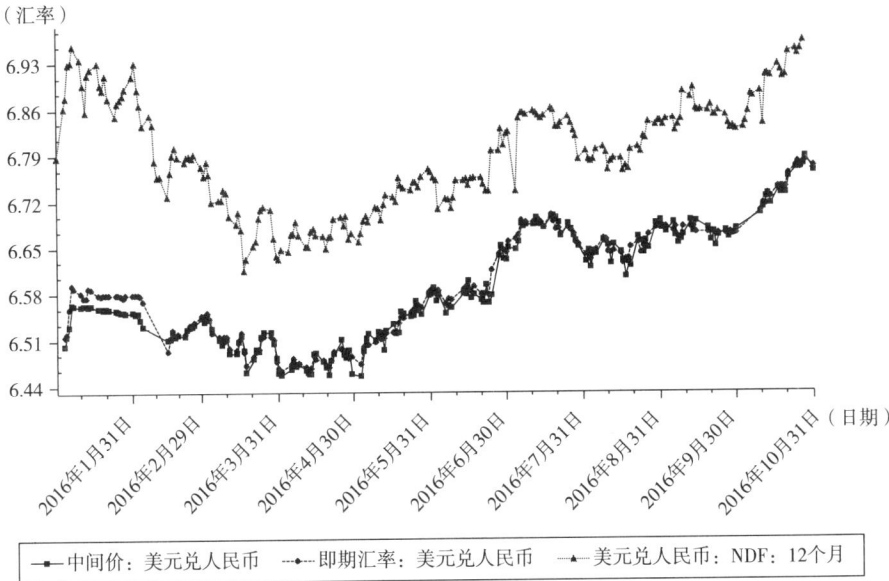

图9-1 2016年前10个月美元兑人民币汇率走势

资料来源：Wind资讯。

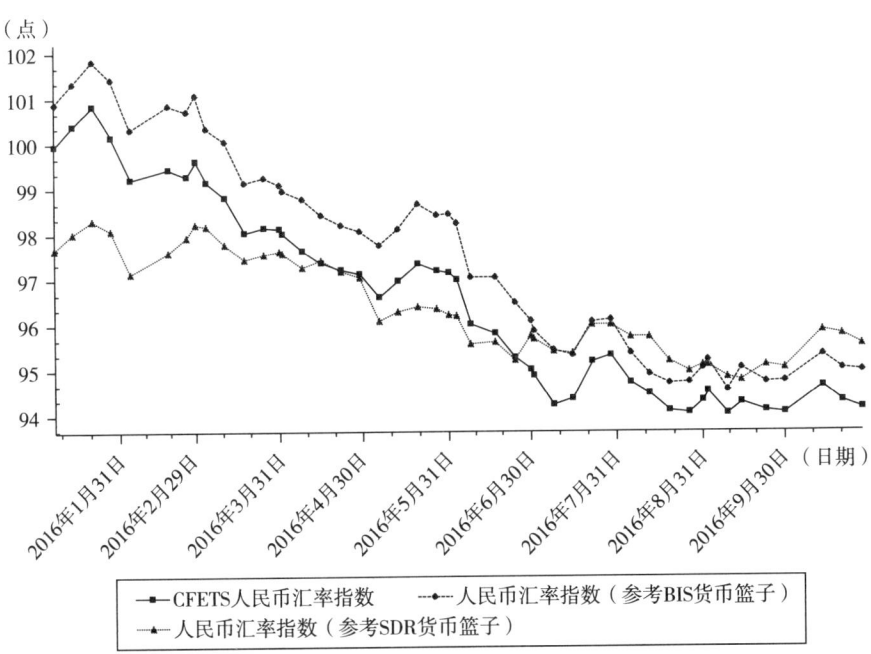

图9-2 2016年前10个月人民币汇率指数走势

资料来源：Wind资讯。

篮子汇率贬值加速。2016年10月，人民币正式加入SDR货币篮子，美元兑人民币汇率中间价跌破市场预期底部6.7，从10月10～31日贬值幅度约为0.94%，此为年内第三次迅速贬值。

二、2016年外汇市场运行情况分析

1. 人民币贬值原因分析

（1）从外部环境来看，美国货币政策趋紧，美元相对走强。2015年12月，美联储首次加息，将利率上调0.25%～0.5%，美元自此进入加息通道。2016年前10个月，随着美联储加息预期的强弱，美元指数呈现先降后升的走势，波动较大。根据Wind数据，截至2016年10月28日，美元指数为98.3022点，比2016年6月低点上涨5.1%，与年初持平。美元加息决策悬而未决，加息预期始终存在，使得美元阶段性走强，人民币贬值压力时有增加，这成为影响人民币汇率稳定的最大因素之一。

（2）人民币供过于求的局面难以逆转。汇率是外汇供需的反映。随着我国经济增速下滑，人民币缺乏坚实的基本面支撑。一方面，对中国经济下行的担忧，使得居民及企业对境外资产配置兴趣增加，中国企业"走出去"意愿持续"升温"，海外并购及投资热情高涨；另一方面，由于缺乏有效监管，一些境外投资势力加杠杆做空人民币。外汇市场对外币需求较大，对人民币需求相对较小，人民币客观上存在贬值压力。

（3）市场对人民币的贬值预期难以消除。以一年期的美元兑人民币无本金交割远期外汇交易（NDF）报价作为反映市场对人民币汇率预期的指标，已经7个月维持单边上行态势。Wind数据显示，截至2016年10月27日，一年期的美元兑人民币NDF报价为6.9620，比2016年4月1日的6.6465上升3155基点。另外，随着中美货币政策走势的分化，中美利差的不断缩小使得跨境资本流出压力增大，加剧了人民币贬值预期。

2. 外汇市场运行特点分析

（1）汇率弹性增强，双向浮动特征明显。2016年，我国外汇市场平稳运行，人民币汇率按照以市场供求为基础、参考一篮子货币进行调节的形成机制有序运行，总体呈现小幅贬值。按照当前的形成机制，一方面，美元兑人民币汇率中间价参考银行间外汇市场前日16时30分的收盘汇率，以反映市场供求情况；另一方面，参考一篮子货币汇率变化，以保持人民币对一篮子货币汇率的稳定。由于美元走势具有高度不确定性，人民币放弃锚定美元转而盯住一篮子货币，增强了汇率弹性，也使得人民币更接近均衡汇率。在"上一日收盘价 + CFETS 一篮子货币汇率变化"的汇率中间价形成机制下，美元兑人民币汇率呈现双向浮动的特点，这有助于打破市场单边预期，避免单向投机。2016 年 10 月，美元兑人民币汇率一路贬值，而参考一篮子货币汇率指数却显示人民币小幅升值，说明放弃锚定美元，人民币对非美元货币升值。这对稳定人民币汇率起到了一定的调节作用。

（2）汇率形成机制更为市场化、透明化。美国财政部在其 2016 年 10 月发布的半年度汇率政策报告中认为，基于"上一日收盘价 + CFETS 一篮子货币"的中间价定价机制，中国央行已经表明了维持人民币汇率灵活的意愿。2016 年 2 月以来，央行吸取"8·11 汇改"一次性贬值导致全球市场波动的教训，加强了汇率政策的市场沟通，汇率形成机制更加透明，增强了对市场预期的引导。

（3）人民币国际化取得显著进展。根据国际清算银行（BIS）最新公布的调查结果，在过去三年中，人民币在全球外汇交易货币中的占比翻了一番，从 2% 提高到 4%。2016 年 10 月 1 日，人民币正式加入 SDR 货币篮子，成为国际官方储备货币，标志着人民币国际化取得显著进展。从短期来看，加入 SDR 货币篮子后人民币贬值幅度增加，资本流动承压。从长期来看，这增加了人民币的国际信用，将促使各国官方机构在其储备构成中考虑增加人民币储备资产，推动私人机构更多持有人民币资产，从而扩大人民币在金融交易中的使用，保证人民币汇率的均衡与稳定。

第二节 2017 年人民币汇率走势分析与展望

2017 年人民币仍然维持小幅渐进贬值态势，贬值压力持续，但不存在大幅贬值的基础。

一、国内外经济环境分析

1. 世界贸易低速增长，外需环境难言改善

2017 年，世界经济将持续低速增长，全球货币宽松，世界贸易持续低迷。国际货币基金组织（IMF）于 2016 年 10 月发布的《世界经济展望》认为，全球投资增速放缓，国际贸易流动总需求低迷，贸易开放措施步伐放缓，一些贸易保

护主义措施抬头，全球贸易增速放缓。大宗商品价格下跌，全球范围内产能过剩，通胀预期失去支撑。根据《世界经济展望》预测，2017年全球经济增速为3.4%，比2016年有所加快，世界贸易无论从交易量还是从交易额来看都有所放缓。发达经济体经济增长乏力，我国外需环境难言改善。2017年中国进出口形势持续低迷，国际贸易竞争力短期内难以改观。

2. 国际金融市场动荡，货币政策走向分化

2017年，国际金融市场动荡将进一步加剧。发达经济体政治局势紧张，政策不确定性增加，引发国际金融市场动荡。全球经济增速低迷，大多数国家保持宽松货币政策，超低利率环境仍将持续，通货紧缩压力依然存在。货币政策有效性下降，经济政策走向分化。美国倾向于收紧货币政策，而其他发达经济体与包括中国在内的大部分新兴经济体货币政策趋于宽松，总体而言，全球流动性宽松，外汇市场不确定性增加。

3. 中国经济增速趋缓，跨境资本流出压力不减

目前我国经济增长有所放缓，"三去一降一补"的重任尚未完成，供给侧改革仍然有待深化。预计2017年中国经济增速将放缓至6.5%，保持总体平衡，减速增质的态势。经济增长动力转换，固定资产投资特别是民间投资相对低迷，私人部门对经济前景的预期并未实质转好，经济结构中的新动力尚在形成。房价高企，房地产市场调控面临较大压力，削减了货币政策执行空间。2017年预计仍将保持积极的财政政策和适度宽松的货币政策的组合拳，经济增速趋缓趋稳。2016年1~9月，我国银行代客结售汇逆差共计2309.63亿美元，外汇储备下降1939.8亿美元，跨境资本流出形势难改。这既是来自人民币汇率的贬值预期，又导致了贬值预期的自我实现和自我强化。

2017年，复杂的国际金融形势、中国经济增速的悲观预期叠加货币政策走势的分化，跨境资本流出的压力依然很大，人民币贬值预期难以消除，外汇市场上人民币将持续保持供过于求，人民币持续面临贬值压力。

二、人民币不存在长期贬值和加速贬值的基础

从中长期来看，我国经常账户保持顺差、外汇储备充裕、财政状况良好、金融体系稳健，人民币不存在长期贬值的基础，人民币对一篮子货币汇率将继续保持在合理均衡水平上的基本稳定。

首先，从世界范围来看，中国经济增速仍然相对较高。根据IMF发布的《世界经济展望》，预计2017年发达经济体增速为1.8%，新兴市场和发展中经

济体为 4.6%，中国经济增速为 6.2%，远高于美国、欧元区、日本、英国等主要发达国家和新加坡、印度、巴西、智利等主要发展中国家。近几年，虽然随着中国经济步入新常态，经济增速出现一定程度下滑，但仍然处于平稳的中高速增长状态，趋势平稳。中国经常性项目仍然保持较大顺差，外汇储备充裕。

其次，外债余额较小。外债高企的情况下，汇率的贬值会导致外债水平进一步上升，继而加剧本国偿债能力、财政状况和经济增速的负面预期，引发汇率加速贬值。我国外债余额较小，这为我国应对汇率贬值和国际资本市场动荡提供了合理的缓冲余地。

最后，资本管制力度仍然较强。中国资本账户仍未完全放开，从反映资本账户开放程度的 Chinn – Ito[①] 指数来看，中国 Chinn – Ito 指数目前不仅低于大部分发达国家，而且明显低于其他发展中国家发生货币危机前的资本账户开放程度。

第三节 对策建议

一、重视维持汇率稳定，谨慎推进资本账户开放

不可能三角理论表明，货币政策独立性、汇率稳定和资本自由流动三个目标不可兼得。长期以来，我国保持着部分弹性的汇率、部分的资本账户开放以及部分的货币政策独立性。人民币国际化带来的资本账户开放，将威胁到货币政策独立性及汇率稳定。保持货币政策独立性，一方面，是在我国目前经济下行背景下进行宏观调控的必然选择；另一方面，放弃货币政策独立性将使得我国经济下行风险骤增，这样汇率的稳定也就难以实现。因此，目前应谨慎推进资本账户开放，放慢金融自由化的步伐，加强跨境资本流动监管，防止国际游资对我国金融体系的冲击。

二、进一步完善人民币汇率市场化形成机制，积极引导市场预期

进一步完善人民币汇率市场化形成机制，发挥市场在人民币汇率形成中的作

---

① Chinn – Ito 指数是衡量一国资本账户开放程度的指标，基于 IMF 的《汇兑安排与汇兑限制年度报告》计算得出。

用。增强汇率双向浮动弹性，保持人民币汇率在合理均衡水平上的基本稳定。对汇率市场逐渐减少行政干预，更多靠市场自发决定，确保人民币汇率定价更接近市场均衡汇率。汇率调节机制更加透明，对市场传达清晰、准确、有力的调控信号，合理引导和稳定人民币预期，防止由贬值预期带来的系统性风险。

三、推动人民币直接交易市场发展，发展汇率避险产品市场

推动人民币直接交易市场发展，降低微观主体的汇兑成本。发展汇率避险产品市场，为企业对外投资及国际贸易提供有效的汇率对冲手段，发展离岸市场及人民币远期交易，降低微观主体汇兑风险。鼓励对外贸易企业使用合理的套期保值手段，支持企业有效管理外汇风险。根据金融机构风险管理能力和定价水平、企业风险识别和承受能力，坚持循序渐进的原则，发展市场需要的外汇产品。完善衍生产品监管，要求金融机构对相关业务进行真实性和合规性审查，严厉制止企业通过虚假贸易、伪造单证的方式进行套利投资。

第十章 2017年一季度国际收支形势分析及二季度展望

第一节 一季度国际收支情况分析

一、经常账户顺差总体缩减[①]

一季度经常账户顺差190亿美元,同比大幅缩减51.7%。货物和服务项顺差216亿美元,其中货物贸易顺差817亿美元,同比减少21.4%;服务贸易逆差601亿美元,同比增加4.3%。

1. 货物贸易顺差大幅缩减,进出口均有改善

一季度货物贸易顺差缩减,其中2月受春节因素的影响,三年来首次出现贸易逆差。但进口和出口双双有所改善,一季度货物进口同比增加22.4%,出口同比增加11.7%。

一季度我国货物贸易出口4755亿美元,同比增长11.7%,较去年同期有所改善。从商品结构来看,机电产品出口持续较快增长,同比增长15.1%[②],占比达58.1%。其中船舶、汽车、手机和自动数据处理设备及其零部件分别同比增长34.4%、30.3%、20.6%和14.8%,7大类传统劳动密集型行业出口也保持较快增长,增幅达到10.5%。从国际市场来看,我国对美国、欧盟、日本等传统市场出口分别增长16.8%、14.0%、11.0%;对俄罗斯、印度尼西亚、新加坡、马来西亚等"一带一路"沿线国家进出口快速增长,一季度增幅分别达到37.0%、

---

① 数据来源:外汇管理局,国际收支平衡表(万得数据)。
② 数据来源:海关总署,下同(本段内)。

第十章 2017年一季度国际收支形势分析及二季度展望

32.8%、31.6%和28.5%。

一季度我国货物贸易进口3938亿美元，同比大幅增长22.4%。从商品结构来看，农产品、能源、上游原材料等是我国主要进口商品，原油和铁矿石等大宗商品进口大幅增加，原油和铁矿石2017年来进口增加最多，一季度进口额分别增长81%[①]和98%，合计含进口总额的比重从2016年年底的11%升至15%。农产品和大豆占进口的比重则相对稳定。

第一季度我国货物贸易进出口形势转好，主要得益于以下几个原因：

一是全球贸易形势好转。一季度美国、日本、韩国、欧盟进口分别增长7.2%、8.6%、23.9%、13.4%[②]，发达国家整体需求回升，促进全球贸易形势好转。

二是大宗商品进口量价齐增，导致进口金额增幅较大。大宗商品进口需求旺盛，部分大宗商品出现供给缺口，价格上涨。一季度，我国进口铁矿砂2.71亿吨，同比增加12.2%；原油1.05亿吨，同比增加19.9%；成品油768万吨，同比减少0.6%。进口价格总体上涨13.5%，其中，铁矿砂进口均价上涨80.5%，原油上涨64.7%，成品油上涨47%，铜上涨31.3%，大豆上涨20.6%[③]。

三是与2016年同期基数较低。2016年一季度货物贸易出口同比下降12.0%，进口同比下降12.4%[④]。

2. 服务贸易逆差继续扩大[⑤]

一季度服务贸易逆差继续扩大，达601亿美元，同比增加4.3%。其中，加工服务、建筑服务顺差有所收窄，分别达42亿美元和7.7亿美元，同比分别减少3.3%和3.7%；运输、旅行逆差有所扩大，分别为124亿美元、525亿美元，同比分别增加36%和4%。

二、非储备性质的资本和金融账户逆差大幅缩减

一季度资本和金融账户逆差190亿美元。其中非储备性质的金融账户逆差215亿美元，比2016年一季度减少1018.2亿美元，同比大幅缩减82.6%。

---

① 数据来源：海关总署，下同（本段内）。
② 数据来源：各国统计机构。
③ 数据来源：海关总署。
④ 数据来源：外汇管理局，国际收支平衡表（万得数据）。
⑤ 数据来源：外汇管理局。

1. 非直接投资性质的跨境资金流出压力明显缓解①

一季度我国非直接投资性质的跨境资金流出压力明显缓解,外汇收支状况主要呈现以下五个特点:

(1) 跨境资金流出大幅下降。一季度按美元计价银行结汇同比增长 7%,售汇同比下降 12%,结售汇逆差 409 亿美元,同比下降 67%;银行代客涉外收入同比增长 2%,支出同比下降 9%,涉外收付款逆差同比下降 78%,其中涉外外汇收付款顺差 30 亿美元,而 2016 年同期则为逆差 366 亿美元。

(2) 外汇供求逐步趋向平衡。从银行结售汇数据来看,2017 年 1 月逆差 192 亿美元,环比明显收窄,比 2016 年 12 月减少 271 亿美元。2017 年 2、3 月逆差分别为 101 亿美元和 116 亿美元。一季度银行代客结售汇逆差逐月收窄,1~3 月分别为 156 亿美元、101 亿美元和 70 亿美元。从非银部门涉外收支来看,1 月银行代客涉外收付款逆差 97 亿美元,2 月顺差 19 亿美元,3 月逆差 174 亿美元,基本实现平衡。招商外汇供求强弱指标(基于即期汇率之间的变动)2017 年 1~3 月分别为 3.5、4.55 和 -6.3,即期汇率偏离中间价压力不大,外汇供需基本处于平衡。

(3) 企业购汇偿还外汇融资情况减少,外汇融资规模回升。一季度售汇率②为 68%,较 2016 年同期下降 12 个百分点,说明企业购汇偿还外汇融资的情况减少。境内外汇贷款余额逐月回升,一季度累计增加 113 亿美元;企业海外代付、远期信用证等进口跨境融资余额进一步上升 170 亿美元,其中外币融资余额上升 222 亿美元。

(4) 市场主体结汇意愿增强,个人境内外汇存款由升转降。一季度结汇率③为 62%,较 2016 年同期增长 3%。一季度货物和服务贸易顺差 216 亿美元,货物和服务项下的净结汇 -177.99 亿美元,贸易净结汇与贸易顺差之间的差额较 2016 年四季度大幅收窄 699.3 亿美元,市场主体结汇行为明显增加。从个人境内外汇存款看,一季度余额累计增加 3 亿美元,较 2016 年同期少增加 112 亿美元。其中,1 月个人境内外汇存款余额上升 19 亿美元,2、3 月每月都下降 8 亿美元左右。

(5) 人民币贬值预期明显减弱。银行远期结售汇逆差下降,一季度,银行对客户远期结汇签约同比增长 153%,远期售汇签约下降 25%,远期结售汇签

---

① 数据来源:外汇管理局。
② 即客户从银行买汇与客户涉外外汇支出之比,反映企业购汇动机。
③ 即客户向银行卖出外汇与客户涉外外汇收入之比,反映企业结汇意愿。

约逆差34亿美元,下降91%。其中,1月远期结售汇逆差80亿美元,2月转为顺差47亿美元,3月基本平衡。2017年初以来,人民币NDF远期合约(一年期)走势平稳,截至2017年5月23日收报7.0959,2017年4月平均为7.0859,远远低于2016年12月均值7.1377,人民币贬值预期明显减弱。

2. 直接投资转为顺差,但FDI和ODI均同比下降

一季度直接投资顺差114亿美元,比2016年同期的逆差162.6亿美元增长276.6亿美元。其中资产净获得(对外直接投资ODI)209亿美元,同比下降63.6%;负债净产生(外商直接投资FDI)324亿美元,同比下降21.2%①。

一季度我国对外直接投资(ODI)主要呈现以下三个特点。

(1)放缓幅度较大。一季度对外直接投资209亿美元,是自2014年二季度以来的最低值,比2016年一季度减少365亿美元,同比减少63.6%;比2016年四季度减少155亿美元,环比减少42.4%。

(2)行业结构进一步优化,实体经济和新兴产业受到重点关注。一季度,对外投资主要流向制造业、商务服务以及信息传输、软件和信息技术服务业,分别占同期对外投资总额的24.7%、22.8%和14.3%②;与2016年同期相比,流向制造业的投资占比上升11.2个百分点,流向信息传输、软件和信息技术服务业的投资占比上升10个百分点。

(3)"一带一路"合作升温。一季度我国企业在"一带一路"沿线的43个国家有新增非金融类直接投资,合计29.5③亿美元,占同期对外投资总额的14.4%,较2016年同期上升5.4个百分点。在"一带一路"沿线的61个国家新签对外承包工程项目合同952份,完成营业额143.9亿美元,同比增长4.7%,占同期营业总额的49.2%。

第二节 2017年二季度国际收支情况展望

一、二季度国际经济形势展望

二季度世界经济将呈现积极但复杂的格局。国际货币基金组织4月发布《世

---

① 数据来源:外汇管理局,国际收支平衡表(万得数据)。
②③ 数据来源:商务部。

界经济展望》预测2017年全球经济将增长3.5%,比1月预测上调了0.1个百分点。尽管如此,世界经济下行风险仍然存在,发达国家政策开始转向"财政+贸易保护";同时全球货币宽松走到尽头,全球利率面临上行压力。

二季度美国经济受总统特朗普政治丑闻的影响,资本市场表现不佳。2017年初以来,美元指数整体呈现下跌趋势,5月以来下跌幅度超过预期,市场避险情绪"升温"。根据近期美联储鹰派言论、美国经济数据的季节性走强及美国就业情况,美联储很可能于6月加息,引导市场利率回升。

欧洲经济总体仍现持续复苏,但内部表现分化。以德国为代表的大国继续呈现向好态势,前景较为乐观,但非核心国的状况相对疲弱。随着法国大选尘埃落定,其对欧洲经济的影响逐渐减弱。另外,短期内欧洲经济风险在于主要国家相继进入选举年,政治局势存在不确定性。

日本工业增长放缓,存在通缩风险。3月日本工业产值大幅回落,一季度GDP季调环比初值为0.5%,但GDP平减指数为-0.8%,大幅低于2016年。这意味着日本经济短期内存在较大的通缩风险。由于日本机器订单增长有所放缓,预计二季度日本经济表现疲弱。

新兴市场国家结构调整与转型压力仍然存在。巴西政治事件引发巴西经济动荡值得警惕。印度、印度尼西亚出口放缓。

另外,全球政治事件对经济形势的影响值得关注。民粹主义抬头和逆全球化趋势加强,叠加部分非经济因素风险,例如地缘政治的紧张局势、恐怖主义和安全问题,将对全球经贸合作产生负面影响。

二、二季度经常账户顺差规模回升

二季度经常账户顺差规模回升。2017年第一季度货物贸易项下顺差规模达三年来最低点。二季度的货物和服务项下的总体顺差规模小幅回升。

货物贸易顺差规模回升。展望2017年第二季度,货物贸易活跃的良好局面仍将持续一段时间。从出口方面来看,本届广交会境外采购商与会19.6万多人,同比增长5.87%;累计出口成交2063.57亿元人民币,同比增长6.9%,均好于2016年同期。但中国贸易条件有所恶化,中国出口企业竞争力下降。从进口方面来看,二季度大宗商品需求仍然处于高位,但不太可能继续高涨。4月大宗商品进口有所下降,同时市场流动性紧张对大宗商品价格有负面影响。二季度,货物贸易进出口形势好于2016年,短期内仍然有望继续回稳向好。

服务贸易逆差继续扩大。由于清明节、五一小长假期间中国境内消费者出境旅游需求仍然十分旺盛，二季度旅游项下逆差规模将持续扩大。

基于混频时间序列（Mixed-frequency Data Sampling，MIDAS）模型，2017年第二季度经常账户下货物贸易顺差1035亿美元，服务贸易逆差675亿美元。综合考虑经常账户下初次收入项、二次收入项后，2017年二季度经常账户顺差规模小幅回升。

三、二季度资本和金融账户逆差大幅收窄

2017年二季度资本和金融账户逆差大幅收窄。一季度中国实现较高经济增速，证明了中国经济仍然有巨大的市场潜力。2017年4月，在科尔尼咨询公司发布的全球FDI信心指数中，中国排名第三，说明中国对全球投资者仍然具有较大的吸引力。

从直接投资方面来看，预计对外直接投资（ODI）环比继续收窄，外商直接投资（FDI）环比增加，同比保持稳定。首先，制约中国企业对外直接投资的政策性因素短期内不会消除，监管部门仍将继续加强我国对外直接投资真实性、合规性审核；其次，我国不断释放政策红利促进外商直接投资的流入。中国企业将继续寻求对外直接投资产业结构以及目标区域的优化，尤其是增加与"一带一路"沿线国家的经贸合作，增强各类海外投资的风险应对能力，实现对外直接投资"稳中趋缓、稳固发展"。

非直接投资性质的跨境资本流动呈现小幅逆差，没有出现大规模资本外流现象。人民币汇率趋稳是二季度跨境资本流动保持平稳的基础。2017年以来人民币走势平稳，6月1日，人民币兑美元中间价大幅上调543点，是自2016年11月以来的新高，同时离岸人民币也迅速走强。从外部环境来看，美联储6月加息预期强劲，人民币兑美元汇率存在贬值压力，资本外流形势仍需警惕。境内居民以贷款和其他资产的形式增持境外资产意愿较高，可能成为跨境资本流出的重要渠道。从分账户来看，二季度证券投资账户仍将保持平稳，中国香港和内地试行"债券通"，虽然国际投资者进入境内债券市场的便利性进一步提升，但不会对证券投资账户产生大的影响。在其他投资账户下，口商隐匿外汇收入的意愿和行为均有所下降，且人民币汇率稳定使得企业没有很强的动机通过远期结汇或贸易信贷方式规避汇率风险，预计其他投资账户保持平稳。

基于混频时间序列（MIDAS）模型，2017年第二季度，非储备性质的金融账户逆差为308亿美元，其中直接投资项由逆差转为顺差，顺差规模180亿美元。综合考虑储备资产账户，二季度资本和金融账户逆差规模大幅收窄。

第三节 政策建议

一、促进对"一带一路"沿线国家的投资合作

加强与"一带一路"沿线国家的战略对接，推动重大经贸合作项目开展。开展国际产能和装备制造合作。积极研究制定相关配套措施，强化对外投资合作服务保障，最大限度帮助企业规避合作风险，鼓励中国企业更多地参与到国际规则的制定和维护中。做好境外投资真实性审查，规范企业投资行为。

二、完善跨境资本流动的监管框架，强化政策执行

加强经常项目外汇管理，扩大外贸企业监管数量，加大报关单数据审核力度。完善个人外汇业务管理，加大个人外汇业务的事中事后监管，防范个人分拆购汇行为。健全外汇市场长效监督机制，完善银行业自律机制建设。加强各个市场跨境资本流动和跨境交易的统一监控。

三、努力保持外贸回稳的良好态势

进一步便利贸易进出口，推广贸易"单一窗口模式"，保证各部门信息共享渠道畅通，落实收费目录清单制度。完善出口信用保险等支持政策，促进重点领域出口。完善加工贸易的区域间转移和产业链提升，促进外贸转型升级。大力发展服务贸易，推动专利技术、文化产业出口，开发国际旅游项目，出台措施促进国际服务外包。

第十一章 2017年上半年跨境资金流动情况分析及全年展望

第一节 当前跨境资金流动形势回稳向好

当前,中国跨境资金流动形势回稳向好,外汇市场供求基本趋向平衡。

一、银行结售汇逆差大幅下降,外汇储备持续回升

上半年,银行结售汇逆差938亿美元,同比下降46%。其中,结汇7727亿美元,同比增长6.3%;售汇8665亿美元,同比下降3.8%。银行代客结售汇逆差715亿美元,同比下降62%。

上半年,中国国际收支口径储备资产增加290亿美元,2016年同期减少1678亿美元,其中,外汇储备增加294亿美元,在国际货币基金组织的储备头寸等减少4亿美元。截至6月末,央行口径外汇储备余额30568亿美元,较2016年末上升463亿美元。其中,除1月外汇储备余额减少123亿美元外,2~6月外汇储备余额分别增加69亿美元、40亿美元、204亿美元、240亿美元和32亿美元。

二、市场对外币资产的调节节奏趋向平稳,外币供求基本平衡

随着外债去杠杆接近尾声,企业偿还外债节奏放缓,藏汇于民速度减慢。根据外管局数据,上半年企业结汇率[①]为62%,比2016年同期上升1个百分点,其中一、二季度分别为62%和63%,说明市场主体结汇意愿逐步增强;上半年

[①] 客户向银行卖出外汇与客户涉外外汇收入之比,衡量企业及个人结汇意愿。

售汇率①为68%，较2016年同期下降9个百分点，其中一、二季度分别为68%和67%，说明企业结汇意愿回升，购汇更趋理性。上半年，境内外汇贷款余额累计增加71亿美元，上年同期为下降583亿美元。企业海外代付、远期信用证等进口跨境融资余额上升138亿美元，其中外币余额上升262亿美元。上半年个人境内外汇存款累计下降17亿美元，2016年同期为增加129亿美元。综合考虑即期、远期结售汇以及期权等相关影响因素，2017年2月以来中国外汇供求呈现基本平衡。

三、汇率企稳并有所回升，投机性质资金流出大幅减少

自2017年以来，美元指数回落，人民币汇率企稳回升，尤其是6月以来持续升值。8月23日人民币兑美元中间价报6.6633，较年初大幅升值4.12%。人民币中间价报价模型中引入逆周期因子，进一步优化和完善了人民币汇率市场化形成机制，促进了人民币汇率双向波动。上半年，国内金融产品收益率上行，境内外利差加大，个人及企业购汇套汇套利几乎没有利润空间，再加上监管部门强化监管力度，投资性质的资金流出面临着较强的监管约束，上半年非储备性质金融账户顺差156亿美元。对外投资真实性合规性审核严格，直接投资合理有序。上半年直接投资项呈现净流入142亿美元，上年同期为净流出494亿美元。对外直接投资净流出404亿美元，外国来华直接投资净流入546亿美元，双方向均继续保持一定规模。

四、贸易项下套汇套利行为减少，跨境交易基本保证真实合规

当我国开放经常账户后，通过贸易项下以内部定价的形式进行资产转移的现象较多。其中，服务贸易项下资金转移甄别监管难度较大。上半年，服务贸易逆差1351亿美元，运输项下逆差增长26%，主要原因是进口增长提升运输需求。经过一段时间的高增长后，服务贸易项下"旅行"项目逆差增速稳中趋降，一季度仅增长5%。通过服务贸易项逆差规避监管套取外汇现象有所遏制。

另外，过去很多贸易公司可以替中小企业代办进出口业务，从而集中了众多中小企业的进出口单据。通过重复使用这些进出口贸易单据，大型贸易公司可以进行收付套利。2017年4月，外管局发布《国家外汇管理局关于便利银行开展贸易单证审核有关工作的通知》，向银行开放企业报关电子信息，方便银行审核

---

① 客户向银行买入外汇与客户涉外外汇支出之比，衡量企业及个人购汇动机。

企业是否重复使用报关单或者使用虚假报关单办理付汇,阻止了报关单重复、虚假使用现象,遏制了骗汇行为。

第二节 资金流出压力缓解的原因分析

一、国内经济企稳向好,国际经济环境呈现欧强美弱格局

这为汇率和跨境资金流动回稳提供了积极的基本面因素。上半年,我国经济运行的稳定性显著提高,供给侧结构性改革深入落实,GDP增长6.9%,增幅同比加快0.2个百分点。经济结构持续优化,"三去一降一补"任务取得积极成效,去产能、去库存进展顺利,企业杠杆率有所下降。工业企业补库存推进,企业生产小幅回暖,房地产市场企稳向好,外贸出口好于预期,营商环境持续改善。伴随金融去杠杆推进,金融市场利率抬升,中美长期国债利差有所扩大,国内市场对外资吸引力增强,这些都是构成汇率企稳的重要支撑。

上半年,美国经济弱势反弹,非农就业数据不及预期,通胀有所回落。美元指数保持低位,但美联储按期加息,并首次公开缩表细节,对美元走强构成一定程度的支撑。特朗普新政推行受阻,地缘政治风险累积。美国经济疲弱表现降低了2017年美联储加息次数的预期,缓和了包括中国在内的新兴市场资本流出的压力。上半年欧洲经济复苏势头增强,经济景气指数维持高位,预期风险降低,工业生产持续向好。荷兰、法国大选结果排除了政治风险,降低了市场上的不确定性预期。欧央行货币政策正常化预期"升温",欧元走强。从国际环境来看,多数主要货币对美元均有涨幅,而人民币涨幅远低于同期其他货币,因此,人民币升值动力较强。

二、人民币贬值预期反转,跨境资金流入动力增强

2017年以来,人民币打破贬值预期,对美元总体升值,对一篮子货币小幅走弱。截至2017年8月23日,人民币兑美元无本金远期交割(NDF)(一年期)报6.8086,相比年初7.3024降幅高达6.76%,远远低于2016年12月均值7.1377,人民币贬值预期明显减弱。从交易上来看,上半年,银行代客远期结售汇由逆差转为顺差95.21亿美元,而上年同期为逆差379.36亿美元。其中银行

代客远期售汇签约692.85亿美元,远期结汇签约597.63亿美元。7月银行代客远期结售汇签约顺差26亿美元,已经连续4个月保持顺差,人民币贬值预期明显减弱,双向波动预期增强。

人民币贬值预期反转,极大地影响了市场行为。市场主体结汇意愿稳定,恐慌性购汇行为明显减少,企业使用外币融资的积极性显著提高。随着汇率预期进一步趋稳,个人用汇恢复合理有序,7月个人购汇环比和同比分别下降35%和27%。我国登记外债余额稳步上升,企业用于偿还境内外汇贷款的购汇规模处于近几年较低水平,境内企业实际需求从以往的"积极购汇、延迟结汇"调整为"积极结汇、延迟购汇"。随着全口径外币融资宏观审慎管理推行,境内机构全口径跨境融资额度进一步扩大,跨境资金流入动力增强。

三、外汇管理政策松紧适度

上半年,在外汇管理机构的努力下,"扩流入、控流出、稳预期、防风险"的跨境资金流动管理政策效果有所显现。外汇管理加强真实性、合规性审核,加强个人结售汇管理、外币现钞交易真实性审核。商务部、发改委以及外管局继续完善境外投资管理,对新的对外投资项目严格进行备案核准,对存量对外投资项目统筹考虑管理需求综合处理。流出端,出台一揽子"控流出"政策;流入端,完善全口径跨境融资宏观审慎管理,扩大境内机构全口径跨境融资额度,进一步完善跨国公司外汇资金集中管理,提高境内银行通过国际外汇资金主账户吸收存款的境内运用比例,明确境内运用资金不占用银行短期外债指标,促进外汇资金流入。提高外汇管理的事中事后监管能力,打击外汇违规违法活动,及时通报涉及银行、企业、个人的外汇违规案例。除了强调外汇交易的真实性、合规性要求以抑制投资需求之外,外汇管理政策没有作出补充调整,这一点也稳定了市场情绪。

第三节 跨境资金流动趋势稳中有险

今后一段时期,跨境资金流动有望总体趋稳。随着季节性因素减弱,中国短期经济数据企稳,美元指数低位震荡,人民币兑美元汇率有望保持稳定,跨境资金流动保持稳定的基础仍然牢固,但也存在快速流出的风险。

一、跨境资金流动总体企稳

分析跨境资金流动形势仍需密切关注美联储货币政策。自美联储货币政策开始紧缩以来，其每次加息对市场的冲击作用顺次递减。这说明，美联储加息预期已经越来越充分地被市场消化，从而不太可能引发我国突发性、大规模跨境资金流动。如果美元继续保持稳定，将有助于我国汇率和跨境资金流动总体稳定。下半年，国内经济运行在合理区间的格局不变，跨境资金流动总体企稳的条件依然存在。

二、人民币汇率可能重新面临贬值压力

虽然当前美国通胀数据低迷，但仍然不能排除美联储加息，尤其是在年底加息的可能性。根据芝加哥期权交易所的"美联储观察"工具，美联储在12月的货币政策会议上加息的概率为37.4%。7月美联储公开市场会议就今年内开启缩减资产负债表的计划达成共识，美国货币政策对全球经济将或多或少地构成扰动，人民币兑美元汇率有可能重新面临贬值压力。

三、外需收缩，基础性资金流入放缓

从外需角度来看，反全球化带来的不确定性将导致私营部门活动收缩，贸易保护主义抬头对全球资本流动所带来的影响正在逐步显现。以美国为例，特朗普政府奉行美国优先政策，推进税收改革，意在促进美国国内就业和所谓的"贸易平衡"，不可避免会影响资本流向。截至7月，2017年我国货物进出口顺差同比下降19.6%，实际利用外资下降6.3%，国际收支中基础性资金流入开始放缓，外需收缩对跨境资金流动的影响不容忽视。

四、境内主体对外投资和配置资产的需求依然旺盛

尽管接下来的一段时间人民币兑美元汇率仍将呈现双向波动局面，但市场对人民币汇率长期看贬。考虑到未来中美利差可能继续缩小、中国通胀率可能高于美国、国内金融风险上升等因素，境内主体对外投资和配置资产的需求依然旺盛。为顺应金融市场进一步开放、人民币国际化进程加快的大趋势，跨境资金流动尤其是人民币跨境资金流动的一些限制被打破，境内主体多元化资产配置渠道更加丰富，跨境资金流出风险不减。

第四节 政策建议

一、进一步吸引外资,加快促进优质外资增长

加快构建完善的开放型经济新体制,为外商提供更为广阔、公平的营商环境,争取吸引更多优质外资。建立开放竞争的市场环境,鼓励外资与本国企业积极合作,让外资"进得来,留得住"。实行"准入前国民待遇+负面清单"管理模式,建立与负面清单管理模式相适应的外商投资国家安全审查机制,抓紧提高事中事后监管水平,保障市场的平稳运行和行业的健康发展。

二、进一步优化宏观审慎政策框架

对资本流动进行逆周期调节,尤其应强调以价格调控方式管理跨境资金流动,增强政策透明度和持续性。尽量避免通过突然收紧或叫停相关政策管制资本外流。丰富外汇管理工具箱,研究出台相关交易税,通过增加外汇投机的交易成本,管理外汇市场过度的短期投资行为。这种成本是显性透明的,相比通过行政手段管制跨境资本流动要好,对交易的负面影响也相对较小。

三、稳步推进汇率形成机制改革

利用当前外汇供求趋于平衡的机会,增强人民币汇率弹性,不断提升人民币汇率的市场化程度,推进人民币国际化。继续推动既有利于长远对外开放、又有利于近期收支平衡的"控流出、扩流入"措施,满足市场合理用汇需求的同时,打击违法违规外汇流出。

第十二章 2017年国际收支形势分析及2018年展望

第一节 2017年前三季度国际收支呈现基本平衡

2017年前三季度，我国经常账户保持顺差，顺差规模处于合理区间；跨境资本流动形势回稳向好，外汇储备资产稳中有升。

一、经常账户保持顺差[①]

2017年前三季度，经常账户顺差1063亿美元，比2016年同期下降42.4%（见图12-1）。

货物贸易持续顺差。2017年前三季度，我国货物贸易出口15965亿美元，进口12612亿美元，同比分别增长10.3%和17.4%，顺差3353亿美元，同比下降10%。

服务贸易延续逆差。2017年前三季度，服务贸易收入1543亿美元，同比增长1.1%；支出3574亿美元，同比增长8.8%；逆差2031亿美元，同比增长15.5%。其中，运输项目逆差411亿美元，同比增长20.5%；旅行项目逆差1723亿美元，同比增长10.8%。

---

① 本小节贸易数据为国际收支统计口径。该口径与海关口径的主要差异在于：一是国际收支中的货物只记录所有权发生了转移的货物（如一般贸易、进料加工贸易等贸易方式的货物），所有权未发生转移的货物（如来料加工或出料加工贸易）不纳入货物统计，而纳入服务贸易统计；二是计价方面，国际收支统计从海关进口货值中调出国际运保费支出，并纳入服务贸易统计；三是补充部分进出口退运等数据；四是补充了海关未统计的转手买卖下的货物净出口数据。

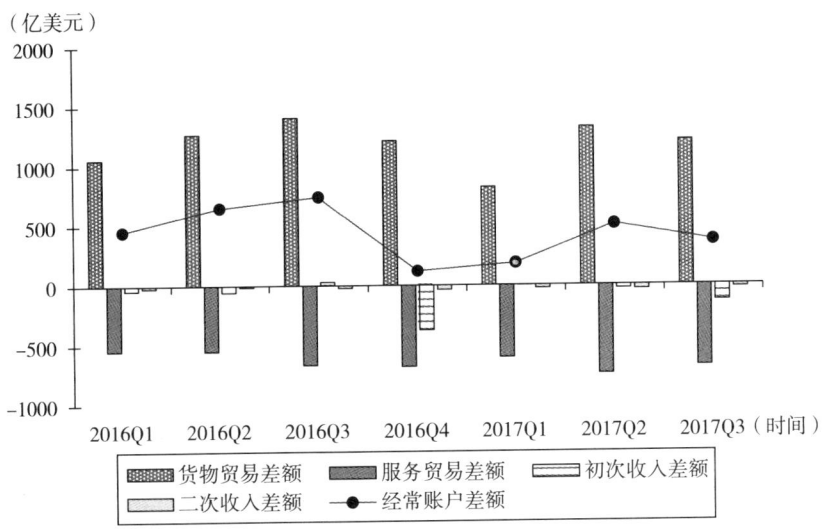

图 12-1 2016~2017 年经常账户收支情况

初次收入①逆差扩大。2017 年前三季度，初次收入项下收入 1919 亿美元，同比增长 7.1%；支出 2086 亿美元，同比增长 12.2%；逆差 167 亿美元，同比增长 149.3%。

二次收入逆差扩大。2017 年前三季度，二次收入项下收入 215 亿美元，同比下降 10.4%；支出 321 亿美元，同比下降 2.1%；逆差 106 亿美元，同比增长 61.4%。

二、非储备性质金融账户重现顺差

2017 年前三季度，非储备性质金融账户顺差 607 亿美元，相比 2016 年同期的逆差 3139 亿美元有大幅改善。其中，一季度顺差 368 亿美元，二季度逆差 311 亿美元，三季度逆差 72 亿美元（见图 12-2）。

2017 年上半年，直接投资、证券投资、其他投资等对外资产（非储备性质的金融账户资产端）累计净增加 1342 亿美元，同比少增 45%，境内主体对外投资更加理性；2017 年上半年，境外主体来华各类投资（非储备性质的金融账户负债端）累计净流入 2021 亿美元，同比上升 2.2 倍。

---

① 国际货币基金组织《国际收支和国际投资头寸手册》（BPM6）将经常项下的"收益"名称改为"初次收入"，将"经常转移"名称改为"二次收入"。

第十二章 2017年国际收支形势分析及2018年展望

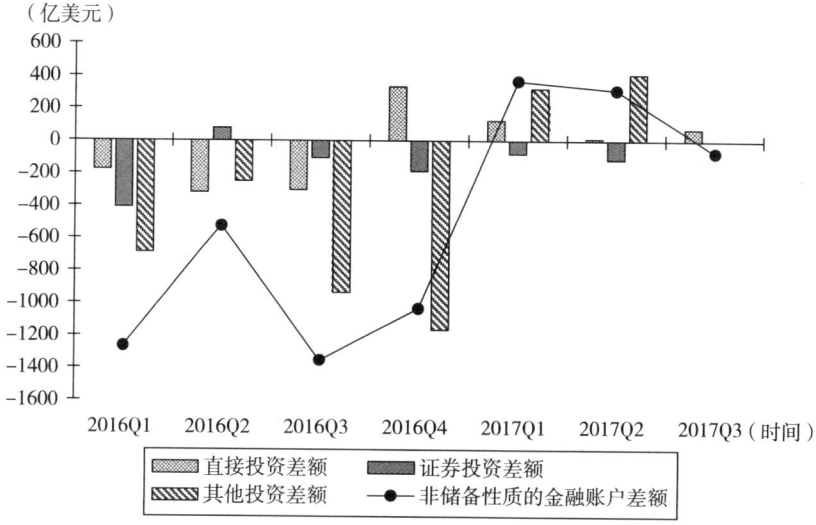

图12-2 非储备性质的资本和金融账户收支情况

直接投资①转为顺差。按照国际收支统计口径，2017年前三季度直接投资顺差212亿美元，2016年同期为逆差798亿美元。其中，直接投资资产净增加（我国对外直接投资）648亿美元，同比少增64.2%；直接投资负债净增加（外国来华直接投资）861亿美元，同比少增14.8%。

证券投资逆差收窄。2017年上半年，证券投资逆差195亿美元，同比下降41%。其中，证券投资资产净增加（我国对外证券投资净流出）401亿美元，增长6.4%；证券投资负债净增加（境外对我国证券投资净流入）206亿美元，增长3.5倍。

其他投资转为顺差。2017年上半年，其他投资转为顺差732亿美元，与2016年同期逆差939亿美元相差巨大。其中，其他投资资产净增加（我国对外其他投资净流出）536亿美元，下降29%；其他投资负债净增加（境外对我国其他投资净流入）1267亿美元，2016年同期为净流出179亿美元。从资产端情况来看，贷款、货币存款项下资产分别增加665亿美元和82亿美元，表示我国向境外贷款和支付存款的对外资金净流出共计747亿美元；信贷余额项下资产余额

---

① 本小节直接投资数据为国际收支口径。该口径与商务部公布数据的主要差异在于，国际收支统计中还包括了外商投资企业的未分配利润、已分配未汇出利润、盈余公积、股东贷款、金融机构吸收外资、非居民购买不动产等内容。

（即贸易应收和预付余额）下降296亿美元，表示贸易信贷下回流资金296亿美元。从负债端情况来看，贷款、货币存款项下负债分别增加547亿美元和995亿美元，表示境外资本通过贷款和存款的形式对我国的资本流入共计1542亿美元；贸易信贷负债净减少339亿美元，表示企业偿还贸易应收和预付余额导致的资本输出339亿美元。

三、储备资产[①]逐步增加

2017年前三季度，我国交易形成的储备资产增加589亿美元。其中，交易形成的外汇储备资产增加598亿美元。截至2017年三季度末，我国外汇储备余额为31085亿美元，较2016年末上升980亿美元，其中第三季度单季增加517亿美元。

第二节　2017年国际收支运行评价

一、经常账户顺差处于合理区间

2017年前三季度，经常账户顺差与GDP之比为1.2%，处于合理区间。虽然货物贸易保持顺差，但顺差规模有所下降；服务贸易逆差尤其是旅游项下逆差继续快速上升，主要是由于居民收入水平不断提升，境外旅游、留学等需求持续"升温"。

二、市场预期好转，外汇供求基本平衡

在非储备性质的金融账户中，证券投资逆差收窄，其他投资转为顺差，短期资金流动总体净流入，表明市场预期稳定，境内主体对外资产配置行为更趋理性。2017年前三季度，结汇率[②]为63%，比2016年同期上升2个百分点，其中一、二、三季度分别为62%和63%和64%；售汇率[③]为66%，较2016年同期下

[①] 本小节储备资产数据为国际收支平衡表中的外汇储备资产变动。它与外汇储备余额变动的差异在于，外汇储备余额变动，除国际收支口径的外汇储备资产变动外，还包括价格、汇率等非交易因素引起的储备价值变动。这里不考察非交易因素引起的储备价值变动。

[②] 客户向银行卖出外汇与客户涉外外汇收入之比，衡量企业及个人结汇意愿。

[③] 客户向银行买入外汇与客户涉外外汇支出之比，衡量企业及个人购汇动机。

降8个百分点,其中一、二、三季度分别为68%、67%和63%,说明企业结汇意愿逐步增强,购汇更趋理性。截至2017年三季度末,境内外汇贷款余额较2016年末有所下降。2017年前三季度企业境内外汇存款累计上升237亿美元,个人境内外汇存款累计下降37亿美元,说明境内主体持汇意愿下降,对外支付更多使用自有外汇。

三、国际收支中基础性资金流入放缓

经常账户与直接投资顺差是国际收支中重要的基础性资金流入,交易往往有实体经济需求背景,被视为稳定性较高的跨境资金交易。2017年前三季度,经常账户顺差相比2016年同期下降42.4%,其中一、二、三季度同比增速分别为-59.4%、-21.8%和-50.0%(见图12-3)。虽然直接投资项转为顺差,但负债端资金流入规模(即外国来华直接投资)比2016年同期减少14.8%(见图12-4)。自2015年三季度以来,除个别季度之外,经常账户顺差均同比下降,2016年四季度甚至减少85.9%。外国来华直接投资截至2017年二季度持续减少,直到三季度才恢复正增长。长期以来,稳定的基础性资金流动承担着稳定国际收支状况的重要职能,对平抑短期跨境资金流动带来的国际收支波动起到了重大贡献,如今这一作用逐渐被削弱。一季度,非储备性质的金融账户中其他投资顺差是直接投资顺差的2.6倍;二季度这一比例则高达29.6倍(见图12-2)。

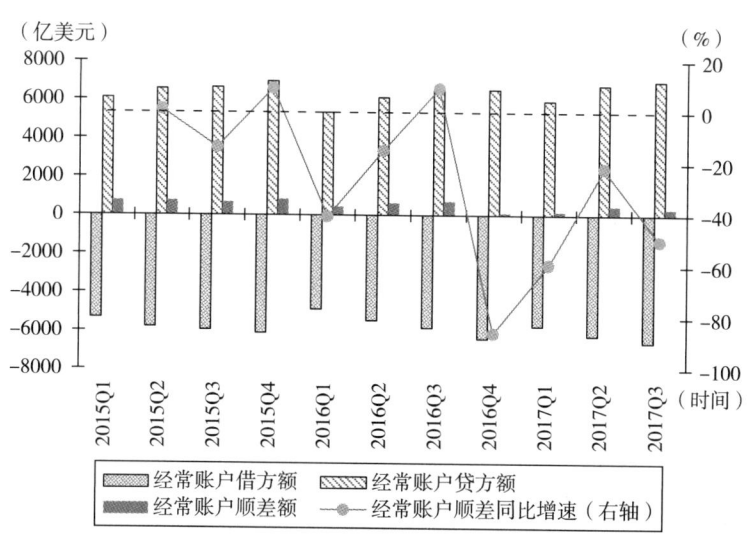

图12-3 经常账户顺差及其增速

自 2017 年以来，国际收支好转背后的主要因素是基本面向好以及汇率升值带来的预期好转。而预期的反转难以把握，短期资本流动瞬息万变，国际收支不确定性大大增强。国际收支中基础性资金流入放缓甚至趋势性放缓的态势，是中国经济外向程度逐渐提高的必经阶段，但其风险需要引起特别关注。

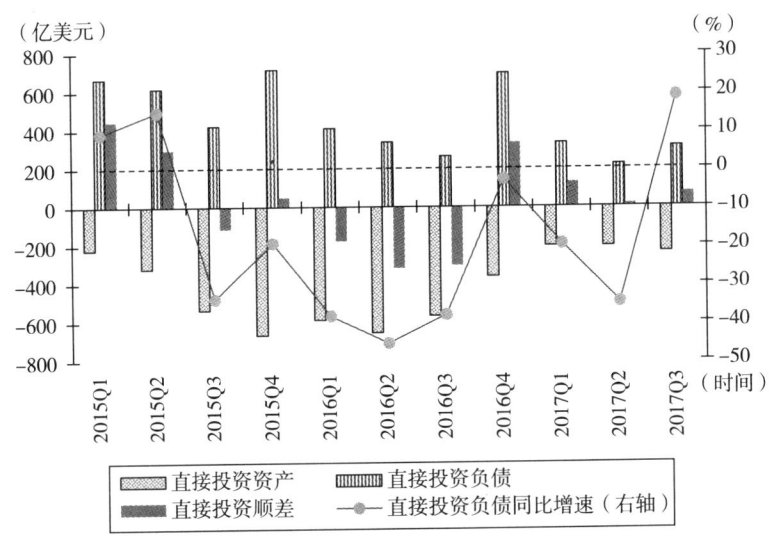

图 12-4　直接投资及直接投资负债增速

第三节　2018 年国际收支继续保持平衡

2018 年我国经常账户保持合理的顺差规模，跨境资本流动总体保持稳定。

在经常账户下，货物贸易延续顺差，服务贸易逆差仍将扩大。国际经济环境向好，外需稳定，"一带一路"倡议和国际产能合作等稳步推进，利好区域贸易发展。主要进口大宗商品较高价格仍将助推进口高速增长。服务贸易逆差仍将扩大，境外旅游、留学等需求保持强劲，旅游项目逆差仍将快速增长；全球贸易活动频繁，运输项目逆差增长势头不减。

在非储备性质的金融账户下资金流动保持稳定。直接投资在一揽子扩流入政策下保持顺差，达到或超过过去顺差规模。证券投资和其他投资主要受汇率波动以及汇率预期的影响,反映外币贷款和存款等短期资产配置行为,顺差逆差出现,但总体风险可控,不会出现大规模资本外逃现象。

一、国内外经济环境向好,市场预期趋稳

全球经济总体延续平稳复苏势头。国际货币基金组织于2016年10月预测,2017年和2018年全球经济分别增长3.6%和3.7%,大大高于2016年的3.2%。美国经济景气程度处于较高水平,消费稳健,投资好转,非农就业增长。众议院公布"减税与就业法案",企业税从35%下调至20%,鼓励企业带回留存在海外的收入。美联储货币政策正常化进程基本符合市场预期。12月加息概率接近100%,这一预期已被市场充分反映。2018年2月鲍威尔接替耶伦任美联储主席,美国货币政策延续渐进式紧缩路径。欧元区经济持续向好,失业率逐渐下降,消费者信心持续走高,英央行十年来首次加息,将利率从0.25%提至5%。日本经济连续正增长,进出口同比增长均处于较高水平,货币政策保持宽松。金砖国家经济整体延续向好态势,政治局势不确定性可能威胁经济复苏。

2018年国内宏观经济稳中向好、人民币汇率稳中趋升,国内市场更加开放。我国主要经济指标稳定向好,经济结构优化,发展动力增强,企业和个人对经济发展保持信心。汇率市场双向波动明显,人民币对美元汇率中间价形成机制进一步完善,逆周期调节继续显效。国内市场更加开放:近期一系列有利于外资的重大举措,为外商直接投资提供便利条件;"债券通"正式启动、A股纳入明晟新兴市场指数(MSCI),利好境外投资者投资境内证券市场;全口径跨境融资宏观审慎管理政策逐步出台,在防范风险的前提下为企业融资提供便利。

良好的外部环境和稳定的内部环境是2018年国际收支继续保持良好平衡态势的基础。外需继续回暖,进出口保持活跃,经常账户仍将保持顺差。汇率企稳,国内经济环境持续向好,预期改善,境内主体理性配置对外资产,选择将更多资金留在国内。

二、新时期外汇管理政策将进一步完善

自2017年以来,外汇管理扩流入、控流出政策取得明显成效,对外投资结构进一步优化,具有非理性属性的投资活动显著减少,涉及房地产、酒店、影城、娱乐业、体育俱乐部等领域的对外投资大幅下降,目前对外投资外汇管理已经基本回归常态,企业用汇需求平稳可控。

新时期外汇管理部门将以党的十九大会议精神为指导,坚决维护党中央对金

融工作集中统一领导。外汇管理政策将坚持服务实体经济，服务改革开放，支持和推动金融市场的双向开放；将紧紧围绕服务实体经济、防控金融风险、深化金融改革三项任务，进一步提升跨境贸易和投资便利化水平，推动经济持续健康发展，维护国家经济金融安全；将防范跨境资本流动风险，防止跨境资本无序、高强度流动对宏观经济和金融稳定带来的冲击，为改革开放创造健康良性稳定的外汇市场环境。

2018年，对外投资管理部门与外汇管理部门继续合作，支持有条件、有能力的境内企业开展真实合规的对外直接投资，积极支持推进"一带一路"建设和国际产能合作，同时继续引导境内企业理性投资，加强合规和风险管理，打击违规行为，维护涉外金融安全。

三、外债风险总体可控，对外投资取得良好收益

对外金融资产负债结构优化，外债风险总体可控，投资收益良好。

近五年，我国外债余额先升后降再平稳恢复，偿债压力减轻。负债率、债务率、偿债率等衡量外债风险的指标持续处于国际警戒标准之内，全口径外债余额自2014年末达到高点后，连续下降6个月，接着有所回升，截至2017年二季度，本外币全口径外债总额头寸仍低于2014年末的历史较高水平。负债压力的释放伴随着大量资本流出，部分地解释了2014年末至2016年中期非储备性质金融账户的大额逆差。目前，负债端资本流出压力已经基本释放，资本外流的压力主要来自资产端机构和家庭增持外汇资产或境外资产配置的需求。截至2017年二季度末，民间部门持有的对外资产比例已经达到53%，相比2012年末的35%大幅上升。对外资产和负债的匹配度趋向改善，有利于防范相关风险。

对外金融资产结构不断优化，官方储备以外的对外投资逐步增加，相关投资收益开始有所体现，有利于推动我国境外投资收益增长和投资收益逆差收窄。

第四节　对策建议

一、进一步优化宏观审慎政策框架，防范系统性金融风险

通过运用总量性跨境资本流动管理工具，对操作目标进行适时适度的宏观逆

周期调节或风险拨备。研究托宾税（类托宾税）等跨境资本流动管理体系，通过增加外汇投机的交易成本，管理外汇市场过度的短期投资行为。完善宏观审慎监测评估机制和压力测试，作为规则监管和先行管理工具；运用数量型资本管制手段，作为逆周期调控和事后管理工具。

二、落实"扩流入"政策，引导基础性资金流入特别是外商直接投资流入

建立开放竞争的市场环境，鼓励外资与本国企业积极合作，让外资"进得来，留得住"。构建以负面清单为基础的微观管理新体制，建立与负面清单管理模式相适应的外商投资国家安全审查机制，一方面，取消大部分事前审批等行政管理，缩短负面清单；另一方面，抓紧提高事中事后监管水平，动态掌握微观主体偿付能力信息，保障市场的平稳运行和行业的健康发展。

三、加强跨境资本流动管理，维护货币政策独立性

加强跨境资本流动管理是维护货币政策独立性的需要。学术界有观点认为，全球范围内信贷的协同扩张及收缩形成全球金融循环，传统意义上的"三元悖论"已变为"两元悖论"，自我强化的金融循环削弱了汇率作为调节资本流动手段的重要性，一国想要维持货币政策独立性，管理资本流动是比让汇率自由浮动更为有效的手段。金融危机之后的全球流动性泛滥也使得 IMF 等国际组织以及各个经济体意识到了实施资本流动管理的合理性和必要性。需要注意的是，应主要通过调整金融政策来影响资本流动，而在具体政策工具的使用上，应避免以资本流动管理之名行资本管制之实。

第十三章 2018年上半年外汇收支分析及下半年展望

第一节 2018年上半年外汇收支分析

一、国际收支基本实现自主平衡

2018年一季度经常账户首次出现逆差①，二季度恢复顺差。经常账户一季度逆差341亿美元，二季度顺差58亿美元，2018年上半年累计逆差283亿美元。其中，货物贸易顺差1559亿美元，同比下降585亿美元，降幅27.3%；服务贸易逆差1473亿美元，同比上升382亿美元，增幅28.1%。初次收入逆差305亿美元，二次收入逆差65亿美元。2018年一季度经常账户首次出现逆差的原因，一是受春节因素、国际环境及贸易政策影响，货物贸易顺差持续收窄；二是居民旅游消费持续大幅增加，服务贸易项下的旅行账户逆差达到630亿美元，同比增加13.9%，服务贸易逆差持续扩大（见图13-1）。

非储备性质金融账户保持顺差。2018年一季度非储备性质金融账户顺差989亿美元，二季度顺差182亿美元，上半年累计顺差1171亿美元，比2017年同期顺差679亿美元有大幅改善，同比增长72.5%（见图13-2）。一季度，直接投资、证券投资、其他投资等对外资产（非储备性质的金融账户资产端）净流出

---

① 本小节贸易数据为国际收支统计口径。该口径与海关口径的主要差异在于：一是国际收支中的货物只记录所有权发生了转移的货物（如一般贸易、进料加工贸易等贸易方式的货物），所有权未发生转移的货物（如来料加工或出料加工贸易）不纳入货物统计，而纳入服务贸易统计；二是计价方面，国际收支统计从海关进口货值中调出国际运保费支出，并纳入服务贸易统计；三是补充部分进出口退运等数据；四是补充了海关未统计的转手买卖下的货物净出口数据。

720 亿美元，同比多增 31.7%，境内主体加大外资配置；境外主体来华各类投资（非储备性质的金融账户负债端）净流入 1709 亿美元，同比上升 86.8%。

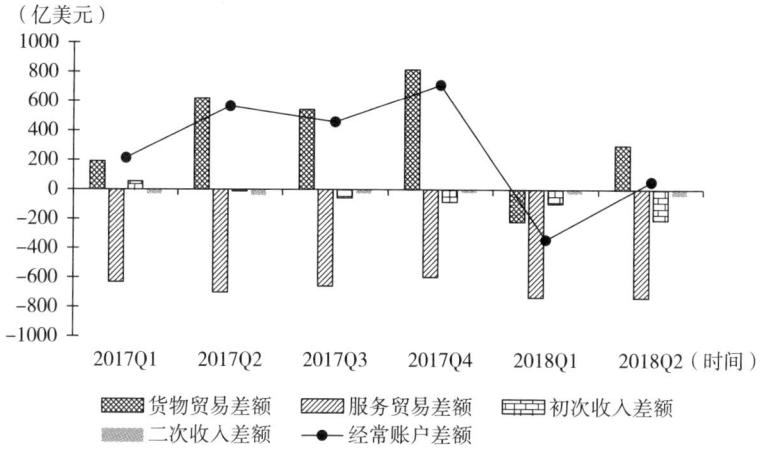

图 13-1　2017~2018 年经常账户收支结构

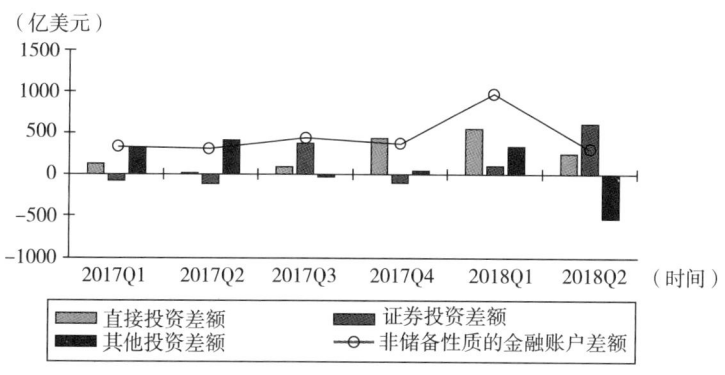

图 13-2　2017~2018 年非储备性质金融账户收支结构

储备资产小幅增加。2018 年上半年我国国际收支口径的储备资产[①]增加 501 亿美元。截至 2018 年 8 月末，央行口径的外汇储备余额为 3.11 万亿美元，比 2017 年末下降 302 亿美元。

---

① 国际收支口径的储备资产变动与央行口径的外汇储备余额变动的差异在于，国际收支口径的储备资产变动只衡量交易因素。央行口径的外汇储备余额变动还包括价格、汇率等非交易因素引起的储备价值变动。

二、外汇市场供求基本平衡

跨境资金流动平稳。2018年上半年短期跨境资金流动总体净流入,市场预期稳定,境内主体对外资产配置行为更趋理性。截至2018年7月,银行代客结售汇顺差累计421.7亿美元,其中5月顺差224.72亿美元,为2015年以来单月最高值。

外汇市场供求基本平衡。从银行代客涉外外汇收支数据看,2018年一季度和二季度顺差分别为158亿美元和46亿美元,除2、3月逆差之外,其余月份均为顺差;从银行结售汇数据来看,一季度银行结售汇逆差183亿美元,二季度转为顺差320亿美元。

企业外汇融资总体平稳。2018年上半年售汇率①为64%,较2017年同期下降4个百分点,一、二季度分别为64%和63%,说明企业购汇意愿总体下降,外汇融资情况更趋平稳。截至2018年上半年末,企业海外代付、远期信用证等进口外币跨境贸易融资余额较2017年末上升126亿美元,银行境内外汇贷款余额与2017年末相比保持基本稳定。

市场主体结汇意愿总体上升。2018年上半年结汇率②为66%,较2017年同期上升3个百分点,一、二季度分别为62%和70%。截至2018年上半年末,银行境内外汇存款余额较上年末下降193亿美元。

第二节 2018年下半年外汇收支基本保持平衡

一、2018年下半年人民币贬值压力可控

人民币汇率自2018年6月中旬开始走上急速贬值之路,在岸、离岸人民币兑美元汇率接连突破6.7、6.8关口,创下自2017年8月以来最低水平。自年初起截至9月7日,人民币兑美元中间价和即期汇价累计贬值幅度分别为4.8%和5.2%,人民币对一篮子货币也从6月中旬开始急速贬值,CFETS人民币汇率指

---

① 客户从银行买汇与客户涉外外汇支出之比,衡量企业购汇动机。
② 客户向银行卖出外汇与客户涉外外汇收入之比,衡量企业结汇意愿。

数7月底降至一年以来最低值92.41点。本轮贬值的主要原因是由于美国货币政策正常化带来的美元走强,中美利息差收窄,叠加贸易战引发的经常账户恶化预期。自2018年以来,美联储三次加息导致4月下旬以来美元指数强势上升,而我国央行三次定向下调人民币法定存款准备金率,扩大MLF担保品范围,中美一年期国债预期收益率之差由2017年底的约2个百分点降至2018年7月底的约0.6个百分点,中美利差收窄导致人民币汇率走贬。另外,中美贸易摩擦也对外汇市场主体的信心和预期形成一定冲击。

2018下半年人民币贬值压力可控。9月、12月美联储再次加息概率极大,美元指数走强趋势难以逆转;中美贸易摩擦持续升级拖累出口,给总需求带来负面影响,国内经济下行压力加大,经济增速较上半年放缓;我国货币政策转向边际宽松,中美货币政策分化持续,协调难度增大,中美利差可能进一步收缩,人民币客观上存在贬值压力。但是与始自2015年8月的上一轮贬值相比,下半年人民币贬值压力可控。本轮人民币贬值期间,跨境资金流动平稳,外汇储备稳中有升,市场对人民币双向波动信心增强,没有强烈的贬值预期。从中国香港市场一年期无本金交割远期(NDF)美元兑人民币的溢价幅度看,8月以来1年期NDF隐含的汇率贬值基本在1%以下,比6月底有明显下降。同时,央行对汇率贬值采取了有效的预期引导和干预措施,代替了过去对外汇市场的直接干预。8月以来,央行将远期售汇业务外汇准备金率从0上调至20%,且重启人民币兑美元中间价报价逆周期调节因子,对稳定外汇预期起到了重要作用。

二、新兴经济体资本流出及汇率大幅贬值对我国影响有限

自2018年8月初以来,土耳其里拉相对美元最大贬值幅度超过30%,土耳其企业外债敞口岌岌可危,波及欧洲脆弱的银行体系,也牵连到欧元汇率。截至8月22日,阿根廷比索兑美元较3月末贬值49.5%,巴西雷亚尔较3月末贬值22.5%,南非兰特、俄罗斯卢布和印度卢比分别较3月末贬值22.2%、17.3%和7.1%。东南亚新兴经济体受到本轮美元回流的冲击较小。本轮部分新兴经济体大范围大幅度贬值的外部原因在于美联储货币政策正常化增强了美元资产的吸引力,而新兴经济体自身脆弱的财政金融系统、过高的外债以及贸易赤字使得其无法抵御资本流出的冲击。从我国情况来看,国际收支经常账户仍保持顺差,对外贸易仍然充满国际竞争力;外债规模较小,偿债率、负债率和债务率等外债风险指标均远低于危机水平,对新兴经济体的外汇资产配置规模很小,新兴经济体货币贬值和资本流出对我国影响有限。

三、货物贸易顺差承压，服务贸易逆差继续扩大

自 2018 年 7 月 6 日起美国对 340 亿美元的中国输美产品加征关税，自 8 月 23 日起对 160 亿美元中国输美商品加征 25% 的关税，自 9 月 24 日起对 2000 亿美元中国输美产品加征 10% 的关税，进而还要采取其他关税升级措施。中美贸易未来一段时期将受到较大冲击，影响我国经常账户。但从目前来看，惩罚性关税尚未对我国货物贸易产生实质性负面影响。7~8 月中国出口同比分别增长 12.2% 和 9.9%（以美元计），比 2017 年同期分别高 5.9 个和 4.9 个百分点。7~8 月进口同比增速大幅提高，分别为 27.3% 和 20%。8 月对美出口份额有所回升，占中国出口总额的 20.4%，比 6 月提高 0.7 个百分点，比 7 月提高 1.1 个百分点。自美进口持续下降，8 月自美进口占总进口的 7.0%，低于 7 月 0.2 个百分点，低于 6 月 0.8 个百分点。

2018 年下半年货物贸易顺差承压，服务贸易逆差继续扩大。下半年，全球经济延续整体向好态势，外需对我国出口形成拉动作用，是我国货物贸易出口的主导力量。传统西方节日使得我国劳动密集型小商品需求季节性走强，人民币贬值使得我国产品出口具有一定价格优势。但美国逆全球化行为对世界经济增长产生一定影响，贸易壁垒对国际投资形成阻碍，国际货物贸易流通放缓，尤其是惩罚性关税将对我国出口产生直接的负面影响，我国货物贸易顺差承压。下半年，服务贸易逆差将继续扩大。我国出境游玩消费人数稳定增长，在外学生留学与消费支出也将继续增长；运输项逆差可能因为全球贸易承压而有所收窄；随着进出口贸易知识产权法规逐步完善，知识产权使用费项目逆差逐季递增，不排除受贸易摩擦影响而扩大的可能。

四、初次收入逆差尤其是投资收益逆差较上半年收窄

初次收入账户属于经常账户项下，是由于提供劳务、金融资产和出租自然资源而获得的回报。在我国国际收支账户中，初次收入分为雇员报酬、投资收益和其他初次收入三部分。近年来，我国维持较大的对外金融净资产，但国际收支平衡表中投资收益项目却持续逆差。2018 年上半年初次收入逆差 305 亿美元，其中一季度投资收益逆差 135 亿美元，同比增长 1.76 倍。原因之一在于我国利用外资成本较高。我国资本项目尚未完全开放，利用外资中债权投资较少，外来直接

投资占对外总负债的56.2%[①]，这类股权投资属于长期、稳定的投资，流动性较差，存在较高的经营风险，其市场投资回报高于其他形式投资。原因之二是我国对外投资收益率较低。我国对外总资产中有46.1%[②]是储备资产，其主要运用形式是债权投资，风险较低，相应的收益率也较低。原因之三是人民币走弱时期投资收益逆差较大。如图13-3中2015年第三、第四季度，说明国外投资者可能利用投资收益账户进行一定外汇对冲操作。

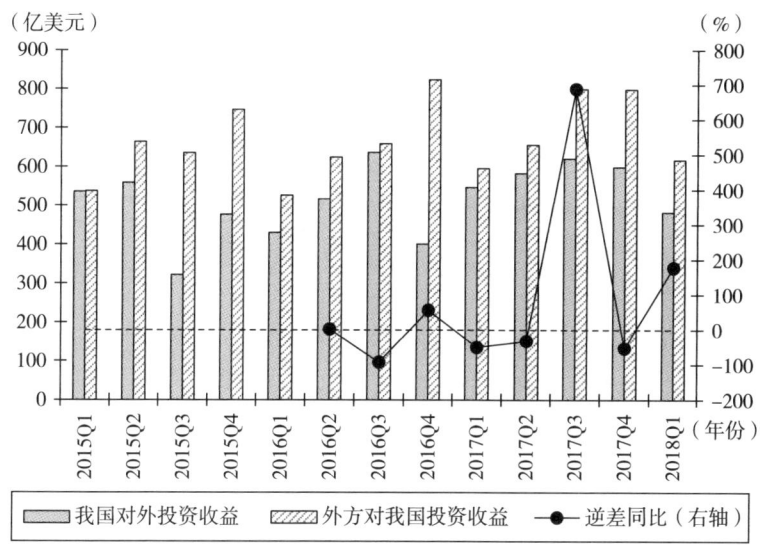

图13-3 投资收益账户结构

下半年投资收益逆差将较上半年收窄。一方面，我国投资的结构性改变使得利用外资成本有所降低。随着境内债券市场的开放，我国外债中债权、股权投资比例大幅上升，6~7月境外机构增持人民币国债1445亿元，同比增长150%，陆股通北上资金累计净流入570亿美元，增长28%，预计这一趋势下半年仍将继续。另一方面，随着国际经济持续向好，尤其是下半年美联储加息使得美元资产收益率提高，我国对外投资收益将有所增加。

五、跨境资金流动保持平稳

从非储备性质金融账户的三个子账户来看，预计下半年非储备性质金融账户

---

①② 数据来自中国国际投资头寸表，使用2018年3月末数据计算比例。

仍现顺差格局，外汇储备增加。直接投资项下，吸引外资力度继续增大，外商来华直接投资将稳定增长；对外投资便利化水平提升，我国对外直接投资继续健康发展。证券投资项下，由于国际投资环境改善，境内主体跨境配置资产证券的需求客观存在，"沪港通"和"基金互认"继续便利居民投资境外证券资产，对外证券投资将继续增加，境外对我国证券投资净流入也将继续大幅上升。其他投资项下，强势美元将降低我国企业利用外部贷款的积极性，但境外投资者持有我国资产的意愿仍然较强。

从资产负债结构来看，目前，资产端资金出境受到严格的监管。我国外汇管理部门仍秉持"控流出、扩流入、降逆差"的跨境资金出入境监管态度，银行也秉持"展业三原则"，强调尽职调查，对资金的出境实行审慎监管。对于货物贸易的外汇管理，外汇管理部门要求境内机构按照"谁出口谁收汇，谁进口谁付汇"的原则办理贸易外汇收支业务，主动报告经常项目外汇收入存放境外统计。

从负债端来看，下半年企业偿还外债规模不大。截至3月末，我国全口径外债余额中长期外债余额占36%，短期外债余额占64%，其中与贸易有关的信贷占37%，流动性强的负债占比并不高，加之企业外债去杠杆进程基本结束，债务端资金流出的压力不大。但不排除部分企业考虑到汇率因素提前偿还外债，造成阶段性资金集中流出的压力，但风险基本可控。

第三节 政策建议

一、完善跨境资本流动的"宏观审慎管理和微观市场监管"两位一体的管理体系

完善跨境资本流动的"宏观审慎管理和微观市场监管"两位一体的管理体系，更多采取基于市场的、价格型调节手段来管理资本流动。坚持汇率形成机制向市场化方向改革，扩大汇率双向波动范围，对汇率的贬值和升值要有一定的容忍度，发挥汇率对国际收支平衡的调节作用。以市场化方式落实相关监管要求，遵守已经承诺的国际义务，维护我国对外开放的形象，对合理的资本流动要遵循经常项目可兑换原则，符合规定的资本应允许其自由流动。

二、健全外汇市场,引导企业适应汇率双向波动

建立健全开放的、有竞争力的外汇市场,进一步引导市场适应汇率双向波动,帮助企业树立正确的汇率避险观念。2018年下半年,人民币汇率呈现常态化双向波动,不仅会影响企业外币和营收成本,而且会通过企业持有的外币资产和负债,使企业产生汇兑损益,影响企业的财务费用支出,给企业带来额外的负担。目前,我国企业的汇率避险措施仍然相对不足,应着力培育一批拥有良好避险意识、理性避险理念和成熟对冲经验的市场主体。随着汇率双向波动的常态化,应大力发展外汇避险市场,丰富避险产品,提升市场广度和深度,引导市场适应汇率双向波动,为更加市场化的人民币汇率形成机制奠定基础。

三、加强信息共享,将涉税信息引入外汇管理

推动形成监管合力,加强信息共享,将涉税信息引入外汇管理。根据现行法规,中资企业利润汇出、股权溢价转让汇出等,均需纳税。而在境外放款登记审核较为宽松的条件下,企业可通过办理境外放款业务,将留置利润转化为债权,在规避缴税的同时也改变了跨境资金的实际性质,不利于管理部门准确掌握跨境资金流动的趋势和特点,会弱化监测分析和事中事后监管成效。建议借鉴一些发达国家的做法,实施境外投资损失准备金制度和海外投资收入税收调节制度。另外,对鼓励的行业或投资目的地的海外投资收益进行一定的税收减免,对不鼓励的行业进行一定的税收惩罚,引导资金合理流向。

参考文献

［1］Alexander, S. S. Effects of a Devaluation on A Trade Balance［J］. *IMF Staff Papers*, 1952, 2 (2): 263 – 278.

［2］Alper, C. E., Fendoglu, S., Saltoglu, B. Forecasting Stock Market Volatilities using MIDAS Regressions: An Application to the Emerging Markets［EB/OL］. MPRA Paper No. 7460, Posted 6. March 2008 07: 15 UTC. http: //mpra. ub. uni – muenchen. de/7460/.

［3］Andreou, E., Ghysels, E., Kourtellos, A. Forecasting with Mixed – Frequency Data［A］. *The Oxford Handbook of Economic Forecasting*［M］. Oxford: Oxford University Press, 2011: 225 – 245.

［4］Andreou, E., Ghysels, E., Kourtellos, A. Regression Models with Mixed Sampling Frequencies［J］. *Journal of Econometrics*, 2010, 158 (2): 246 – 261.

［5］Andrews, D. W. K. End – of – sample Instability Tests［J］. *Econometrica*, 2003, 71 (6): 1661 – 1694.

［6］Arize, A. C. Imports and Exports in 50 Countries: Tests of Cointegration and Structural Breaks［J］. *International Review of Economics & Finance*, 2002, 11 (1): 101 – 115.

［7］Armesto, M. T., Engemann, K. M., Owyang, M. T. Forecasting with Mixed Frequencies［J］. *Federal Reserve Bank of St. Louis Review*, 2010, 92: 521 – 536.

［8］Baharumshah, A. Z., Lau, E., Fountas, S. On the Sustainability of Current Account Deficits: Evidence from Four ASEAN Countries［J］. *Journal of Asian Economics*, 2003, 14 (3): 465 – 487.

［9］Bauer, M. D., Neely, C. J. International Channels of the Fed's Unconventional Monetary Policy［J］. *Journal of International Money and Finance*, 2014, 44: 24 – 46.

[10] Berg, A., Pattillo, C. Predicting Currency Crises: The Indicators Approach and An Alternative [J]. *Journal of International Money and Finance*, 1999, 18 (4): 561 - 586.

[11] Bernanke, B. S., Blinder, A. S. Credit, Money, and Aggregate Demand [J]. *The American Economic Review*, 1988: 435 - 439.

[12] Bernanke, B. S., Blinder, A. S. The Federal Funds Rate and the Channels of Monetary Transmission [J]. *The American Economic Review*, 1992: 901 - 921.

[13] Bernanke, B. S. Japanese Monetary Policy: A Case of Self - induced Paralysis? [R]. Boston MA: ASSA Meeting, 2000.

[14] Brillinger, D. R. *Time Series: Data Analysis and Theory* [M]. Philadelphia: Siam, 1981.

[15] Brüggemann, A., Linne, T. Are the Central and Eastern European Transition Countries Still Vulnerable to a Financial Crisis? Results from the Signals Approach [R]. *Bank of Finland Discussion Papers*, 2002, No. 5.

[16] Calvo, G. A. Balance - of - Payments Crises in Emerging Markets: Large Capital Inflows and Sovereign Governments [A]. *Currency Crises* [M]. Chicago: University of Chicago Press, 2000: 71 - 97.

[17] Caramazza, F., Ricci, L. A., Salgado, R. Trade and Financial Contagion in Currency Crises [J]. *IMF Working Paper*, 2000.

[18] Chinn, M. D., Ito, H. Current Account Balances, Financial Development and Institutions: As saying the World "Saving Glut" [J]. *Journal of International Money and Finance*, 2007, 26 (4): 546 - 569.

[19] Chinn, M. D., Prasad, E. S. Medium - term Determinants of Current Accounts in Industrial and Developing Countries: An Empirical Exploration [J]. *Journal of International Economics*, 2003, 59 (1): 47 - 76.

[20] Clements, M. P., Galvão, A. B. Forecasting US Output Growth Using Leading Indicators: An Appraisal Using MIDAS Models [J]. *Journal of Applied Econometrics*, 2009, 24 (7): 1187 - 1206.

[21] Clements, M. P., Galvão, A. B. Macroeconomic Forecasting with Mixed - Frequency Data: Forecasting Output Growth in the United States [J]. *Journal of Business & Economic Statistics*, 2008, 26 (4): 546 - 554.

[22] Daniel, B. C. International Interdependence of National Growth Rates: A

Structural Trends Analysis [J]. *Journal of Monetary Economics*, 1997, 40 (1): 73 – 96.

[23] Edwards, S. Openness, Productivity and Growth: What do We Really Know? [J]. *The Economic Journal*, 1998, 108 (447): 383 – 398.

[24] Fawley, B. W., Neely, C. J. Four Stories of Quantitative Easing [J]. *Federal Reserve Bank of St. Louis Review*, 2013, 95: 51 – 88.

[25] Forni, M., Hallin, M., Lippi, M., et al. The Generalized Dynamic Factor Model: Consistency and Rates [J]. *Journal of Econometrics*, 2004, 119 (2): 231 – 255.

[26] Forni, M., Hallin, M., Lippi, M., et al. The Generalized Dynamic – Factor Model: Identification and Estimation [J]. *Review of Economics and Statistics*, 2000, 82 (4): 540 – 554.

[27] Frankel, J. and Rose, A. Currency Crashes in Emerging Markets: An Empirical Treatment [J]. *Journal of International Economics*, 1996, 41: 351 – 368.

[28] Fukao, M. Financial Sector Profitability and Double – Gearing [R]. Cambridge, MA: National Bureau of Economic Research, 2002.

[29] Gagnon, J., Raskin, M., Remache, J., et al. The Financial Market Effects of the Federal Reserve's Large – scale Asset Purchases [J]. *International Journal of Central Banking*, 2011, 7 (1): 3 – 43.

[30] Geweke, J. Testing the Exogeneity Specification in the Complete Dynamic Simultaneous Equation Model [J]. *Journal of Econometrics*, 1978, 7 (2): 163 – 185.

[31] Ghysels, E., Santa – Clara, P., Valkanov, R. Predicting Volatility: Getting the Most Out of Return Data Sampled at Different Frequencies [J]. *Journal of Econometrics*, 2006, 131 (1): 59 – 95.

[32] Ghysels, E., Santa – Clara, P., Valkanov, R. The MIDAS Touch: Mixed Data Sampling Regression Models [R]. Montréal: CIRANO, 2004.

[33] Ghysels, E., Santa – Clara, P., Valkanov, R. There is a Risk – return Trade – off After All [J]. *Journal of Financial Economics*, 2005, 76 (3): 509 – 548.

[34] Ghysels, E., Sinko, A., Valkanov, R. MIDAS Regressions: Further Results and New Directions [J]. *Econometric Reviews*, 2007, 26 (1): 53 – 90.

[35] Giannone, D., Reichlin, L., Sala, L. Monetary Policy in Real Time [A]. In: NBER Macroeconomics Annual 2004, Volume 19 [C]. Cambridge: MIT Press, 2005: 161-224.

[36] Grier, K. B., Grier, R. M. Exchange Rate Regimes and the Cross-Country Distribution of the 1997 Financial Crisis [J]. *Economic Inquiry*, 2001, 39 (1): 139-148.

[37] Gruber, J. W., Kamin, S. B. Explaining the Global Pattern of Current Account Imbalances [J]. *Journal of International Money and Finance*, 2007, 26 (4): 500-522.

[38] Hakkio, C. S., Rush, M. Cointegration: How Short is the Long Run? [J]. *Journal of International Money and Finance*, 1991, 10 (4): 571-581.

[39] Halikias, I. Long-term Trends in the Saving-investment Balance and Persistent Current Account Surpluses in a Small Open Economy: The Case of the Netherlands [J]. *IMF Working Paper*, 1996 (No. 96/42).

[40] Hamilton, J. D., Wu, J. C. The Effectiveness of Alternative Monetary Policy Tools in a Zero Lower Bound Environment [J]. *Journal of Money, Credit and Banking*, 2012, 44 (s1): 3-46.

[41] Husted, S. The Emerging US Current Account Deficit in the 1980s: A Cointegration Analysis [J]. *The Review of Economics and Statistics*, 1992: 159-166.

[42] Johnson, H. G. Theoretical Problems of the International Monetary System [J]. *The Pakistan Development Review*, 1967: 1-28.

[43] Joyce, M., Lasaosa, A., Stevens, I., et al. The Financial Market Impact of Quantitative Easing in the United Kingdom [J]. *International Journal of Central Banking*, 2011, 7 (3): 113-161.

[44] Kamin, S. B., Schindler, J. W., Samuel, S. L. The Contribution of Domestic and External Factors to Emerging Market Devaluation Crises: An Early Warning Systems Approach [R]. FRB International Finance Discussion Paper, 2001 (711).

[45] Kaminsky, G., Lizondo, S., Reinhart, C. M. Leading Indicators of Currency Crises [J]. *IMF Staff Paper*, 1998: 1-48.

[46] Kontaki, M., Papadopoulos, A. N., Manolopoulos, Y. Continuous Subspace Clustering in Streaming Time Series [J]. *Information Systems*, 2008, 33 (2): 240-260.

[47] Kraay, A. Household Saving in China [J]. *The World Bank Economic Review*, 2000, 14 (3): 545-570.

[48] Krishnamurthy, A., Vissing-Jorgensen, A. The Effects of Quantitative Easing on interest rates: Channels and Implications for Policy [R]. Cambridge, MA: National Bureau of Economic Research, 2011.

[49] Krugman, P. A Model of Balance-of-Payments Crises [J]. *Journal of Money, Credit and Banking*, 1979: 311-325.

[50] Kuijs, L. How will China's Saving-investment Balance Evolve? [R]. *World Bank Policy Research Working Paper Series*, 2006 (3958).

[51] Kujis, L. Investment and Savings in China [R]. World Bank Policy Research Paper Series, 2005 (3633).

[52] Kwack, S. Y. An Empirical Analysis of the Factors Determining the Financial Crisis in Asia [J]. *Journal of Asian Economics*, 2000, 11 (2): 195-206.

[53] Lapedes, A., Farber, R. Nonlinear Signal Processing Using Neural Networks: Prediction and System Modelling [R]. New Mexico: Los Alamos National Laboratory, 1987.

[54] Levine, R., Loayza, N., Beck, T. Financial Intermediation and Growth: Causality and Causes [J]. *Journal of Monetary Economics*, 2000, 46 (1): 31-77.

[55] Li, X., Shang, W., Wang, S., et al. A MIDAS Modelling Framework for Chinese Inflation Index Forecast Incorporating Google Search Data [J]. *Electronic Commerce Research and Applications*, 2015 (2): 112-125.

[56] Lim, J., Mohapatra, S., Stocker, M. Tinker, Taper, QE, bye? The Effect of Quantitative Easing on Financial Flows to Developing Countries [R]. World Bank Policy Research Working Paper Series, 2014 (6820).

[57] Mann, C. L. Prices, Profit Margins, and Exchange Rates [J]. *Federal Reserve Bulletin*, 1986, 72: 366-379.

[58] Manuchehr, I., Boo, S. The Behavior of the Current Account in Response to Unobservable and Observable Shocks [J]. *International Economic Journal*, 2000, 14 (4): 41-57.

[59] Marcellino, M., Schumacher, C. Factor MIDAS For Nowcasting and Forecasting with Ragged-edge Data: A Model Comparison for German GDP [J]. *Oxford*

Bulletin of Economics and Statistics, 2010, 72 (4): 518 – 550.

[60] McKinnon, R. Exchange Rate or Wage Changes in International Adjustment? Japan and China Versus the United States [J]. *International Economics and Economic Policy*, 2005, 2: 261 – 274.

[61] Meltzer, A. H. Monetary Transmission at Low Inflation: Some Clues from Japan in the 1990s [J]. *Monetary and Economic Studies*, 2001, 19 (S1): 13 – 34.

[62] Modigliani, F., Cao, S. L. The Chinese Saving Puzzle and the Life – cycle Hypothesis [J]. *Journal of Economic Literature*, 2004: 145 – 170.

[63] Moreno – Brid, J. C. Capital Flows, Interest Payments and the Balance – of – Payments Constrained Growth Model: A Theoretical and Empirical Analysis [J]. *Metroeconomica*, 2003, 54 (2 – 3): 346 – 365.

[64] Mulder, C. B., Bussière, M. External Vulnerability in Emerging Market Economies: How High Liquidity Can Offset Weak Fundamentals and the Effects of Contagion[J]. *IMF Working Paper*, 1999 (99/88).

[65] Mulder, C., Perrelli, R., Rocha, M. The Role of Corporate, Legal and Macroeconomic Balance Sheet Indicators in Crisis Detection and Prevention [J]. *IMF Working Paper*, 2002 (No. 2 – 59).

[66] Mundell, R. A. The Appropriate Use of Monetary and Fiscal Policy for Internal and External Stability [J]. *IMF Staff Paper*, 1962: 70 – 79.

[67] Obstfeld, M., Rogoff, K. Foundation of International Macroeconomics [M]. Cambridge, MA: MIT Press, 1996.

[68] Obstfeld, M. Models of Currency Crises with Self – Fulfilling Features [J]. *European Economic Review*, 1996, 40 (3): 1037 – 1047.

[69] Ogawa, K. Monetary Policy, Credit, and Real Activity: Evidence from the Balance Sheet of Japanese firms [J]. *Journal of the Japanese and International Economies*, 2000, 14 (4): 385 – 407.

[70] Olea, J. L. M., Stock, J. H., Watson, M. W. Inference in Structural VARs with External Instruments [R]. Boston: Harvard University, 2012.

[71] Papadimitriou, S., Sun, J., Yu, P. S. Local Correlation Tracking in Time Series [A]. In: Hong Kong: Data Mining, 2006. ICDM06, Sixth International Conference on IEEE [C], 2006: 456 – 465.

[72] Porcile, G., Lima, G. T. Real Exchange Rate and Elasticity of Labour

Supply in a Balance – of – Payments – Constrained Macrodynamics [J]. *Cambridge Journal of Economics*, 2010, 34 (6): 1019 – 1039.

[73] Rowthorn, R., Coutts, K. De – industrialisation and the Balance of Payments in Advanced Economies [J]. *Cambridge Journal of Economics*, 2004, 28 (5): 767 – 790.

[74] Sachs, J., Tornell, A., Velasco, A. Financial Crises in Emerging Markets: The Lessons from 1995 [R]. Cambridge, MA: National Bureau of Economic Research, 1996.

[75] Salvatore, D. Twin Deficits in the G – 7 Countries and Global Structural Imbalances [J]. *Journal of Policy Modeling*, 2006, 28 (6): 701 – 712.

[76] Santos – Paulino, A., Thirlwall, A. P. The Impact of Trade Liberalisation on Exports, Imports and the Balance of Payments of Developing Countries [J]. *The Economic Journal*, 2004, 114 (493): F50 – F72.

[77] Sargent, T. J., Sims, C. A. Business Cycle Modeling without Pretending to Have too Much a Priori Economic theory [R]. Minneapolis: Federal Reserve Bank of Minneapolis, 1977.

[78] Steinbach, M., Tan, P. – N., Kumar, V., Klooster, S. A., Potter, C. Discovery of Climate Indices Using Clustering [A]. Washington D. C.: ACM SIGKDD International Conference on Konwledge Discovery and Data Mining [C], 2003: 446 – 455.

[79] Stock, J. H., Watson, M. W. Disentangling the Channels of the 2007 – 2009 Recession [R]. Cambridge, MA: National Bureau of Economic Research, 2012.

[80] Stock, J. H., Watson, M. W. Forecasting Using Principal Components from a Large Number of Predictors [J]. *Journal of the American Statistical Association*, 2002, 97 (460): 1167 – 1179.

[81] Stock, J. H., Watson, M. W. Implications of Dynamic Factor Models for VAR analysis [R]. Cambridge, MA: National Bureau of Economic Research, 2005.

[82] Tay, A. Mixing Frequencies: Stock Returns as a Predictor of Real Output Growth [R]. SMU Economics and Statistics Working Paper Serie. 2006.

[83] Wall, A. P. T. The Relation between the Warranted Growth Rate, the Natural Rate, and the Balance of Payments Equilibrium Growth Rate [J]. *Journal of Post*

Keynesian Economics, 2001: 81-88.

[84] Weller, C. E. Financial Crises after Financial Liberalisation: Exceptional Circumstances or Structural Weakness? [J]. *Journal of Development Studies*, 2001, 38 (1): 98-127.

[85] White, E. N. A Reinterpretation of the Banking Crisis of 1930 [J]. *The Journal of Economic History*, 1984, 44 (01): 119-138.

[86] Wu, S., Hofman, J. M., Mason, W. A., et al. Who Says What to Whom on Twitter [A]. Hyderabad, India: ACM, Proceedings of the 20th International Conference on World Wide Web [C], 2011: 705-714.

[87] Zhongxia, J. The Dynamics of Real Interest Rates, Real Exchange Rates and the Balance of Payments in China: 1980-2002 [J]. *IMF Working Paper*, 2003.

[88] Zhu, Y., Shasha, D. Statstream: Statistical Monitoring of Thousands of Data Streams in Real Time [A]. In: Hong Kong: VLDB [C], 2002: 358-369.

[89] 贝多广. 中国资金流动分析 [M]. 上海: 格致出版社, 上海人民出版社, 2014.

[90] 杜金富. 国际收支统计 [M]. 北京: 中国金融出版社, 2011.

[91] 龚玉婷, 陈强, 郑旭. 基于混频模型的CPI短期预测研究 [J]. 统计研究, 2014, 31 (12): 25-31.

[92] 郭琨, 崔啸, 王珏等. "京十二条"房地产调控政策的影响——基于TEI@I方法论 [J]. 管理科学学报, 2012, 15 (4): 4-11.

[93] 贺力平, 蔡兴. 从国际经验看中国国际收支双顺差之"谜" [J]. 国际金融研究, 2008 (9): 11-18.

[94] 胡俊伟. 基于AHP法的我国资本项目跨境资金流动监测指标体系研究 [J]. 金融纵横, 2013 (8): 40-44.

[95] 黄安强, 肖进, 汪寿阳. 一个基于集成情境知识的组合预测方法 [J]. 系统工程理论与实践, 2011 (10): 55-65.

[96] 黄瑞玲, 黄忠平. 中国国际收支失衡: 理论解析与政策调整 [J]. 世界经济与政治论坛, 2004 (4): 1-6.

[97] 金祥荣, 徐子福, 霍炜. 中国资本流动风险预警研究 [J]. 经济理论与经济管理, 2006 (10): 22-27.

[98] 人行西宁中心支行外汇管理处课题组. 跨境资金流动监测指标体系研究——以青海省跨境资金流入为例 [J]. 青海金融, 2010 (7): 1-12.

[99] 李伟, 乔兆颖, 柳光程. 中国跨境资金流动监测预警指标体系研究 [J]. 金融理论与实践, 2013 (4): 56-59.

[100] 李杨, 殷剑锋. 中国高储蓄率问题探究 [J]. 经济研究, 2007 (6): 26-26.

[101] 李云杰. 人工神经网络在经济预测中的应用 [J]. 电子技术应用, 1996 (9): 32-33.

[102] 刘国风. 国际投机资本冲击风险预警指标体系的构建 [J]. 财经理论与实践, 2009, 30 (3): 48-51.

[103] 刘汉, 刘金全. 中国宏观经济总量的实时预报与短期预测——基于混频数据预测模型的实证研究 [J]. 经济研究, 2011 (3): 4-17.

[104] 刘晴辉. 我国"双顺差"成因的实证分析: 1994~2007 [J]. 财经论丛, 2008 (5): 49-55.

[105] 刘仁伍, 郑南源, 尤瑞章. 资金跨境流动与货币政策 [M]. 北京: 社会科学文献出版社, 2011.

[106] 刘胜会. 关于美国货币量化宽松的传导机理与政策效应的思考 [J]. 中国货币市场, 2011 (7): 14-20.

[107] 刘艳. ANN 技术在企业经济预测与预警中的应用研究 [J]. 数学的实践与认识, 2008, 38 (4): 7-16.

[108] 刘遵义. 下一个墨西哥在东亚吗? [A]. 联合国世界经济1995年秋季会议上提交的报告 [C]. 联合国, 1995.

[109] 卢锋. 我国承接国际服务外包问题研究 [J]. 经济研究, 2007 (9): 49-61.

[110] 吕江林, 杨玉凤. 当前我国资本大规模流入问题及对策 [J]. 当代财经, 2007 (2): 56-61.

[111] 毛中根, 段军山. FDI 投资收益汇出与潜在国际收支危机的理论及经验分析 [J]. 国际金融研究, 2005 (3): 45-51.

[112] 钮伟. 跨境资金流动的潜在风险及政策建议 [J]. 浙江金融, 2010 (5): 23-24.

[113] 裴长洪. 经常项目下人民币可兑换的国际收支风险及其防范 [J]. 国际经济评论, 1997, 3 (4): 20-22.

[114] 苏彩玲. 我国跨境资金流动预警指标体系研究 [J]. 武汉金融, 2014 (8): 46-48.

[115] 田歆, 曹志刚, 骆家伟等. 基于TEI@I方法论的香港集装箱吞吐量预测方法 [J]. 运筹与管理, 2009 (4): 82-89.

[116] 田歆, 汪寿阳, 华国伟. 零售商供应链管理的一个系统框架与系统实现 [J]. 系统工程理论与实践, 2009 (10): 45-52.

[117] 王晋斌, 李南. 中国汇率传递效应的实证分析 [J]. 经济研究, 2009 (4): 17-27.

[118] 王维, 贺京同, 张建勋等. 人工神经网络在非线性经济预测中的应用 [J]. 系统工程学报, 2000, 15 (2): 202-207.

[119] 王信. 从国际视角看中国如何调整经常项目失衡 [J]. 国际经济评论, 2006 (5): 18-21.

[120] 王英. 中国货物贸易对于服务贸易的促进作用 [J]. 世界经济研究, 2010 (7): 45-48.

[121] 王月溪. 解读中国国际收支平衡表: 结构特征, 形成动因, 调整方向及政策建议 [J]. 管理世界, 2003 (4): 26-32.

[122] 夏明. 我国流通部门的投入产出分析 [J]. 商业时代, 2010 (25): 14-14.

[123] 肖冬荣, 柳亚婷, 高建. 基于改进BP网络的经济发展预测模型及应用 [J]. 科技信息, 2007 (26): 55-56.

[124] 徐明棋. 全球消化过剩流动性: 危机后复杂外部环境与中国经济政策选择 [J]. 探索与争鸣, 2011 (1): 55-59.

[125] 许利枝, 汪寿阳. 港口物流预测研究: 基于TEI@I方法论 [J]. 交通运输系统工程与信息, 2011, 12 (1): 173-179.

[126] 许利枝, 汪寿阳. 集装箱港口预测及其实证研究: 基于TEI@I方法论 [M]. 北京: 科学出版社, 2014.

[127] 许伟, 马建, 汪寿阳. 系统分析方法集成研究及其在预测和监测中的应用 [M]. 北京: 科学出版社, 2011.

[128] 闫妍, 许伟, 部慧等. 基于TEI@I方法论的房价预测方法 [J]. 系统工程理论与实践, 2007, 27 (7): 1-9.

[129] 杨晶, 石敏俊, 王妍. 我国应对金融危机增加投资对就业拉动效果评价 [J]. 管理评论, 2012, 24 (5): 3-9.

[130] 余乐安, 汪寿阳, 黎建强. 外汇汇率与国际原油价格波动与预测TEI@I方法论 [M]. 长沙: 湖南大学出版社, 2006.

[131] 余永定. 关于外汇储备和国际收支结构的几个问题 [J]. 世界经济与政治, 1997 (10): 18-23.

[132] 余芸春. 从资源禀赋角度看我国贸易顺差 [J]. 经济管理, 2007 (5): 19-22.

[133] 袁兴林. 经济循环波动的分析与预测 [J]. 统计研究, 1988 (3): 1-7.

[134] 张家胜, 祁春节. 我国贸易顺差存在的根源与发展趋势研究 [J]. 财经研究, 2007, 33 (8): 28-40.

[135] 张嘉为, 索丽娜, 齐晓楠等. 基于TEI@I方法论的通货膨胀问题分析与预测 [J]. 系统工程理论与实践, 2010 (12): 2157-2164.

[136] 张南. 国际资金循环与中国对外资本流动 [J]. 国际金融研究, 2004 (3): 33-40.

[137] 张少华, 何一鸣. 中国巨量外汇储备适度化探析 [J]. 上海金融学院学报, 2005 (4): 43-47.

[138] 张少华. 中国国际收支"双顺差"的形成原因与化解之道——一个基于金融抑制和金融发展的视角 [J]. 甘肃社会科学, 2006 (5): 235-237.

[139] 张薇, 陈仲常. 中国国际收支顺差的代价与风险分析 [J]. 经济问题探索, 2005 (12): 35-37.

[140] 周豪, 温小敏. 跨境资金流动风险监测预警指标体系的构建与实证分析 [J]. 上海金融, 2010 (5): 73-77.

[141] 庄芮. 试析中国的资本外逃 [J]. 世界经济研究, 2000 (4): 15-19.

后　记

本书是在博士学位论文《基于TEI@I方法论的中国国际收支研究》的基础上成稿的,上篇是国际收支的预测、预警以及相关问题研究,下篇是2016年以来国际收支、跨境资金流动及外汇市场的跟踪研究。

作者从博士期间开始从事国际收支相关的研究至今,随着实时的数据跟踪以及进一步的研究思考,越发感觉这一领域如何深入研究都不为过。

首先,国际收支是一国与世界经济交互的集中反映,一国在世界经济中扮演的角色、与其他国家的交互与冲突,首先体现在国际收支中。国际经济的参与者——贸易厂商、货物及服务的消费者、跨国公司、市场交易者,以及政策制定者、监管方,无时无刻不在进行着复杂的分析与博弈,使这一市场不仅瞬息万变,同时与其他宏观经济变量紧密相连。目前,美国与中国之间的贸易摩擦愈演愈烈,使这一领域的现实意义更为凸显。

其次,国际收支状况固然重要,但对它的研究不应仅局限于国际收支。国际收支不平衡,根本上是本国经济内外的不均衡所致。国际收支状况是表象,是各种因素相互作用的结果,其原因还在于各国各自的宏观经济状况、各国之间政策的协调。研究国际收支,国际收支平衡表(Balance of Payments)是基础,却并不是根本,研究上的根本问题,还是要回到开放经济宏观经济学中去。作者必须承认,在本书中,我们就国际收支谈国际收支,视野其实是非常局限的。

最后,对中国国际收支发展变化的研究和总结,将会对开放经济宏观经济学提供独特的理论贡献。开放经济宏观经济学发源于对拉美经济危机的研究。20世纪80年代,很多拉美发展中国家通过举借大量外债来弥补经济发展中资金的缺乏,使自身非常脆弱,一旦出现资本流入收缩(Sudden Stops)便引发经济危机。发达国家的国际收支发展却大体上是另一个故事:早期通过大量的净出口积累资本和债权,经济高度发达后,逐渐变为净进口国。此时持续的经常账户逆差,成为其货币国际化的前提条件;同时,金融账户资本净流入,积累大量净债务。中国的故事,既不同于拉美发展中国家,也不同于发达国家。我们没有举借大量的外债为经济发展融资,却也不会在短时间内出现持续的内需输出和资本净

国际收支的预警、预测与开放经济问题研究

流入;我们以净债权的形式积累了大量的外汇储备,构成了灵活应对国际收支风险的基础。我们为什么要这么做?我们可能发生国际收支风险吗?如果不同于拉美发展中国家资本流入"sudden stop"引发的国际收支危机,我们的危机会以什么样的形式出现?我们的外汇储备是否充足,又是否适当呢?当前,国际金融学界仍主要以拉美国家的数据为校准(Calibration)基础建立动态一般均衡模型进行研究,我相信,中国国际收支的故事是一个尚待挖掘的宝藏,深入了解中国发生着什么,将为开放经济宏观经济学的发展提供崭新的、充满潜力的方向。

本书付梓之际,要感谢很多人。

感谢中国科学院数学与系统科学研究院的培养,尤其感谢恩师汪寿阳研究员。感谢杨晓光、杨翠红老师,郑桂环、张珣、尚维、鲍勤、胡毅、黄安强等师兄师姐,尚妍、杨恋令、郑雅菲等同学。感谢国家信息中心经济预测部,尤其是祝宝良首席经济师、张宇贤主任、王远鸿副主任,和财政金融研究室全体同事及邹蕴涵、邬琼、袁剑琴等。感谢国家发改委综合司牵头的景气联席会以及各成员单位参与人员,与各位的定期交流使作者可以即时并深刻地理解中国宏观经济现状。感谢 IMF Institute of Capacity Development 何辉、Sam Ouliaris,Federal Reserve 刘铮、查涛等世界顶尖的宏观经济学家,在中国举办的宏观经济预测模型培训及 DSGE 培训拓宽了作者的视野,让作者领略到了什么是真正好的研究。感谢财政部政研室、世界银行 Global Macroeconomic Trends Team 与国家信息中心经济预测部发起的中国宏观财政模型联合研究项目。感谢国家发改委外资司国际产能合作处,与你们的研讨也很大地提高了作者的研究能力。感谢经济管理出版社胡茜编辑的出色工作。

感谢马里兰大学经济系的培养,特别感谢博士学位论文导师 Sebnem Kalemli-Ozcan 教授和参与论文指导的 John Shea,Ethan Kaplan,Felipe Saffie 教授以及博士课程的授课老师 Enrique Mendoza,Anton Korinek,Carlos Vegh 教授。各位教授的授课与研究让作者对国际宏观与金融方向产生了浓厚的研究兴趣。

感谢家人,你们是力量之源。

要感谢的人还有很多,篇幅所限,余不一一。

由于作者水平所限,本书实乃粗疏之作,观点也不尽全面,万望读者不吝赐教,也欢迎感兴趣的读者进一步交流。

作者

2019 年夏